스웨덴어학 개론

INTRODUKTION I SVENSK SPRÅKVETENSKAP

스웨덴어학 개론

변광수 지음

INTRODUKTION I SVENSK SPRÅKVETENSKAP

HU:iNE

머리말

한국외국어대학교에서 오랜 기간 스웨덴어학 개론을 강의해 오면서 언젠가는 교재용 책을 마련해야겠다는 사명감에 짓눌려왔으나 다른 일에 밀리어 시기를 늦춰오기만 했다. 급기야 막차에 오른 촉박감 속에서 지난 4년을 그 일에 집중한 끝에 마침내 탈고를 하게 되었다. 집필 목적은 외국어로서 우리에게 아직도 낯선 스웨덴어의 구조적 특성을 언어학적 관점에서 분야별로 균형있게 분석, 기술해 보는 것이다.

우선 스웨덴어의 말소리와 그 체계를 설명하고 단어의 구조와 쓰임새를 정리해 보았다. 그 다음에 단어들이 모여 문장을 구성하는 방식을 전통문법과 생성문법의 방법론을 이용하여 분석하였다. 그 밖에 의미론, 화용론에 이어 스웨덴어의 방언분포 및 역사적 변천과 발전 과정까지 주요 부분을 개괄적으로 기술하였다. 이 책을 준비하는 중에 저서와 음향음성학 실험자료를 보내준 강범모 교수의 후의에 깊이 감사한다. 원고를 끝내고 보니 개론서로서 여러모로 부족한 면이 많아 보인다. 앞으로 후진들이 더 좋은 연구서를 내는 데 길잡이가 되기를 바란다.

1968년 스웨덴에 유학하여 공부를 시작한 이래 언제든지 마음만 먹으면 해낼 수 있다는 자신감에 넘치던 젊은 세월이 훌쩍 지나가고, 80이 넘은 나이에 무거워진 몸을 채찍질해 가며 이론서를 펴내는 일이 예상보다 훨씬 힘든 것을 짐작하지 못했다. 마음이 흔들리고 집중되지 않을 때 항상 곁에서 영양 관리와 건강을 챙겨준 아내 오숙자의 격려와 협조가 없었다면 이 일을 예정대로 마치지 못했을 것이다. 더욱이 삶의 대부분을 아날로그 시대에 살아온 구세대 사람이 디지털 문명 시대의 새로운 기법을 활용하여 상당한 분량의 책을 완성하는 일은 솔직히 고행의 길에 비유할 만하였다. 그럴 때마다 노부부만이 단출하게 살아가는 핵가족의 삶이 매우 따분하고 불편했다. 그러니 아버지의 직업을 이어받아 항상 바쁜 아들 상우에게 구조의 요청을 안 할 수가 없었다. 만 2년간의 코로나 역병으로 왕래도 여의치 않아 원격 조종으로 '컴맹'의 아버지를 도와준 그의 도움이 없었다면 저술 작업을 계획대로 이행할 수 없었을 것이다. 멀리서 가까이서 협력해준 가족의 성원에 새삼 고마운 정을 느낀다.

원래 이 책이 나오기까지는 여러 선생님들의 가르침과 저서에 힘입은 바가 크다. 1960년대 허웅 선생님, 1980년대 김진우 선생님, 2000년대 강범모 선생님, 스웨덴의 B. Collinder, B. Malmberg, C. Elert, C. Witting, P. Linell, S. Eliasson. 그리고 박사논문의 주제 '한국인 스웨덴어의 중간언어 음운론 연구'(Korean-Swedish Interlanguage Phonology)의 원천이 된 한국외대 스웨덴어과 학생들, 이 모든 분들에게 감사의 뜻을 전하고 싶다.

아울러 이 책의 구상과 원고 작업을 위해 장기간 이용한 평창동 학산도서관 직원 여러분의 편의 제공에 고마운 인사를 드린다. 끝으로 이 책이 출판되도록 기획, 편집을 맡아 준 한국외국어대 지식출판원의 신선호 편집장님, 장혜정님과 관계자 여러분의 노고에 감사한다.

역대급 태풍 '힌남노'의 북상이 큰 피해 없이 차츰 사그라지기를 바라며

2022년 9월 5일

정릉 서재에서

변광수

차례

제4장 형태론

제5장 통사론

제6장 의미론

제7장 화용론

제8장 스웨덴어 방언 개관

제9장 스웨덴어 발달사

제1장
언어학과 스웨덴어학

스웨덴어와 스웨덴어학을 같은 뜻으로 이해하고 개념상의 구별 없이 혼용하는 사례가 흔히 있다. 이것은 영어(English)와 영어학(English linguistics)이 다른 분야임에도 불구하고 무심코 섞어 쓰는 경우와 같아서 잘못된 관행이다. 스웨덴어(svenska/Swedish)는 북유럽의 스칸디나비아 반도에 자리 잡은 스웨덴(Sverige/Sweden) 왕국의 국어로서 영어, 독어. 프랑스어, 중국어, 일본어처럼 우리가 실용적 목적을 가지고 그 언어를 배우고 익힐 때 일컫는 명칭이다. 곧 스웨덴어를 대상으로 문법, 강독, 회화, 작문을 학습할 때 '스웨덴어'를 배운다고 말한다.

글로벌(세계화) 시대를 맞이하여 외국어에 대한 관심과 수요가 늘어나면서 거리의 간판이나 각종 매체를 통한 광고에서 '해외어학연수, 어학전문학원, 어학전문대학', 같은 광고문구가 자주 눈에 띈다. 이들 사설 기관에서 수강생들이 배우고 익히는 대상은 특정 외국어이고 거기서말하는 어학학습은 언어 습득을 위한 훈련 과정을 뜻한다. 언어를 과학적으로 분석하고 이론을 정립하는 분야가 언어학(linguistics/ språkvetenskap)이다. 이미 정형화된 한 외국어의 틀을 끊임없는 반복적 연습과 암기를 통해 나의 것으로 만들어가는 과정은 실용적 목적을 위한 실천적 행위이지 그 자체가 학문적 탐구 행위는 아니다. 그런데 실제로는 '스웨덴 언어학'을 '스웨덴어학'으로 부르듯 '언어학'을 '어학'으로 줄여서 쓰기도 한다. 이 경우에는 실용적 필요성에 따라 언어습득을 추구하는 어학과 분명히 구별해야 한다.

이 책은 스웨덴어의 구조와 체계, 변천에 대한 언어학적 기술서(svensk språkvetenskap)라고 할 수 있다. 본론에 앞서 언어학의 주요 분야와 개념을 소개하고 각 장의 내용 설명에서 일반언어학적 이론과 함께 외국어의 사례를 곁들인 것도 그러한 취지에서이다. 학술용어와 어례 사용에는 학습자의 원서 강독과 이해에 도움이 되도록 스웨덴어와 영어를 함께 사용한다.

1. 언어학의 하위 분야

언어학은 전 세계 인류의 언어를 대상으로 하여 언어 사실을 관찰하고 수집된 자료를 분석하여 가설을 세우고 이론을 정립해 나가는 인문과학의 한 분야이다. 그리하여 언어의 본질과 특성, 기능, 구조 등을 체계적으로 규명해 나간다. 따라서 개개의 언어를 구성하고 있는 음소, 형태, 통사, 의미 부분의 연구가 언어학의 중심 분야라고 하겠다.

1) 음성학/ 음운론

언어 연구의 출발은 말소리를 듣고 분석하는 데서 시작된다. 한 언어에 나타나는 음성들을 모두 관찰, 분석, 기술하는 것이 음성학이고, 그 언어에서 사용되는 음성의 기능과 체계를 연구하는 분야가 음운론이다. 즉 언어의 의미를 구별하는 데 이용되는 음성들, 음소(fonem /phonem)들을 밝혀내고 그 목록을 작성하여 분류한다. 그리고 이 음소들의 상호 관계에서 나타나는 음운 현상들을 자세히 고찰하여 이들 현상을 지배하는 규칙이 무엇인가를 찾아낸다.

2) 형태론

형태론은 언어의 형태 구조에 관한 연구이다. 더 이상 나눌 수 없는 최소 의미 단위로 정의 되는 형태소와 변이형태로 구성되는 단어를 연구 대상으로 한다. 한 언어에 나타나는 형태소와 단어를 발견하는 과학적인 절차를 만들어내고 이 절차에 따라 형태소를 찾아내어 이들을 기술하고 분류한다. 말하자면 형태론은 단어의 내적 구조를 분석, 기술하는 분야로서 형태소와 단어의 관계, 그리고 굴절(inflection), 파생(derivation), 합성(composition)의 방식을 다룬다.

3) 통사론

형태론과 함께 문법의 다른 한 축을 이루는 분야가 통사론이다. 통사론은 문장구조에서 단어나 형태소들의 결합과 배열을 지배하는 원리와 규칙들을 연구한다. 그래서 이를 구문론이라고도 한다. 언어를 구성하는 가장 큰 단위를 문장(sats/ sentence)이라 가정하고 이 문장을 일정한 절차에 따라 분석하고 문장 구성 단위들 간의 관계를 밝힌다. 이와 같은 언어 분석 방법을 분포주의적(구조주의적) 접근이라고 한다. 전통문법에서는 형태론에 속하는 굴절(inflection)에 대한 연구가 매우 중요시되었는데 그 이유는 연구의 중심이 굴곡변화(곡용 declension과 활용 conjugation)를 하는 단어들이 문장 내에서 어떻게 배열되어 완전한 뜻을 표현하는가에 집중되어 있었기 때문이다. 그것은 또한 대표적 굴절어인 그리스어와 라틴어의 영향이 문법 연구의 큰 몫을 차지했던 데에도 기인한다. 그러나 20세기 후반에 와서 변형생성문법의 영향으로 통사론이 언어학 연구의 중심 분야로 대두하였다. 촘스키(Chomsky)를 중심으로 한 새로운 언어 이론가들은 종래의 구조주의적 분석 방법이 인간 언어의 진정한 모습을 드러내지 못하며 언어를 적합하게 기술할 수도 없다고 비판하였다. 그리하여 통사구조(Syntactic Structure 1957)를 바탕으로 한 새 문법이론이 등장하였으며 인간의 언어능력을 해명하는 것이 주안점의 하나로 되어 있다. 따라서 변형생성문법에서 쓰이는 문법의 의미는 종래의 형태론과 통사론으로 구성되는 문법의 개념과 차이가 있다. 그 밖에 언어행위가 2개 이상의 연속된 문장으로 구성되었을 때 이것을 담화(discourse)라고 하며 이 연속체의 구조를 분석하는 방식을 담화 분석(discourse analysis)이라고 한다.

4) 의미론

의미론은 언어의 의미를 다루는 분야이다. 언어가 형태와 의미로 구성되었다면 앞서 설명한 음성·음운론, 형태론, 통사론은 모두 언어의 형태(형식) 부분을 연구하는 분야이다. 단어의 의미 연구는 의미론의 영역에 속한다. 이 분야는 인간의 심리적 내용 면과 관련되어 있어서 관찰이 어려울뿐더러 객관성을 지니지 못한다 하여 형식 면에 대한 연구에 비해서 상대적으로 소홀했던 것이 사실이다. 의미론은 단어의 의미를 다루는 어휘적 의미론(lexical semantics)과 문장의 의미를 다루는 구조의미론(structural semantics)으로 나뉜다. 근래는 발화시에 화자, 청자, 시간, 장소 등의 상황적 요인을 고려한 문장의 의미를 연구하는 화용론(pragmatics)에서도 의미 연구가 주 대상이 되고 있다.

2. 일반언어학과 개별언어학

지구상의 모든 민족은 고유의 언어를 가지고 있으며 그 언어로써 소통하며 공동생활을 유지해오고 있다. 인간의 언어가 출현한 지 3만 5천 년이 지난 오늘날까지 대략 6,000여 종의 언어가 존재한다. 이렇게 수많은 언어들 가운데 인류 문명사를 개척하는 데 기여한 주요 언어를 연구해 본 결과 그 구조나 체계에 있어서 일정한 규칙이나 공통성을 발견하게 되는데 이들을 토대로 언어 일반의 보편적 현상이나 특성들을 이론화한 것이 일반언어학이라고 정의할 수 있다. 한편 일반언어학(general linguistics/ allmänspråkvetenskap)의 이론을 바탕으로 개개 언어의 특성, 예를 들어 영어, 독어, 스웨덴어, 한국어 등의 고유한 특성들을 분석 연구하는 분야를 개별언어학이라고 한다. 따라서 개별언어학(special linguistics)의 연구 분야는 현존하는 언어의 수만큼 존재한다고 말할 수 있다. 개별언어를 연구하고 기술하려면 이미 확립된 일반언어학의 이론을 토대로 해야 한다. 반면에 개별언어를 연구한 결과로 발견된 새로운 현상이나 규칙은 일반언어학의 이론을 보강해주는 역할도 하기에 이 두 분야는 상호보완적 관계에 있다고 하겠다.

3. 이론언어학과 응용언어학

언어의 구조와 기능에 대한 일반적 원리와 제 규칙을 밝혀내어 이론을 수립하는 것이 이론언어학이다. 한편 이론언어학의 연구 성과를 실용적 목적에 이용하는 분야가 응용언어학으로 외국어 교수법, 언어정책, 언어장애 치료,

사전학, 기계번역(machine translation), 통신공학, 전산언어학 등이 있다. 특히 음성학은 성악과 무대예술, 음성 감정을 이용한 과학수사에도 괄목할 만한 역할을 하고 있다. 그 밖에 언어학이 인접 학문과 협력하여 연구하는 분야로 사회언어학, 심리언어학, 언어철학, 신경언어학, 컴퓨터언어학, 텍스트언어학, 문체론 등이 있다.

4. 공시언어학과 통시언어학

일정한 시기의 언어상태를 분석하고 기술하는 언어 연구의 방식을 공시언어학(共時言語學)이라고 한다. 이에 비하여 시간의 흐름에 따라서 언어의 역사적 변천 단계를 기술하는 방식을 통시언어학(通時言語學)이라고 한다. 이 두 분야는 서로 밀접한 관계에 있어서 각 시대의 언어 상태의 기술 없이는 언어의 역사적 발전 과정을 추적할 수 없다. 한편 일정 시기의 언어 상태는 과거 역사적 변화의 결과이기에 이 두 분야의 연구는 상호보완적 관계에 있다. 따라서 한 언어의 변천사 또는 발달사를 연구하는 역사언어학, 비교언어학도 통시언어학의 영역에 속한다.

5. 현대언어학 이론의 발자취

언어에 관한 본격적인 과학적 연구는 19세기 후반 유럽에서 시작된 역사·비교언어학이었다. 인도유럽어족 언어들 사이에 음운대응을 통한 친족 관계를 설정하고 언어의 역사적 변천을 연구하는 학풍이 독일을 중심으로 활발히 전개되었다. 그 후 20세기 초에 스위스의 언어학자 소쉬르(F. de Saussure)는 언어 연구의 중심을 통시적(通時的) 연구에서 어느 한정된 시대의 언어 상태를 기술하는 공시적(共時的) 연구로 바꿔 놓으면서 근대 언어학의 새 장을 열었다. 그는 언어 기술에서 '구조'를 중시하여 20세기 언어학을 구조주의(structuralism) 언어학으로 만든 장본인이 되었고 저서 '일반언어학 강의'(Cours de linguistique générale 1916)에서 언어에 관한 자신의 이론을 상세히 전개하였다.

1) 소쉬르의 구조주의

소쉬르는 언어를 단순히 실체나 요소의 집합체로 보지 않고 전체 시스템 안의 일정한 층위 내에서 각 요소들이 다른 요소들과 관계를 맺고 상호작용하는 구조로 파악해야 한다고 주장한다. 예를 들어 스웨덴어의 음성 층위에서 'p' 소리는 그 자체로는 아무 가치가 없으며 'b'와의 대립 관계에서 그 가치가 나타난다는 것이다. 또 't'와 'd'의 관계도 마찬가지이다. 그러므로 언어는 그것을 구성하는 요소들, 음성, 형태소, 단어 사이의 상호 관계와 상호대립이 매우 중요한 시스템이다. 소쉬르의 구조주의 사상은 20세기 언어학 이론의 기본이 되었으며 나아가 인류학, 문예비평 등 다른 학문에도 영향을 미쳐 20세기 전반기에 여러 학문 분야의 근간을 이룬 구조주의 사조(思潮)의 진원지가 되었다. 그가 언어 연구에서 제시한 몇 가지 주요 개념을 소개한다(강범모 2014:12-16 참조).

소쉬르는 언어를 랑그(langue)와 빠롤(parole)의 두 가지 측면으로 구분하였다. 사회 구성원이 의사소통 목적으로 공유하는 시스템으로서의 언어를 랑그라 하고 각 개인이 가진 조금씩 다른 사적인 언어체계를 빠롤이라 정의하였다. 둘 중에서 공통된 사회적 시스템으로서의 언어인 랑그가 언어학의 대상이 된다고 주장하였는데 이러한 구분은 촘스키의 언어능력(competence)과 언어수행(performance)에 대비된다. 그는 언어를 일종의 기호체계라고 하였다. 기호란 하나의 사물, 혹은 표상을 대신하여 나타내는 것으로 전자를 표현, 후자를 내용이라 할 수 있다. 그 예로서 신호등은 하나의 기호체계로서 신호등의 색깔은 멈춤과 통과를 의미하는데 색깔은 '표현'이고 멈춤/통과'는 '의미'이다. 이때 기호의 표현 면을 시니피앙(signifiant) '청각영상', '멈춤, 통과'와 같은 기호의 내용 또는 의미는 시니피에(signifié)라고 불렀다. 그는 또한 실질(substance)과 형식(form)의 차이도 구별하였다. 실질은 물질과 유사한 개념이고 형식은 그 물질에 부여하는 일정한 모양새이다. 소리의 형식이 음소(언어체계)이고 의미의 형식이 어휘화(어휘 체계)이다. 또 하나 중요한 개념 정의는 계열적 관계(paradigmatic)와 결합적 관계(syntagmatic)의 구별이다. 언어 표현에서는 언어적 환경에 따라서 요소들 간에 대치될 수도 있고 결합될 수도 있다. 예를 들면 pojken äter ett rött äpple에서 pojken은 flickan, han과 대치되고 rött는 gult, blått와 대치될 수 있다. 그러나 äter äpple에서 äter는 äpple 대신 sten, träd와 결합할 수 없다. 품사나 더 하위 단위와 관련된 것을 계열적 관계라 하고 통사적, 의미적으로 올바른 표현이 되도록 연결된 것을 결합적 관계라고 한다. 예: Pojken läser en bok. Hon spelar piano.

소쉬르에서 발아된 유럽의 구조주의 언어학은 스위스(제네바), 덴마크(코펜하겐), 체고(프라하)를 중심으로 발전해 나갔다.

2) 미국의 구조주의

한편 미국에서는 좀 다른 방식의 구조주의 언어학이 발전하였다(김진우 2017:180-183 참조). 유럽인들이 미대륙을 점령하는 과정에서 수많은 원주민들과 마주치게 되었고 그들의 언어를 기술하는 것이 언어학의 중요한 과제가 되었다. 문자가 없는 인디언 언어의 문법을 기술하기 위해서 언어학자들은 소리, 형태소, 단어, 문장으로 이어지는 여러 층위의 언어자료를 엄밀하게 기술하는 방법을 개발해야 했다. 즉 보이고 들리는 것, 철두철미하게 객관적으로 관찰이 가능한 언어 현상에만 기반을 둔 언어 기술 방법이었다. 불룸필드(L. Bloomfield)는 이러한 경험주의적, 관찰주의적, 형식주의적 기술을 추구하는 미국 구조주의의 대표적 학자였다. 그의 저서 '언어'(Language 1933)는 당시 미국 언어학의 바이블로 알려져 있다. 하지만 객관적으로 관찰 가능한 말과 글의 현상만을 자료로 인정하는 언어 연구의 방법론에는 한계가 있었다. 언어에는 소리 측면과 의미 측면이 있다. 그들의 방법론은 직접적인 관찰이 불가능한, 그렇지만 언어의 중요한 측면인 의미를 다루는 의미론 및 심리언어학, 언어철학 연구에는 적합하지 않아 이 분야들을 소홀히 할 수밖에 없었다. 미국의 구조주의 언어학은 실제로 관찰 가능한 현상만이 과학적 분석이나 연구 대상이 될 수 있다는 당시의 행동주의(behaviorism) 심리학과 실증주의(positivism) 철학의 영향을 입어 주관적이고 직관적인 분석을 배제하였다. 따라서 언어의 창의성이나 화자의 직관 즉, 언어능력은 무시되었다. 규범문법의 불합리와 어순문법의 결함을 극복하려는 구조문법은 언어자료를 토대로 분석과 기술을 객관화해야 한다는 극단론에 빠졌다. 실제로 음소에서 단어, 문장까지는 음성형으로 발음이 가능하여 이를 객관적으로 관찰, 기술할 수 있지만 의미는 표면적 형체가 없어 과학적 기술이 불가능하다는 것이다.

3) 촘스키의 변형생성문법

이러한 1950년대 상황에서 등장한 언어학자가 촘스키(Noam Chomsky)이다. 그는 '통사구조'(Syntactic structure 1957)와 '통사이론의 제상'(Aspects of the Theory of Syntax 1965)에서 당시 미국 구조주의 연구 방법을 비판하고 내성적(speculativ)인 연구 방법을 통하여 언어를 연구할 것을 주장하였다. 뿐만 아니라 언어 연구를 인간 정신을 이해하기 위한 하나의 방식으로 인식하고 언어학을 인지심리학의 한 분야로 파악하기에 이르렀다. 이런 사상은 고대 그리스의 알렉산드리아 학파에서부터 로마 시대와 중세시대의 실용 문법, 19세기 역사 언어학을 관통하여 미국 구조주의 언어학에 나타난 철저한 관찰주의 관점을 거부하고 스토아학파와 중세의 내성 문법에 나타난 이성주의(rationalism)를 이어받은 것으로 볼 수 있다. 그의 언어관에서 보편문법(universal grammar)의 추구가 크게 돋보이는데 보편문법의 실재를 어린이의 언어습득을 통하여 논증하였다. 세계의 여러 언어들이 표면상으로는 많은 차이를 가지고 있으나 그들 모두가 보편적인 인간 정신을 반영하고 있다고 보는 것이 언어의 보편성이다.

그는 어린이의 언어습득이 행동주의 이론을 바탕으로 한 구조주의 주장대로 피아노나 기계체조처럼 연속된 모방과 반복으로 얻어지는 훈련의 결과가 아니라고 당대의 이론을 강력히 비판하였다. 실제로 어른들의 말을 듣고 흉내내는 것이 아님은 한 번도 들어보지 않은 문장을 언뜻 말 할 수도 있고 이해하는 능력에서도 나타난다. 인간의 언어습득 능력은 인종과 문화의 차이를 넘어서는 선천적이고 천부적인 능력(innate ability)이라는 관점은 어린아이들이 어느 문화권에 태어나더라도 그 언어를 모국어로 습득 구사할 수 있다는 사실로 증명된다.

촘스키는 이성주의 관점에서 언어를 연구해야 하며 동시에 엄밀한 형식적(formal) 방법을 이용하여 언어를 기술해야 한다고 주장하였다. 그는 언어를 규칙의 체계(some definite system of rules)라고 정의하고 말을 배운다는 것은 언어 표현을 경험하고 기억하는 것이 아니라 규칙의 체계를 내재화하는 것이라고 하였다. 그리하여 수학에서 빌려온 생성(generera)이라는 개념을 도입하여 일정 수의 규칙으로 무한수의 문장을 만들어 낼 수 있는 인간의 언어능력을 기술하는 문법이론을 생성문법(generativ grammatik)이라고 불렀다. 게다가 변형 규칙을 더하여 다양한 새 문장을 만들어내니 변형생성문법이라는 명칭도 등장하였다. 그의 대표작 Aspects of the Theory of Syntax(1965)는 20세기 초 구조주의를 알린 소쉬르의 획기적 저서 '일반언어학 강의(Cours de linguistique générale 1916)'가 나온 뒤 반세기 만에 등장하여 전 세계 언어학계를 뒤흔든 혁명적 이론이라는 평가가 뒤따랐다. 스웨덴에서도 그 물결의 영향으로 1970년대 초부터 1980년대까지 변형생성문법이론에 입각한 스웨덴어의 구조 분석과 기술에 대한 연구와 저술이 스톡홀름, 룬드, 예테보리, 웁살라 대학의 연구진으로부터 많이 나왔다.

4) 언어과학의 연구 목표

언어를 과학적으로 연구하는 분야가 언어학이라고 하면 연구의 목표는 궁극적으로 인간 언어능력의 핵심을 규명하는 데에 있다. 사람은 누구나 모국어에 대한 지식을 갖추고 있어 어떤 언어자료라도 그것의 문법성과 비문법성을 직관적으로 판단하는 능력이 있다. 발음이 올바른지, 형태가 제대로 갖추어졌는지, 문장의 짜임새가 규격에 맞는지, 또 그 말의 뜻이 정확한지 여부를 직관적이며 무의식적으로 판별해 낼 수 있다. 예를 들어 스웨덴어 모국어 화자들은 아래 a)는 문법적이고 b)는 비문법적이라고 즉시 판단할 수 있다.

a) obekväm '불편한'

b) *unbekväm

그리하여 모국어 화자가 갖추고 있는 타고난 직관적이며 무의식적인 문법성에 대한 판단의 바탕을 우리는 화자의 언어능력(språkförmåga)이라고 정의한다. 따라서 현대언어학의 연구 대상은 언어 실체를 분석하고 기술하는 단계를 거쳐 언어의 인지 체계를 규명하는 인지 언어학의 단계로 나아가고 있다.

뿐만 아니라 인접 학문과의 학제적 연구를 통해 인간의 언어를 결정하고 다스리는 마음의 구조적 기능을 규명해 보려는 연구 활동이 지속되고 있다. 인간의 심리 구조와 지식의 습득 과정 등을 여러 시각에서 해명해 보려는 학제적 연구를 인지과학(cognitive science)이라고 한다. 인지는 사람의 지각, 판단, 기억, 이해, 언어 사용 등과 관련된 심리적 과정과 그 산물을 통틀어 일컫는 포괄적 명칭이다.

제2장
말소리: 음성학

국제음성기호 (IPA 2015 개정본) 자음

	양순	순치	치	치경	후치경	권설	경구개	연구개	구개수	인두	성문
파열음	p b			t d		ʈ ɖ	c ɟ	k g	q ɢ		ʔ
비음	m	ɱ		n		ɳ	ɲ	ŋ	ɴ		
전동음	ʙ			r					ʀ		
탄음				ɾ		ɽ					
마찰음	ɸ β	f v	θ	s z	ʃ ʒ	ʂ ʐ	ç ʝ	x ɣ	χ ʁ	ħ ʕ	h ɦ
석측 마찰음				ɬ ɮ							
접근음		ʋ		ɹ		ɻ	j	ɰ			
설측 접근음				l		ɭ	ʎ	ʟ			

오른쪽에 놓인 기호는 유성음, 왼쪽에 놓인 기호는 무성음이다. 색칠된 곳은 조음이 불가능하다고 판단되는 영역이다.

자음(고립기류음)

흡착음	내파음	방출음
ʘ 양순	ɓ 양순	ʼ 예:
ǀ 치경	ɗ 치/치경	pʼ 양순
ǃ (후)치경	ʄ 경구개	tʼ 치/치경
ǂ 경구개치경	ɠ 연구개	kʼ 연구개
ǁ 치경 설측	ʛ 구개수	sʼ 치경 마찰

기타 기호

ʍ 무성 양순 연구개 접근음
w 유성 양순 연구개 접근음
ɥ 무성 양순 경구개 접근음
ʜ 무성 후두개 마찰음
ʢ 유성 후두개 마찰음
ʡ 후두개 파열음

ɕ ʑ 치경구개 마찰음
ɺ 유성 치경 설측 탄음
ɧ ʃ와 x를 동시에 조음

필요에 따라 마찰음과 이중조음은 두 기호를 연결선으로 연결하여 t͡s k͡p 나타낼 수 있다.

모음

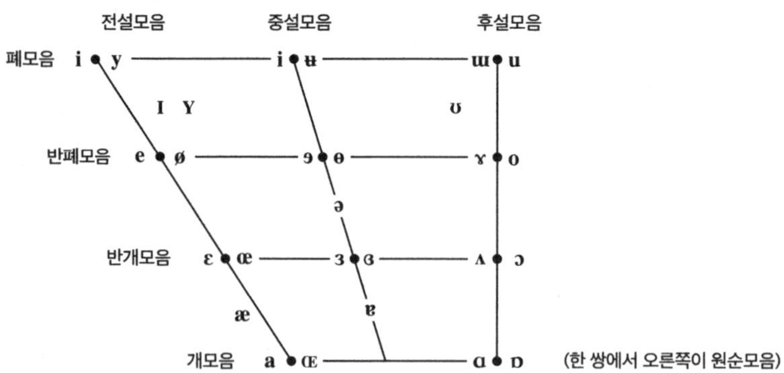

1. 음성학의 연구 대상

인간의 언어음성을 관찰하고 기술하는 학문 분야를 음성학이라고 한다. 말소리가 연구 대상이 된 것은 그것이 의사전달의 필수적 도구인 언어를 구성하는 기본 요소가 되기 때문이다. 인류에게 말이라는 의사소통의 수단이 없었다면 우리의 생활은 얼마나 불편할지 상상도 할 수 없으며 오늘날과 같은 고도의 문명도 이룩하지 못했을 것이다.

언어 연구의 대상은 글자로 바꾼 문어(文語)보다는 입에서 나온 구어(口語)가 우선이다. 그 이유는 문어는 구어를 글자로 옮겨놓은 이차적 표현 수단인 까닭이다. 구어의 언어는 음성 연결체로 구성되어 있어서 음성 요소들과 그 구성방식을 분석하고 기술하는 일이 언어연구의 가장 중요한 기초 작업이 된다. 곧 음성학(phonetics/ fonetik)은 사람의 말소리를 과학적으로 관찰하고 분석하는 학문 분야로 말소리를 낼 때 발음기관이 어떻게 움직이고, 공기 중에 일어난 음파의 물리적 특성은 무엇이며, 듣는 이의 말소리 청취 과정은 어떻게 진행되는가를 밝혀내는 것을 과제로 삼는다.

2. 음성학의 여러 분야

우리들의 의사소통 과정을 살펴보면 말소리의 전달은 화자와 청자 사이에 아래의 7단계를 거쳐 진행된다.

말소리 전달 과정

(1)	(2)	(3)	(4)	(5)	(6)	(7)
대뇌 언어중추	운동신경	발화	음파	청취	청신경 언어중추	이해

A(화자) 'hand' B(청자) 'hand'

먼저 말하는 이 A의 대뇌 언어중추(1)에 '손'이라는 개념과 [hand]라는 소리(청각영상)가 동시에 떠오른다. 이어서 대뇌의 지시로 운동신경(2)이 작동하여 발음기관을 움직여 [hand]를 발음(3)하게 된다. 입 밖으로 나온 [hand]라는 소리는 공기 중에서 음파(4)로 변하여 청취(5) 단계로 들어간다. 듣는 이 B의 귀에 들어 온 이 소리는 청신경(6)을 통하여 대뇌중추에 [hand]라는 음이 떠오르면서 '손'이라는 의미가 전달, 이해되는 것이다(7).

이들 7단계 중에서 (1)(2)와 (6)(7)은 아직도 미개척 분야이므로 (3)(4)(5)의 단계를 가리켜 음성학의 3대 분야라고 한다. 특히 제 (3)단계는 조음음성학(articulatory phonetics)이라 하여 발음기관이 어떻게 움직여서 말소리가 생성되는가를 다루고, 제(4)단계는 음향음성학(acoustic phonetics)으로 대기 중에서 음파가 전달되는 과정을 다루며, 제(5)단계는 청취음성학(auditiv phonetics)으로 듣는 이의 귀에 전달된 말소리의 청취 과정을 다룬다. 음파의 어떤 음향자질이 듣는 이의 특정 소리 인식에 중요한지가 관찰의 대상이 된다.

이 세 방면의 음성학 연구 중에서 청취음성학이 가장 미진한 분야인데 여기에는 음향학의 도움은 물론 생리학, 의학, 심리학 등의 지식이 필요하므로 언어학자로서 접근하기가 어렵다. 이에 비해 음향음성학의 연구는 2차 세계대전 이후 음파의 성질을 관찰하는 음향분석기(sound-spectrograph), 오실로그래프(oscillograph) 같은 기계의 등장으로 입에서 나온 음파를 눈으로 볼 수 있게 분석 기록함으로써 급속도로 발전하였다. 소리의 물리적 자질을 기준으로 소리의 주파수(frequency)나 음폭(amplitude)에 의하여 소리를 분석하는 방법이다. 그러나 고도의 수학, 물리학의 지식을 요구함으로 쉽게 접근할 수 있는 분야가 아니다. 최근에는 실험음성학이 발달하여 외국인 학습자의 화석화된 발음상의 오류를 분석하고 치유하는 데에 음향음성학의 분석 방법을 이용하는 연구도 나오고 있다.[1]

연구의 역사가 가장 오래되고 발음 위치와 발음 방법을 알고 조금만 훈련하면 그리 힘들지 않게 접근할 수 있는 분야는 조음음성학이다. 발음기관의 움직임을 기계의 도움 없이 용이하게 관찰할 수 있어서 어디서나 제일 많이 연구, 활용되고 있다. 그래서 음성학이라고 하면 일반적으로 조음음성학을 가리킨다. 또한 말소리의 생성, 전달, 인지 과정을 기계를 이용하여 연구하는 분야를 실험음성학이라고 한다. 이 분야에 음향음성학도 포함된다.

이 장에서는 발음의 오류를 과학적으로 분석하는 데 효과적인 도구로 등장한 음향음성학에 대한 간략한 소개를 먼저 한 다음에 음성학의 본고장인 조음음성학에 대해서 체계적으로 설명한다. 스웨덴어 음성학을 기술하는 과정에

---

1 스웨덴인 한국어 학습자의 오류 분석 연구, 윤은경(2020), 김은영(2012).

서 필요시 한국어, 영어 음성과의 비교 고찰도 함께 한다.

3. 음향음성학

음향음성학은 공기를 통해 전달되는 소리의 물리적 특성을 연구한다. 음성은 주파수와 파장으로 구성된 파동(vågrörelse)임으로 파동의 요소인 주파수, 파장, 진폭을 분석하게 된다. 음성을 녹음하는 녹음기가 발명된 후에 스펙트로그라프(ljudspektrograf)가 20세기 후반에 등장하면서 음성의 음향분석을 용이하게 하여 음성학 연구에 크게 기여하고 있다.

다만 음성은 일정한 주파수, 파장, 진폭을 가진 단순파동이 아니고 여러 개의 단순파동이 합쳐진 복합파동으로 시간대로 바뀌는 복잡한 파동이다. 남녀 목소리의 높낮이 차이는 성대의 모양에 따라서 떨림의 주기가 달라지고 따라서 음성의 기본 진동수 즉, 주파수(frekvens)도 다르게 나타난다. 'Alltså kommer han'이라는 표현이 질문과 단언으로 구별되는 것은 kommer가 높아지는가 아닌가로 구별된다. 소리가 올라가는 것은 기본주파수가 높아지는 것을 의미한다. 주파수의 변화는 귀로도 식별할 수 있지만 미세한 변화는 기계의 분석을 통해서 눈으로도 파악할 수 있다.

아래 [그림 1]은 20대 여성이 '너 언제부터 이렇게 알뜰해졌냐'라고 말을 할 때의 소리의 파형(맨 아래)과 기본주파수의 변화(중간), 스펙트로그램(맨 위)을 시각적으로 나타낸 것이다.[2]

---

2 강범모(2010:55) 인용.

[그림 1] 말소리의 스펙트로그램, 기본주파수, 파형

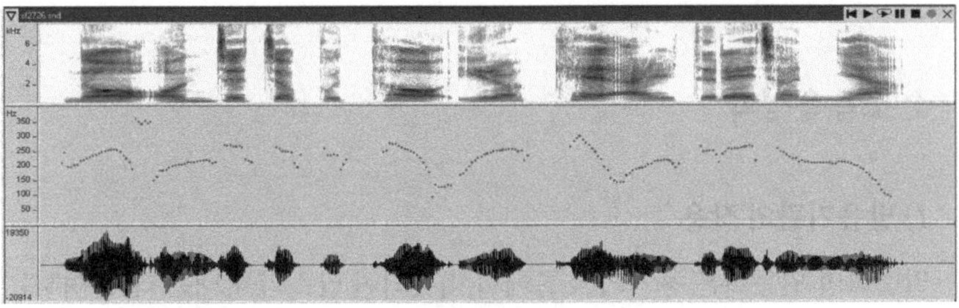

[그림 2] 공명주파수(포르만트)

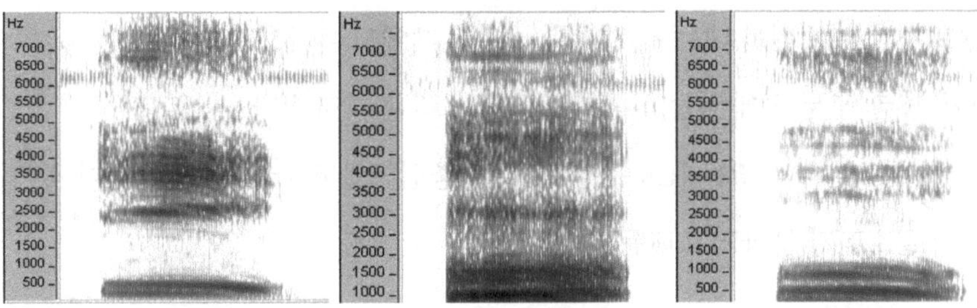

[i] [a] [u]

가운데 중간 도표는 음의 높이가 올라가고 내려가는 것을 기본주파수의 변화로 나타내고 있다. 맨 위의 스펙트로그램은 공명 주파수의 에너지를 표시한 것으로 모음의 음향적 특색을 나타낸다.

[그림 2]는 그 여성이 모음 [i],[a],[u]를 발음할 때 시간의 흐름(가로축)에 따라 에너지가 존재하는 공명 주파수를 세로축으로 나타낸 스펙트로그램이다. 가로로 걸쳐 있는 검은 띠는 에너지가 몰려 있는 공명주파수를 표시하며 이것을 포먼트(formant)라고 부른다. 맨 밑의 낮은 주파수부터 제1포먼트, 제2포먼트, 제3포먼트 등으로 부르며 주로 제1포먼트와 제2포먼트의 상대적 차이가

모음을 구별시키는 음향적 특성이 된다.

4. 조음음성학

1) 발음기관의 작용

말소리의 원동력은 공기의 흐름에서 비롯되며 말소리를 내는 데 관여하는 모든 기관을 발음기관(talorgan/ organs of speech)이라고 한다. 발음기관은 크게 세 부분으로 분류된다.

- 호흡부: 말소리를 내는 데 필요한 공기를 폐에서 올라오게 한다.
- 발성부: 후두 속에 있는 성대를 움직여 소리를 내게 한다.
- 조음부(성대 위쪽 발음기관): 구강, 비강을 중심으로 혀와 입술이 움직여 갖가지 말소리가 분화되고 다듬어진다.

(1) 호흡부: 폐, 기관

공기의 흐름(air stream)은 폐에서 시작되는데 이때 폐에서 공기를 불어내어 나는 소리와 폐 속으로 들이켜서 내는 두 가지 방식의 소리가 있다. 입안에서 만들어지는 모음과 자음은 거의 다 공기를 내뿜어서 내는 날숨소리(호기음)이고, 예외적으로 혀 차는 소리(clicks), 입맞춤(kiss) 소리는 입술을 오므려서 공기를 빨아들여 내는 들숨소리(흡기음)로 정상적인 언어음성에는 속하지 않는다. 스웨덴 여성들의 겨울철 대화 중에 '오늘은 날씨가 퍽 춥군요'라는 인사말에 '예, 그렇군요'라는 대꾸로 ja:h- [jɑ:x-]라고 숨을 들이마시듯 소리 내는 것은 재미있는 사례이다. 요즈음은 지구 온난화로 별로 춥지 않으니 1970년대의 그런 인사말이 아직도 쓰이는지 궁금하다.

(2) 발성부: 후두, 성대

횡격막의 수축 작용으로 폐에서 시작된 공기의 흐름은 기관(luftstrupe/ windpipe)을 통해서 올라와서 맨 먼저 성대(stämläppar/ vocal cords)를 통과한다. 성대의 길이는 남자 20mm, 여자나 어린이 15mm 정도의 크기로 입술처럼 열고 닫을 수가 있다. 성대가 열려 있을 때 그 열려 있는 틈을 성문(glottis)이라고 한다. 여기서부터 발성 기관이 작동한다.

[그림 3] 성문의 4가지 모양

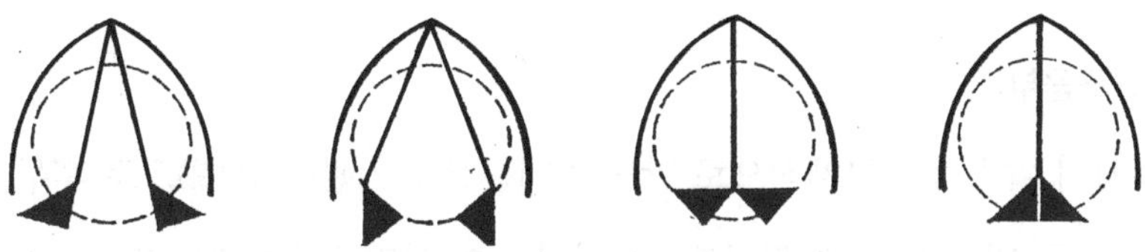

우리가 정상적으로 호흡할 때는 성대 사이가 넓게 열려 있어서 공기의 흐름이 자유롭다. 이렇게 열린 상태에서 말소리를 내면 성대의 울림이 없는 무성음(tonlös/ voiceless sound)이 나온다. 성대 사이가 조금 열려 있어서 그 좁은 사이로 공기가 통과하면 성대가 울려서 소리가 나는데 이렇게 나는 소리를 유성음(tonande/ voiced sound)이라 한다. 성대의 일부만이 열리면 속삭임(viskande/ whisper) 소리가 난다. 말소리의 기본을 이루는 모음과 자음은 모두 유성음 또는 무성음으로 이뤄진다. 성문을 꼭 닫아 폐 속에 공기를 압축시켰다가 갑

자기 열어서 갇혔던 공기를 터뜨려 내는 소리가 있는데 이것을 성문파열음(laryngal klusil/ glottal stop)이라고 한다. 이 소리 [ʔ]는 자주 쓰이는 정상적인 말소리는 아니다.

기관(숨통)의 위쪽에는 여린 뼈로 둘러싸인 후두(struphuvud/ larynx)가 있고 그 안에 성대(목청)가 앞뒤로 붙어 있다(그림 11 p.51). 성문을 통과한 공기는 후두를 지나 후두개(울대마개 epiglottis)를 거쳐 인두(farynx)에 이른다. 후두개는 음식을 삼킬 때 음식이 후두를 통해 허파로 들어가지 않고 식도로 내려가도록 기관을 막아주는 역할을 한다. 인두강은 혀뿌리(tungsrot)와 인두벽 사이의 공간으로 혀를 뒤로 당기고 인두벽을 긴장시켜 여기서 마찰음을 일으킬 수 있다. 인두를 지나면 기류는 목젖(uvula/ tungspene)에 이르는데 여기서 공기는 두 갈래로 나뉘게 된다.

(3) 조음부:

갖가지 말소리를 구체적으로 만들어 내는 조음기관(발음기관)으로 후두, 후두개, 인두, 비강, 연구개, 경구개, 혀, 치경 등이 여기에 속한다(그림 11 p.51). 연구개 끝의 목젖을 인두벽에 갖다 붙이면 공기는 입안(구강)으로 통하는데 이렇게 내는 소리를 구강음(orala ljud/ oral sound)이라 한다. 모음 [a e i o u]나 자음 [p t k s f] 등은 모두 구강음에 속한다. 한편 목젖을 인두벽에서 떼어 늘어뜨린 채로 입안의 어느 부분을 막으면 공기는 코안(비강)으로 통하며 이렇게 낸 소리를 비음(nasal)이라 한다. 하지만 목젖을 늘어뜨린 상태에서 입안의 어느 부분도 막지 않으면 공기는 코안과 입안으로 동시에 통과하게 되는데 이렇게 나는 소리가 비모음(ɔ̃ɑ̃ɛ̃)으로 프랑스어에 많다.

위에서 든 구강, 비강, 인두강은 발성의 세 가지 공명강(resonator/ resonating

cavity)으로서 성문을 통과해서 일어난 소리에 여러 가지 변화를 주는데 이 중에서 구강(oral cavity)이 가장 중요한 역할을 한다. 여기에 입술을 내밀거나 둥그리는 제4의 순강(labial cavity)이 더 있다.

[그림 4] 발음기관의 4대 공명강

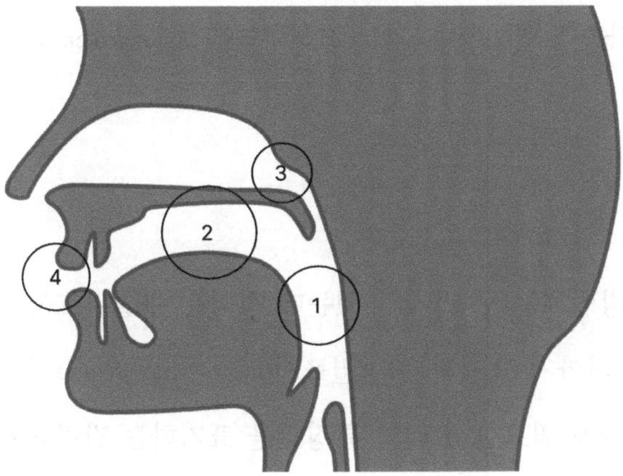

(1) 인두강
(2) 구강
(3) 비강
(4) 순강

2) 조음기관

말소리를 낼 때 이에 참여하는 신체의 여러 부분을 통틀어 조음기관이라고 한다(그림 11 p.51). 이들 중에서 상대적으로 더 잘 움직이는 부분을 조음자(artikulator), 덜 민첩하게 움직이거나 전혀 움직이지 않는 부분을 조음점(artikulationsställe)이라고 하며 이 두 부분을 아울러 조음부라고 부른다. 조음자에는 아랫입술(underläppen), 혀(tungan), 연구개(velum/ mjuka gommen), 목젖(uvula/ tungspenen)이 있고, 조음점에는 윗입술(överläppen), 윗니(övertänderna), 잇몸(tandvallen), 경구개(hårda gommen), 연구개(velum)가 있다. 연구개는 경우에 따라서 앞부분은 조음점으로, 뒷부분은 조음자로 쓰인다. 조음기관의 각 부분

중에서 가장 민첩하게 자유자재로 움직이는 부분은 혀(tungan)인데 혓바닥을 편편하게 만들기도 하고 양쪽 가를 꼬부려 고랑을 만들기도 한다. 또한 혀끝을 말아 올리기도 하고 평평하게 할 수도 있다.

입을 조용히 다물고 있을 때 긴 혀를 세 등분하여 맨 앞쪽은 혀끝(tungspetsen/ apex)과 혓날(tungbladet/ blade of the tongue), 가운데는 혓바닥(전설)(dorsum/ front of the tongue), 연구개와 인두벽이 닿는 부분을 혀뿌리(후설)(tungroten/ back of the tongue)라고 한다.

3) 음성 표기법

음성을 표기하는 방법에는 두 가지가 있는데 하나는 구별부호를 사용하여 소리의 미세한 자질까지 표기하는 정밀표기(narrow transcription)이다. 또 다른 하나는 의미구별에 필요한 소리의 특징만을 표기하는 간략표기(broad transcription)가 있다. 예를 들어 katt는 [khat] 또는 [kat]로 표기할 수 있다. 앞의 것은 [k]소리가 어두에서 날 때는 [h]라는 기식음을 수반하는 것까지 알려주는 정밀표기이고 뒤의 것은 [k] 하나만으로도 다른 단어 hatt [hat]와 구별하는 데 지장이 없기에 하나의 음성부호만으로 표시하는 간략표기이다.

• 국제음성기호(IPA)

이 책에서는 덴마크의 언어학자 예스페르센(Jespersen)의 제안으로 국제음성학회가 1888년에 제정 발표한 국제음성기호(International Phonetic Alphabet)를 주로 사용한다. 제정 배경에는 세계 여러 언어의 미세한 말소리의 차이를 문자로써 정밀하게 표기하고 말소리의 발음과 기존 알파벳의 문자 표기 체계와의 차이를 조정하려는 데에 있었다. 이 기호는 제2장의 안표지에 첨부되어 있다.

• 자소(grafem)

자소란 한 언어의 문자 체계에서 음소를 표시하는 최소 단위로서 철자 또는 글자라고 부른다. 자소는 < > 속에 표시하여 소리를 나타내는 음소와 구별한다.

4) 모음과 자음의 차이

말소리는 기본적으로 모음과 자음으로 분류된다. 모음(vokal)은 성대가 진동하여 공기가 입안이나 코안을 통해 밖으로 빠져나갈 때 아무런 장애도 받지 않고 나는 소리이다. 다만 입술이나 혀의 운동으로 공기가 흐르는 통로의 모양을 바꾸게 할 뿐이다. 반면에 자음(konsonant)은 조음기관의 어느 곳에서 방해를 받아 나는 소리이다. 그래서 모음이 자음보다 우리 귀에 더 잘 들리고 강세, 높이, 길이 등의 운율적 성질도 지닌다. 모음은 이런 성질을 이용해 음절을 구성하는 음절성이 있으나 자음은 음절을 구성하지 못하는 비음절성 음성이다. 따라서 장애와 음절성이라는 두 가지 기준을 적용해서 음성을 모음과 자음으로 구별할 수도 있다.

5) 기본모음 분류

모음은 소리 나는 위치가 명확하지 않아서 그 음가를 구체적으로 기술하기가 어렵다. 모음의 기본적 음색은 다음 세 가지 기준에 따라 분류된다.

1) 입안의 열림 정도: 혀가 입천장을 향해 접근한 정도, 또는 입이 열린 정도.

2) 혀의 정점의 위치: 혀의 가장 높은 부분이 혀의 앞쪽인가 뒤쪽인가.

3) 입술의 원순성: 소리가 날 때 입술이 동그래지는가 평평해지는가.

하지만 이 세 가지 기준만으로는 모음을 제대로 분류하기가 애매하다. 혀의 높낮이 정도나 입술의 둥근 정도가 무수히 많기 때문이다. 영국의 음성학자 존스(D. Jones)는 이 세 가지 기준을 토대로 하여 좀 더 정밀하게 모음을 기술하는 척도를 만들어 내고 이를 기본모음 사각도(cardinal vowel system)라고 이름 지었다.

먼저 입안의 가장 주변에서 나는 소리로서,

(1) 입이 열린 정도에 따라 폐모음(고모음)과 개모음(저모음)이 정해진다. 폐모음(sluten vokal)은 [i] [u], 개모음(öppen vokal)은 [a] [ɑ]이다.

(2) 혀의 정점의 위치가 앞쪽에 있으면 전설모음이고 뒤쪽이면 후설모음이다. 전설모음(främre vokal)은 [i] [a], 후설모음(bakre vokal)은 [u] [ɑ]이다. 중간에서 나는 것은 중설모음(mellanvokal)으로 [ə] [ɵ]가 있다(그림 7).

[그림 5] 기본모음 사각도

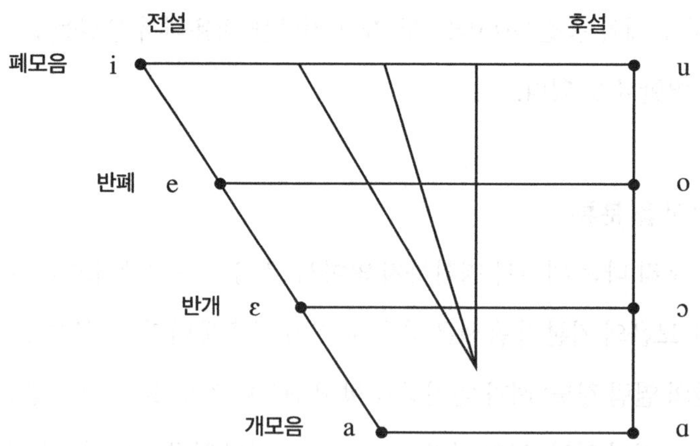

[그림 6]은 기본모음을 발음할 때 혀의 정점의 위치를 표시한 것이다. 1 [i]는 혓바닥을 앞쪽으로 높이 치켜 올리고 5 [ɑ]는 혀뿌리를 뒤쪽으로 낮춰서 발음한다. 4 [a]는 혀를 낮추어 앞쪽에서, 7 [u]는 혀뿌리를 높인 채 발음한다. 아래 [그림 6]에서 맨 가장자리에 위치한 4개 모음의 자리 를 연결하면 사다리꼴 모양이 된다.

[그림 6] 모음 4각도를 만드는 혀의 정점 위치

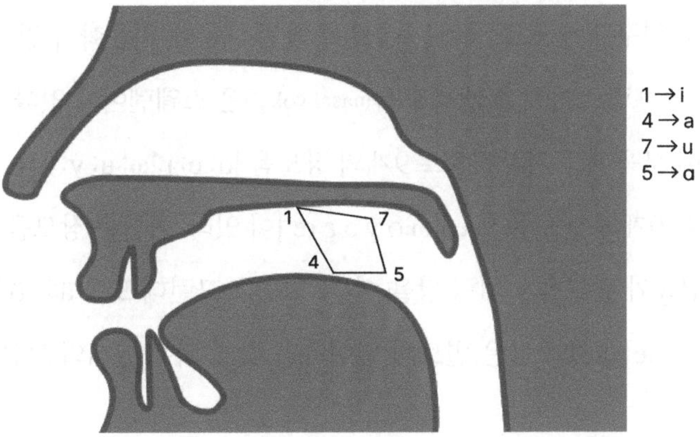

(3) 입술의 모양이 동그라지는 [u] [o] [ɔ]는 원순모음(rundad vokal)이고 입술이 평평해지는 [i] [e] [ε] [a]는 평순모음(orundad vokal)이다.

한 걸음 더 나아가 입안 가장자리의 네 극점을 기준으로 하여 폐모음과 개모음 사이에 등거리 간격을 잡아 반폐모음과 반개모음으로 지정한다. [e] [o]는 반폐모음, [ε] [ɔ]는 반개모음이다. 그러면 전설과 후설 위치에 중설모음을 제외한 8개 모음으로 늘어나는데 이것을 **제1차 기본모음**이라고 한다.

세계 각 언어의 모음의 종류와 조음위치는 조금씩 다르기 때문에 [그림 5]

의 기본모음 4각도의 위치는 비교의 척도가 된다.

5. 스웨덴어의 음성

1) 스웨덴어 모음

이제까지 설명한 기본모음에 대한 지식을 바탕으로 스웨덴어 모음을 자세히 살펴본다. 스웨덴어 모음은 성대를 울려서 입안에서 나는 구강음(orala vokaler)으로 연구개가 코로 나가는 통로를 막기 때문에 비음화가 일어나지 않는다. 따라서 프랑스어에 흔한 비모음(nasal vokal)은 스웨덴어에 없다.

스웨덴어 모음에는 기본적으로 9개의 장모음 [ɑ: e: i: ɷ: ʉ: y: o: ɛ: ø:]과 이에 상응하는 9개의 단모음 [a e i ɷ ɵ y ɔ ɛ œ]이 있다. 이들은 장모음 i와 단모음 i, 장모음 y와 단모음 y 처럼 쌍을 이루고 있다. 그런데 모음 ä와 ö는 r와 권설음 앞에서 [æ], [œ]와 같은 별도의 변이음을 갖게 되어 실제의 모음 수는 더 늘어난다.

모음[ʉ:]는 원래 후설모음에 속했던 것이 변천 과정을 거쳐 앞쪽으로 이동하여 현재는 전설반폐원순 모음으로 분류된다. 또한 이 모음의 변이음으로 중설반개 원순모음 [ɵ]가 있고 같은 중설모음에 속하는 [ə]는 schwa[ʃvɑ:]라고 하여 강세 없는 위치에 오는 약한 모음이다. 이 모음을 낼 때는 혀가 누워 있는 상태에서 입만 조금 열면 된다.

기본모음 4각도는 원래 입안에서 나는 가장 주변적인 소리의 자리를 지정한 것이므로 실제 각 언어의 모음 위치는 이와는 조금씩 다르다. 스웨덴어 모음들은 아래 도표 상에 나타난 바와 같이 기본모음 8개보다는 약간 안쪽 아래

위치에서 소리 난다.

[그림 7] 모음사각도상의 스웨덴어 모음

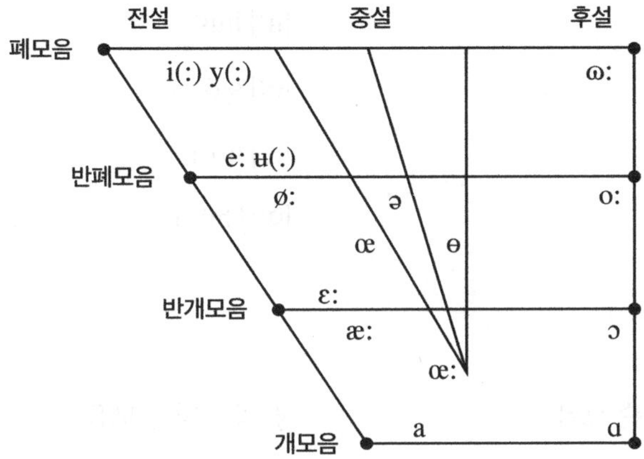

다음 단계는 스웨덴어 모음의 종류를 3가지 기준에 따라 체계적으로 분류한다.

첫 단계로 모음을 혀 부분의 위치(앞/중간/뒤), 입술 모양(원순/평순)에 따라 구분한다.

[참고] 전설원순반폐모음 [ʉ:]는 [ɯ:]로도 표기 된다. 또한 후설원순폐모음은 보통 [u]로 표기하지만 기본모음보다 약간 낮게 앞쪽에서 나며 원순성이 더 강하므로 전통적으로 [ɷ:] 표기하였다. IPA부호에 없는 이 두 모음의 특이성을 고려하여 스웨덴 학자들은 1870년 대 말에 고안된 스웨덴 방언기호(landsmålsalfabetet)를 인용해 쓰고 있다. [ɷ] 대신에 [ʊ]를 쓰기도 한다. 즉, [ɯ:]=[ʉ:], [ɷ:]=[u:], [ʊ:]

① 전설평순 모음

[iː] bil

[ɪ] vitt

[eː] leta

[e] eld

[ɛː] väg

[ɛ] äpple

[æː] här

[a] katt

② 전설원순 모음

[yː] dyr

[ʏ] nyckel

[ʉː] hus

[øː] sjö

[œ] höst

[œ̞ː] höra

③ 중설평순 모음

[ə] pojke

④ 중설원순 모음

[ɵ] hund

⑤ 후설평순 모음

[ɑː] tal

⑥ 후설원순 모음

[ɷː] stor, [oː] gå

[ɷ] bott, [ɔ] åtta

둘째 단계로 위 모음들을 입의 열림 정도(개구도)에 따라 폐모음(sluten), 반폐모음(halvsluten), 반개모음(halvöppen), 개모음(öppen) 등 4등급으로 나눠 모음 4각도 상에 배치한다. 따라서 어느 모음에라도 이 3가지 기준을 적용하면 그 모음의 성격이 규명된다.

예 [i] 전설 평순 폐모음, [o] 후설 원순 반폐모음

다만 전설반폐 원순모음 부류에 [øː], [ʉː] 두 모음이 해당되므로 서로 구별이 안 된다. 그러므로 [ʉː]의 원순정도가 더 강한 점을 고려하여 이를 보통 원

순(rundning) [ø:]와 구별하여 초원순(överrundning)으로 지정하여 전설반폐초원순 모음으로 그 차이를 드러낸다. 스웨덴어로 내원순(inrundning)이라고도 한다. [ʉ:]는 한국어 [ㅟ]와 비슷하나 입술을 동그려 안쪽으로 당기듯 발음하는 까다로운 모음으로 외국인에게는 아주 어려운 모음이다. 아래의 입술 모양으로 평순, 보통원순, 초원순의 차이를 비교해 볼 수 있다(Bolander 2012:57 인용).

[그림 8] 입술 모양과 원순의 차이

모음 분류의 3가지 기준을 종합적으로 적용한 스웨덴어 모음 일람표는 아래와 같다.

[그림 9] 스웨덴어 모음분류표

	전설모음		중설모음		후설모음	
	평순	원순	평순	원순	평순	원순
폐모음	i: ɪ	y: ʏ				ɷ:
반폐모음	e: e	ø: ʉ:	ə			o:
반개모음	ɛ: ɛ æ(:)	œ œ̞(:)		ɵ		ɔ
개모음	a				ɑ:	

• 반모음

장애나 마찰을 일으키지 않고 나는 소리가 모음인데 아주 약한 마찰을 일으켜서 자음으로서의 특징을 제대로 갖추지 못한 채 모음에 가까운 성질을 가진 [j] [ɥ] [w]와 같은 소리를 반모음(halvvokal; semivowel)이라 한다. 또한 모음에서 또는 모음으로 미끄러지는 소리라 하여 활음(qlide)이라고도 한다. 음절을 구성하지 못하고 간격이 큰 모음에 부수되어 나타나는 소리이다. 말하자면 이중모음의 첫 요소 또는 끝 요소를 가리켜 일명 반모음이라고 한다.

예 [j] (독어) Wein[vajn], (영어) year[jiɚ], (한국어) ㅑ[ja] ㅕ[jə]
[ɥ] (프랑스어) lui[lɥi], tuer[tɥe]
[w] (영어) well[wel], weak[wi:k], (한국어) ㅘ[wa] ㅝ[wə]

스웨덴어에는 지역 방언과 중부 스웨덴어의 몇 가지 모음에 이중모음화가 일어날 때 반모음(halvvokaler)이 나타난다. [예] vi[vij], vy[vyɥ]; du[dʉβ], bo[bɷβ]. 그러나 강조할 때를 제외하고는 구태여 이렇게 발음할 필요가 없다. [β]는 양순마찰 유성음으로 모음 [ʉ],[ɷ] 다음에 딸려 나오는 특이한 마찰음이다.

• 이중모음

앞에서 다룬 모음들은 모두 단순모음(monoftonger)이다. 발음 시에 처음과 끝의 소릿값이 일정한 모음을 가리킨다. 반면에 단순모음 뒤에 반모음 [j] 또는 [w]가 따라 나와서 소릿값이 달라지는 모음을 이중모음(diptonger)이라 한다. 한 음절을 이루는 두 개의 연속된 모음을 이중모음이라 하며 그중에서 강세가 없는 모음은 반모음으로 나타난다.

스웨덴어에는 neutral, paus, aula 같은 한두 개 외래어에 나타날 뿐 이중모음은 없다고 할 수 있다.

• 권설모음(retroflexa vokaler)

모음을 발음할 때 혀끝은 보통 아랫니 뒤쪽에 가볍게 붙어 있게 된다. 혀끝을 윗잇몸이나 센입천장 쪽으로 말아 올리면서 모음을 발음할 수도 있으니 이렇게 내는 모음을 권설모음이라 한다. 권설모음 [ɚ]는 미국식 영어 발음에서 아주 흔하다.

예 > here[hiɚ] poor[puɚ]

한 가지 유의할 점은 스웨덴어에는 권설모음이 없으므로 어말이 - r로 끝나는 스웨덴어 단어를 미국식 영어발음 습관 탓에 권설모음으로 발음하지 않도록 주의해야 한다. 예를 들면 springer[spriŋər]에서 어말부분 [ər]를 모음과 자음으로 따로 구분해서 발음해야지 [spriŋɚ]식으로 뭉뚱그려 발음해서는 안 된다.

2) 스웨덴어 자음

자음의 종류는 대체로 입안의 혀와 입술의 작용으로 이루어진다. 우선 성대 진동이 있느냐 없느냐에 따라 유성음(tonande)과 무성음(tonlös)으로 나뉘며 대부분의 자음은 유성과 무성으로 짝을 이룬다. 그 예로 [b, d, g]는 유성자음이고 [p, t, k,]는 무성자음이다. 자음은 폐쇄된 발음기관을 파열시킬 때 성문이 열리어 그 사이로 공기가 방출되는데 이때 따라 나오는 공기를 기식이라고 한다. 기식의 유무에 따라 유기음(aspirerade)과 무기음(oaspirerade)으로 나뉜다. 스웨덴어의 어두자음 [p, t, k]와 한국어의 [ㅍ, ㅌ, ㅋ]는 유기음이고 [ㅃ, ㄸ, ㄲ]는 무기음이다. 손바닥을 입 앞에 가까이 대고 이들 자음을 발음해 보면 기식(입김)의 유무를 쉽게 감지할 수 있다.

공기가 입안을 통해 밖으로 빠져나가면서 나는 소리를 구강음(oral)이라 하고 코를 통해 나가면서 공명을 일으키는 소리를 비강음(nasal)이라 한다. [m, n, ŋ]은 비강음이고 나머지 자음 [b, d, g] 등은 모두 구강음이다. 여기서 연구개의 역할이 중요하다. 목젖이 달린 연구개가 인두벽을 막으면 성대를 통과한 공기가 입안으로만 통과한다. 연구개가 아래로 내려오면 구강이 좁아지며 비강이 열려 공기는 입과 코로 나간다.

자음은 공기의 흐름이 입안의 어느 조음점에서 방해를 받아 나오는 소리로서 조음위치(artikulationställning)와 조음방식(artikulationssätt)에 따라 분류된다. 자음의 성격을 제대로 파악하려면 발성 기관의 구조와 성능을 잘 알아야 한다. 아울러 한 자음이 어느 위치에서 어떤 방식으로 조음되는가를 아래 조음기관의 단면도에서 하나씩 짚어가며 기억하는 것이 확실한 학습법이다. 이 장에서는 세계 언어에 나타나는 자음을 조음위치와 조음 방법으로 나누어 표시한 국제음성기호(IPA)를 주로 사용한다.

[그림 10] 비음과 구강파열음의 차이

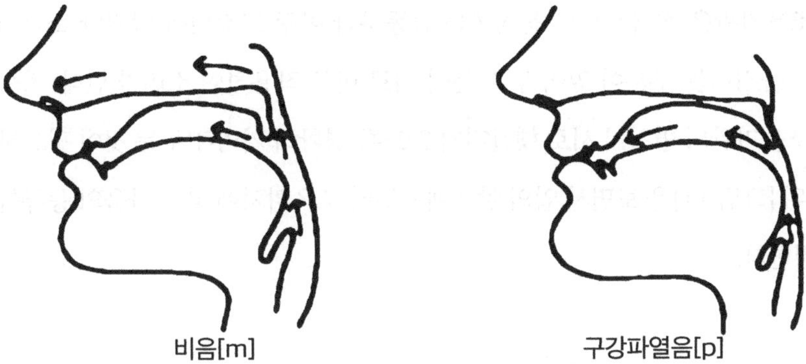

[그림 11] 조음기관 단면도

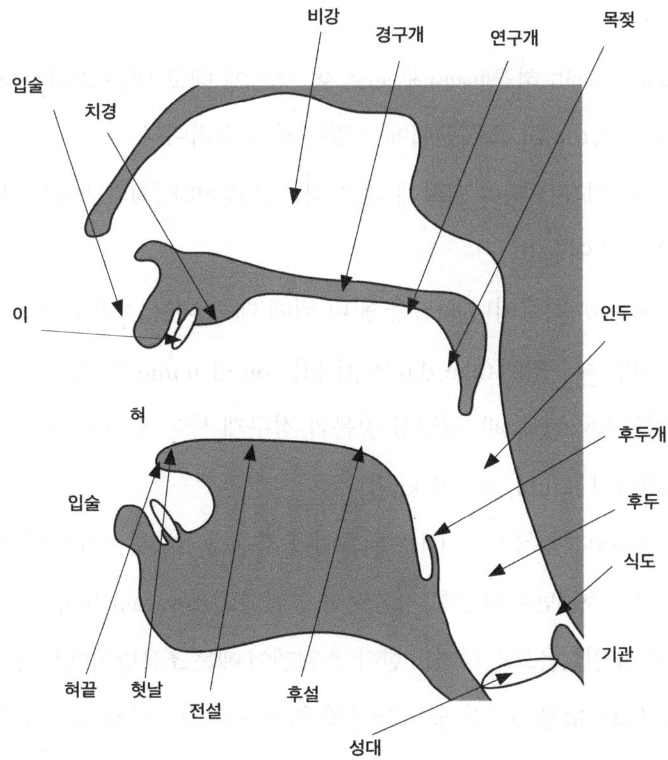

(1) 조음위치에 따른 분류

조음기관은 적극적으로 움직이는 능동부와 아주 고정되어 있거나 소극적으로 움직이는 부분이 있어 두 부분이 서로 마주 작용하여 소리가 난다. 비슷한 조음기관의 명칭이 서로 헷갈리지 않도록 명확히 기억해 두는 것이 필요하다. 위 [그림 11]을 보면서 입의 앞쪽에서부터 조음위치에 따라 자음의 종류를 설명한다.

- 양순음(bilabial): 두 입술로 내는 소리이다. 예 [p, b, m]
- 순치음(labiodental): 아랫입술을 윗니에 대고 내는 소리이다. 예 [f, v], 한국어에는 없다.
- 치간음(interdental): 혀끝(tungspetsen)을 이 사이에 대고 내는 소리이다. 예 영어 thing[θ], the[ð]. 스웨덴어에는 없는 자음 소리이다.
- 치음(dental): 혀끝을 윗니 뒤쪽에 대고 내는 소리이다. 예 스웨덴어 tal[t], dal[d], 프랑스어 [t, d].
- 치경음(alveolar): 혀끝이나 혓날을 윗니 뒤에 대고 내는 소리로 잇몸소리라고도 부른다. 예 영어 take, day의 [t], [d], sound, name의 [s], [n].
- 치경구개음 (alveo-palatal): 혓날을 잇몸과 경구개 사이에 대고 내는 마찰음. 예 스웨덴어 skjuta, människa [ʃ]
- 권설음(retroflex): 혀끝을 치경(잇몸) 위쪽이나 경구개 앞부분까지 말아 올려 내는 소리이다. 스웨덴어에 흔한 자음이며 영어에도 row, rain, hour 같은 단어의 [r] 소리가 권설음으로 나기도 한다. 스웨덴어 예는 조음방식에서 제시한다.
- 경구개음(palatal): 혓바닥을 입천장에 닿을 정도로 접근시켜 내는 소리로 센

입천장소리라고도 한다. 대표적인 예로 [ç], [j]가 있다. 긴 입천장을 전구개와 후구개로 나누어 조음위치를 설명하기도 한다.

- 연구개음(velar): 후설(혀뿌리)을 연구개에 접근시켜 내는 소리이다. [예]: [k, g]. 연구개를 velum 또는 gomsegletet이라고 부른다.
- 목젖음(uvular): 후설을 연구개의 뒷부분과 목젖에 접근시켜 내는 소리이다. 예 남부스웨덴어의 [ʁ]소리와 프랑스어 /r/ 소리.
- 성문음(glottal): 두 성대가 닫히거나 가까이 접근하여 나는 소리이다. 예 성문파열음 [ʔ]와 마찰음 [h],[ɦ]가 있다. 목청소리라고도 부른다.

(2) 조음방식에 따른 분류

- 파열음(klusiler): 목젖을 인두벽에 갖다 대고 입안의 어느 조음부에서 공기를 완전히 폐쇄시켰다 터트리면서 나는 소리. 폐쇄음 또는 정지음(stops)이라고도 한다. 예 [p, t, k]
- 마찰음(frikativor): 조음부의 어느 부분이 수축되어 공기가 이 작은 틈을 통과할 때 마찰이 생겨나는 소리이다. 예 [f, v, ɧ]
- 파찰음(affrikata): 파열이 있고 난 다음에 그 자리에서 마찰이 들리는 소리이다. 예 영어 child[ʧ], joy[ʤ]. 스웨덴어에 없는 자음이다.
- 비음(nasaler): 입안의 어느 조음부를 막되 목젖을 내려뜨려 공기를 코로 통하게 하여 내는 소리이다. 예 [m, n, ŋ]
- 설측음(lateraler): 입안에 통로의 중앙선이 막혀도 혀의 양측 또는 한편이 열려서 공기가 자유로이 통과하며 나는 소리. 물 흐르는 소리 같다하여 [r]와 함께 유음(likvidor)이라고 한다. 예 [l]

• 권설음(retroflexa konsonanter): 혀끝을 말아 올려 잇몸 위쪽이나 경구개 앞쪽에서 나는 소리이다. 예> 스웨덴어에서 r와 치자음이 겹칠 때, 즉 bord, bort, barn, kors, sorla 에서 rd rt rn rs rl은 각각 [ɖ][ʈ][ɳ][ʂ][ɭ]로 권설음화한다. 권설음화는 앞에 오는 모음의 변화에도 영향을 끼친다. 권설음화 현상은 남부스웨덴어와 핀란드-스웨덴어에는 일어나지 않는다. 그 지역에서는 [bɔrd], [bɔrt]처럼 [r]와 치자음을 분리해서 따로 발음한다.

• 전음(vibranter, tremulanter): 공기의 흐름이 조음기관의 탄력성 있는 어느 부분을 떨어 울려서 나는 소리. 떨음소리라고도 한다. 대표적 예> [r]

(3) 조음위치와 조음 방법에 따른 분류

위에서는 자음의 조음위치와 조음 방법을 분리하여 간단히 원리적인 설명하였다면 여기서는 구체적인 특정 자음이 어느 위치에서 어떤 조음방식으로 만들어지는가를 통합적으로 기술하고 어례를 든다. 말하자면 '양순'이라는 조음위치에서는 발생하는 파열음, 마찰음, 비음, 전음과 같은 다양한 성격의 자음들을 보다 더 자세히 기술한다.

① 양순(bilabial)

• 파열음: [p] 무성, pil. 어두에서는 기식이 딸린 유기음 [ph]이고, s 다음에서는 기식이 없는 무기음이다 spår.

[b] 유성, bil. 무성음 t 다음의 b는 무성화한다 fotboll. [b̥]

• 마찰음: [ɸ] 무성, 촛불 끄는 '후-' 소리. 일어 Fujiyama

[β] 유성, [ω:] 또는 [ʉ:]를 강하게 낼 때 뒤따르는 소리: bo[bω:β],

hus[hʉ:βs]

• 비음: [m] 유성, mamma 두 입술로 공기의 흐름을 폐쇄하고 코로 내보낸다.

[m̥] 무성 rytm̥,sm̥å 보통 유성음으로 쓰이나 무성음 다음에서 무성화한다.

• 전음: 두 입술이 부르르 떨어서 나는 소리, 감탄사 brr.

② 순치(labiodental)

• 마찰음: [f] 무성, fyra, face(영)

[v] 유성, vaken

• 비음: [ɱ] 유성, hemförd, hemvärn, comfort(영)

③ 치(dental) - (스웨덴어는 혀끝과 윗니 뒤쪽)

• 파열음: [t] 무성, tala, 어두에서 유기음, [s] 다음에서 무기음 stål.

[d] 유성, dag

• 마찰음: [s] 무성, sol, sitta, 스웨덴어 /s/는 한국어 [ㅅ]와 [ㅆ]의 중간쯤 되는 소리.

[z] 유성, easy (영), 스웨덴어에 없는 소리. 철자 z는 무성음[s]로 발음한다.

[θ] 무성, thing (영), 스웨덴어에 없는 소리. 치간음이라고도 한다.

[ð] 유성, think (영), 스웨덴어에 없는 소리.

(참고: [s, z]는 혀끝이 홈 모양의 약간 굽어진 상태로, [θ, ð]는 혀끝이 틈 모양의 평평한 상태로 각각 소리 난다.)

• 설측음: [l] 유성, lag, ligga

• 비음: [n] 유성, ny, ni

④ 치경경구개(palato-alveolar)

• 마찰음 [ʃ] (sj-ljud): 혀끝을 낮추고 혓바닥을 높이면 이에 맞서 있는 경구개와 치경(잇몸) 사이에 좁고 긴 통로가 생기는데 여기서 나는 마찰음이다. 입술이 앞으로 나오며 원순화를 동반한다. 스웨덴어 자음 중에서 지역, 성별, 세대, 사회계층 별로 다양한 차이를 보이는 특이한 자음으로 5가지 유형(변이음)이 있다.

• 구개치경마찰음 [ɧ]: 조음점이 [ʃ]보다 약간 뒤쪽에서 나는 소리로 중부스웨덴 표준발음으로 전국에 걸쳐 흔히 쓰인다. sköta[ɧøːta], skära[ɧæːra], stjärna[ɧæːɳa] (Elert 1970a:48).

• 연구개순치마찰음 [ɧᶠ]: 혓바닥과 연구개 사이, 아랫입술과 앞니 사이에 좁혀진 통로에서 나는 마찰음이다. 스웨덴 남부와 중부지방의 sjö 발음에서 [ɧ]와 [ɧf]는 모두 나타난다 (Elert 1997:76).

• 연구개마찰음 [ɧˣ]: 남부스웨덴 지역의 발음은 입안의 훨씬 뒤쪽에서 난다. 곧 혓바닥이 경구개의 뒷부분이나 연구개(목젖)까지 접근하여 나는 불규칙적인 마찰음이다. 이렇게 내는 소리는 때때로 '흐'소리[x] (ach-ljud)를 수반하기도 한다. 역시 원순화를 동반한다.

• 권설마찰음 [ʂ]: 스톡홀름이나 북부지방에서는 이 소리를 입안의 앞쪽에서 나는 권설마찰음(설단치경음) [ʂ]로 대체한다. 이유는 강

한 마찰을 수반하는 [ɧ]보다 발음하기가 수월하기 때문이다. 여아와 부녀자들이 선호하는 발음이라 하여 '아녀자 쉐-'(fruntimmers- sje)라는 별칭도 있다. 남성과 사내애들은 뒤쪽에서 나는 '어두운 쉐-'[ɧˣ] 를 선호한다.

따라서 음소 /ɧ/에는 [ʃ] [ɧ] [ɧᶠ] [ɧˣ] [ʂ] 다섯 가지 변이음이 있다. [ɧˣ]는 대체로 어두에 나타나고 sjö[ɧˣøː] sju[[ɧˣʉː] skön[ɧˣøːn], [ʂ]는 다른 위치에 나타난다 dusch[dɵʂː], fors[fɔʂː]. 5가지 변이음 중에서 어느 소리를 택하든 의미 전달에는 지장이 없다. 개인에 따라서는 위치에 상관없이 일률적으로 [ʂ]로 발음하기도 한다. Garlén(1984)은 앞쪽에서 나는 [ʂ]와 [ʃ]를 '밝은 sje[쉐]-마찰음'으로, 뒤쪽에서 나는 [ɧˣ]를 '어두운 sje[쉐]-마찰음'으로 분류한다.

이 마찰음은 영어, 독어, 프랑스어에 두루 쓰이는 [ʃ]의 음가와 거의 비슷하기 때문에 스웨덴어 음성 표기에도 특이한 기호 [ɧ] 대신에 [ʃ]가 관행적으로 자주 쓰인다.

[참고] 영어[ʃ]는 혀끝을 치경(잇몸)과 경구개(센입천장)를 향해 약간 치켜 올리고 그 사이에 생긴 긴 통로를 공기가 통과할 때 나는 마찰음이다. 원순을 동반하나 스웨덴어의 [ɧ]보다는 약하다.

스웨덴어 sj-소리의 분류와 지역별 분포상황은 Elert(1997;78-79)에 상세히 제시되어 있다. 음소와 변이음의 관계는 음운론(p.70-72)에서 설명한다.

⑤ 권설(retroflexa) - <2) 조음방식 참조>

- 파열음: [ʈ] 무성, bort, först(권설음화 연속[-ʂʈ])

  [ɖ] 유성, bord, hörde

- 마찰음: [ʂ] 무성, fors, kors

  [ʐ] 유성, ros, kommer (철자 r의 음가)

- 설측음: [ɭ] 유성, pärla, kärlek, sorla

- 전음: [r] 유성, fri, prov

(혀끝이 잇몸 위쪽에서 다르르 떨어 나는 소리이다. 이때 진동이 여러 번 되풀이 되지 않고 단 한 번 두드리고 마는 소리를 탄설음 (flapped[ɾ])이라고 하는데 한국어의 모음 사이 [ㄹ]이 바로 이 소리이다. 예: 사람, 흐르다.)

- 비음: [ɳ] 유성 barn, hörn

⑥ 경구개(främre palatal) - (혓바닥을 센입천장에 닿을 정도로 접근시켜 낸다.)

- 마찰음: [ç] 무성, tjugo, köpa

  [j] 유성, jaga, jul, gift

- 비음: [ɲ] 유성, signe[siɲ](프랑스어), 해님[hɛɲim], han kör[haɲçœ:r]

⑦ 연구개(velar) - (혀뿌리, 후설의 뒤쪽과 여린입천장 사이)

- 파열음: [k] 무성, (유기음) kal, kål, kung, (무기음) skola

  [g] 유성, gata, bagare

- 마찰음: [x] 무성, ach-Laut(독어) Buch, Nacht. (스웨덴 남부 방언의 [ɧ]음에 얹혀 나타난다. sjö[ɧ^{x}ø:], sju[ɧ^{x}ʉ:])

[ɣ] 유성, bog [bo:ʔɣ](덴마크어), '먹어'에서 모음 사이의 ㄱ 소리.

(스웨덴어에 없는 자음 소리)

• 비음: [ŋ] 유성, ånga (연구개음 k-, g-, -ng는 후설모음과 중설모음 [ɵ]와 연결될 때 연구개음으로 발음된다. kung[kɵŋ]

⑧ 목젖소리(uvular) - (혀뿌리의 뒤쪽을 여린입천장 뒤쪽이나 목젖에 가까이 갖다 대어 그 사이에서 나는 소리.)

• 마찰음: [ʁ] 유성, 남부스웨덴어 /r/ 음의 변이음(uvular frikativ)으로 약강세 음절에 나타난다.

• 떨음소리: [ʀ] 유성, 남부스웨덴어의 연설이나 강세음절에 나타나는 /r/의 변이음 (uvula tremulant). hur, här; (독어) rot, Diener, (프랑스어) Paris, rouge

스웨덴어 /r/음에는 변이음이 4개가 있다.

[r] 혀끝떨음소리(권설), 북부 방언. prov, fri

[ɹ] 치경마찰음 röd; (영어) rose, dream

[ʀ] 목젖 떨음소리; hur, här

[ʁ] 목젖마찰음; hur, här

[그림 12] 목젖소리 위치

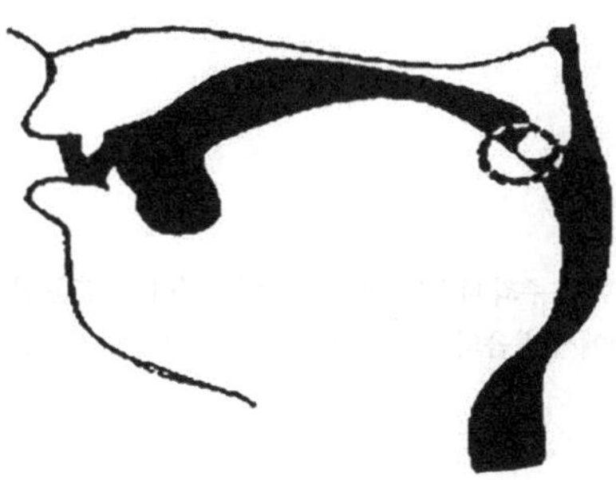

(출처: Elert 1997:74)

⑨ 성대(glottal)-

- 파열음: [ʔ] 무성 (glottal stop). 두 성대를 가까이 갖다 대어 공기의 통로를 폐쇄하였다가 갑자기 열면 이 소리가 난다. 스웨덴어 모음 [a] 또는[ɑː]로 시작하는 단어를 세게 발음할 때 이 소리가 난다. avdelning[ʔɑːvdelniŋ], hund[hunʔ](덴마크어), bottle[bɑʔl](영어); '차렷' 할 때 끝소리 '엇' 비슷한 소리. 성대파열음은 베트남어에 흔한 소리로 파열음 p, t, k 앞에서 모음 끝에 따라 붙는 소리이다. 예: Hanquoc[hankuɔʔk] '한국', Vietnam[vieʔtnam] '베트남'[3]
- 마찰음: [h] 무성, hand, hit

  [ɦ] 유성, behöva, bohem; ㅎ을 유성음으로 발음할 때, '방학'[baŋɦak], '영향'[jəŋɦaŋ]

지금까지 기술한 조음위치와 조음방식에 따른 스웨덴어 자음을 한 도표 속에 통합 정리하면 아래와 같다.

---

3 이 사실은 1994년 하노이대학 주최 베트남-한국 학술대회에서 주최 측 참가들의 연설문을 듣던 저자가 베트남어를 전혀 모르던 상태에서 발음의 특이성에 집착한 뒤 정치학 전공인 베트남어과 조재현 교수와의 토의에서 확인한 것이다.

[그림 13] 스웨덴어 자음분류표

조음방식			양순음	순치음	치음	치경 경구개음	권설음	경구 개음	연구 개음	목젖 소리	성문음
			조음위치								
조음방식	파열음	무성	p		t		ʈ		k		ʔ
		유성	b		d		ɖ		g		
	마찰음	무성	ɸ	f	s	ʃ	ʂ	ç	ɧ		h
		유성	β	v			ʐ	j			ɦ
	설측음	유성			l		ɭ				
	전음	유성					r			R	
	비음	무성									
		유성	m	ɱ	n		ɳ	ɲ	ŋ		

3) 말소리의 2차적 조음

지금까지는 모음과 자음에 대하여 각기 독립된 단위로서 그 특성을 살펴보았다. 그러나 두 개 이상의 음성이 이어지는 발화(tal)는 계기적인 현상으로 음성 단위를 인쇄된 글자처럼 따로 떼어서 발음 할 수 없다. 발음기관은 한 소리를 발음하는 도중에 다음 소리를 낼 자세를 취하기 때문이다. 따라서 낱낱의 음성은 시작과 끝이 어딘지 정확히 구분할 수 없을 만큼 서로 영향을 주고받게 된다.

(1) 동시조음/ 동화작용

말소리들이 연속적으로 결합할 때는 앞뒤 소리들이 서로 영향을 미쳐서 개별 음성에서 나타나지 않는 현상이 일어난다. 이런 현상을 가리켜 동시조음(koarticulaion)과 운율(prosodi)이라고 한다. 동시조음은 음성의 일차조음에 다시 가해지는 성대 진동 유무와 조음 방법의 변동이나 조음위치의 이동으로 인해서 일어난다. 말소리들이 이러한 방식으로 주변 환경에 맞게 자기들의 특성을 조절하는 것은 발화를 쉽게 하는데, 이런 형태의 발음 편의를 동화라고 부른다. 그래서 이차조음 또는 동화작용(assimilation)이라고도 한다.

① 유성 · 무성 동화

유성음이 무성음과 접촉하여 무성화(tonlös) 하거나, 무성음이 유성음과 접촉하여 유성화 (tonande)하는 현상이다.

- 무성동화: 유성자음이 무성자음 앞이나 뒤에서 발화할 때 성대 진동이 멈춘다.

  högst[hœkst], have to[hæftu] (영어), rytm[rytm̥]

  (m 밑에。는 성대 진동이 멈추는 무성화를 표시한다.)

- 유성동화: 무성음이 유성음 뒤에 오거나, 모음 사이에 올 때 성대 진동이 계속된다.

  dogs[dɔgz], toys[tɔiz] (영어), behov[beɦuːv], bohem[bɷːɦem], 방학/baŋhak/[baŋɦak]

② 조음위치상의 동화

- 전설모음의 앞이나 뒤에 오는 자음은 모음 위치에 이끌리어 원래 연구개음

이든 자음이 입 안의 약간 앞쪽에서 후구개음으로 소리 난다. kille[kilə], inga[iŋa]

- 후설모음의 앞이나 뒤에 오는 자음은 모음 위치에 이끌리어 입안의 약간 뒤쪽에서 연구 개음으로 소리 난다. kola[kɷːla], ånga[ɔŋa]
- 앞 자음이 뒤 자음의 조음위치를 차지하기도 한다. pannkaka[paŋːkɑːka] - 치리비음 [n]이 연구개파열음 [k]의 조음위치에 이끌려 연구개 비음 [ŋ]으로 바뀐다.
- 권설음이 뒤 자음의 조음위치에 영향을 주어 권설음으로 바뀌게 한다. ärtsoppa [æʈʂɔpa], torsdag [tɷːʂɖɑg],

③ 조음 방법상의 동화

한 소리의 조음 방법이 다른 소리의 조음 방법에 영향을 끼친다.

- 순음화(labialisering): 조음할 때 입술이 둥글어지는 현상으로 원순모음과 인접한 자음은 흔히 순음화한다. 순음화된 자음은 [w]의 음가를 동시에 지닌다. 예: sy[swyː]; se[seː]의 [s]는 입술이 평평해진 상태로 소리 난다.
- 비음화(nasalisering): 모음이 비자음(鼻子音)과 인접해 있으면 모음이 비강에서 공명하여 콧소리를 내게 된다. 비음화는 음성부호 위에 보조기호(˜)를 덧붙인다.

  många[mɔ̃ŋa], mamma[mɑ̃ma]; (프랑스어) bon[bɔ̃]'좋은', vin[vɛ̃]'포도주'
- 경구개음화(palatalisering): 조음할 때 혀의 앞부분이 [i]를 발음할 때처럼 경구개를 향해서 치켜 오른다. [k]는 연구개음인데 kille의 발음에서 [k]는 [i]의 영향으로 경구개 부분에서 조음된다. 이 현상은 슬라브어에 많이 일어나

며 한국어의 '해돋이'가 [해도지]로 조음되는 것도 그런 사례이다.

- 연구개음화(velarisering): 조음할 때 혀의 뒷부분을 연구개를 향해 치켜 올리면서 발음하는 현상이다. 영어의 build에서 /l/은 [u:]의 영향으로 어두운(dark) [ɫ] 소리로 나타난다.
- 마찰음화: 파열음이 두 모음 사이에서 구강 통로가 완전히 닫히지 않은 채 마찰음으로 소리 나기도 한다.

Hagagatan[hɑ:ɣaɣɑ:tan], 먹어/məgə/[məɣə]

(2) 동화의 진행 방향

- 직접동화 / 간접동화

한 소리가 인접한 소리를 닮아갈 때 이를 직접동화(kontaktassimilation)라고 한다.

enbok [embɷ:k]: [n]이 양순음 [b]를 닮아 양순비음 [m]으로 바뀌었다.

반면에 서로 닮아가는 두 소리 사이에 다른 소리가 끼어 있으면 이를 간접동화(fjärrassimilation)라고 한다.

ensam [emsam]: [n]이 다른 소리들을 사이에 두고 어말의 양순비음 [m]을 닮아 [m]으로 바뀌었다.

- 역행동화 / 순행동화

앞소리가 뒷소리를 닮아 가면 역행동화(regressiv assimilation)이다.

garderob [gabero:b]: 어린이 발음에서 [gaɖero:b]를 [gabero:b]로 잘못 발음하는 것은 어말의 [b]의 영향으로 어중의 [ɖ]가 [b]로 바뀐 것이다.

한편 앞소리의 영향을 받아 뒷소리가 달라지면 순행동화(progressiv assimilation)

이다. kapitalism [kapitalism]에서 유성음 [m]이 앞소리 무성음 [s]의 영향으로 무성화하여 [m̥] 으로 바뀌었다. '달나라'/talnara/ [tallara]에서는 [n]이 앞의 [l]의 영향으로 [l]로 바뀐다.

따라서 위의 두 가지 동화방식의 이름을 함께 적용하면 kapitalism [kapitalism̥] 은 직접순행동화이고 ensam [emsam]은 간접역행동화이다.

운율(prosodi) 현상에 대해서는 제3장 음운론에서 자세히 다룬다.

제3장
말소리 체계: 음운론

1. 음성학과 음운론의 관계

음성학과 음운론은 다 같이 인간의 말소리를 연구 대상으로 삼고 있으나 다만 연구의 관점과 방법에서 약간의 차이가 있다.

음성학(fonetik)은 입안에서 생리적으로 일어난 말소리들을 객관적으로 정밀하게 기술하기 위해 음성의 실질적, 물리적 특성에 관심을 가지고 관찰한다. 따라서 음성학에서는 모든 음성들을 똑같은 가치를 가진 실체들로 다루어 소릿값을 청각적으로나 음향적으로 분석하고 기술한다. 반면에 음운론에서는 연구 대상을 입을 통해 발화된 음성 자체가 아니라 귀를 통해 인지되는 약간은 주관적이며 심리적인 음성들을 대상으로 삼는다. 발화된 모든 말소리들이 똑같은 소릿값을 가지고 인지되는 것은 아니다. 어느 말소리들은 지각되고 인지되어서 한 언어의 체계를 구성하여 의미를 구별하는 기능을 갖지만 체계를 구성하지 못하는 말소리는 중심적 역할에서 벗어나 주변적 또는 잉여적 가치를 가질 뿐이다.

음운론(fonologi)의 주요 관심 대상은 사람들의 머릿속에 저장된 소리의 기능을 밝혀내는 것이다. 그래서 음운론을 기능음성학(funktionell fonetik)이라고 부르기도 한다. 즉 낱말의 의미를 구별하는 기능을 가진 음소들이 어느 것이며 그들은 어떤 체계를 이루고 있으며, 음소들이 서로 연결될 때 어떤 제약을 받고 있는가. 또한 말소리가 연결될 때 일어나는 음운 변화 현상을 규칙화하는 것이 음운론의 과제에 속한다. 이 두 분야는 이렇게 연구 대상이 다르지만 서로 밀접한 관계에 있다. 예를 들어 스웨덴어의 음성을 조음음성학적 차원에서 체계적으로 기술하려면 음소와 변이음의 목록을 만들어야 하는데 이 일은 음운론의 분야에 속한다. 그런데 음성학적 지식이 없으면 변이음의 목록을 작성할 수 없는데 그것은 음성학의 훈련이 안된 사람은 각 음소의 변이음을 식별하여 듣지 못하기 때문이다.

2. 음소와 변이음

우리는 일상생활에서 '안녕하세요'라는 말을 수없이 반복해서 사용하지만 그 발음을 음파를 분석하는 기계로 측정해 보면 한 번도 음성학적으로 동일하게 발음하지 않는다고 한다. 하지만 매번 조금씩 다른 소리를 들어도 우리는 똑같은 인사말로 이해한다. 또한 '도둑'이라고 말하거나 들을 때 앞의 'ㄷ'과 뒤의 'ㄷ'을 똑 같은 음성으로 간주한다. 음성학적으로 보면 한국어 'ㄷ'은 어두에서는 무성파열음으로 소리 나고 뒤의 것은 두 모음 사이에서 유성파열음으로 난다. 스웨덴어의 park와 spark에서도 어두의 [p]와 s- 다음의 [p]를 동일한 음성으로 이해하지만 음성학적으로는 어두의 것은 유기파열음 [ph]이고 spark의 [p]는 무기파열음이다. 음성학적 훈련을 받지 않은 보통 사람들의 귀에는 이러한 차이가 구별되지 않는다. 구태여 구별하지 않아도 의사소통에는 지장이 없으니 이러한 미세한 구별은 실제로 필요하지 않다.

그러나 '다리'의 [ㄷ]을 [ㅍ]으로 바꾸어 '파리'로 발음하면 전혀 뜻이 다른 말로 변한다. 스웨덴어로도 park의 [p]를 [b]로 바꾸어 bark로 발음하면 의미가 '공원'에서 '나무껍질'로 달라진다. par '쌍'과 bar'술집'의 경우도 그렇다. 우리의 언어생활에는 이처럼 조금씩 다른 엇비슷한 소리들이 많이 있는데 어떤 것은 뜻의 구별을 가져오지 못하고 어떤 것은 서로 다른 소리로 들려서 뜻의 구별을 가져온다. 한 언어에서 서로 바꿔 썼을 때 뜻의 변화를 가져오는 음을 그 언어에서 음소(fonem) 또는 음운이라고 한다. 따라서 위 예에서 스웨덴어의 [p]와 [b]는 각각 별개의 음소가 된다. 음소는 / / 속에 넣어 /p/, /b/ 로 표기하여 음성 [p], [b]와 구별한다. 음성학적으로 조금씩 다르지만 보통 사람의 귀에는 동일하게 들리고 서로 바꾸어 발음해도 뜻의 변화를 가져오지 않는 음들은 한 음소의 변이음(allofon)이라고 부른다. 위에서 든 park의 유기음 [ph]와 spark의 무기음 [p]는 한 음소 /p/의 변이음들이다. 비슷한 예로 스웨덴어 schal을 [ɧɑ:l] 또는 [ʂɑ:l]로 발음하여도 스웨덴인들은 같은 소리로 이해한다. 따라서 구개치경마찰음 [ɧ]와 권설마찰음 [ʂ]는 음소 /ɧ/의 변이음들이다. 여러 변이음들 중에서 분포의 제약을 제일 적게 받는 음을 대표음으로 선정하여 음소로 표기한다.

한편 음소와 변이음의 관계는 언어에 따라 다르게 결정된다. [l], [r]은 스웨덴어와 영어에서는 똑같이 어두의 위치에 나타나서 의미를 구별하니 각기 다른 두 개의 음소이지만 한국어에서는 나타나는 위치가 달라 의미를 구별하지 못하니 [r]은 음소 /l/의 변이음이다. 한국어에서 [r]은 두 모음 사이에서, [l]은 어말 위치에서 난다. [p], [ph]의 관계도 스웨덴어와 영어에서는 한 음소

/p/의 변이음이지만 한국어에서는 별개의 두 음소이다.

예 > /r/, /l/

① 별개의 두 음소: 스웨덴어 /r/ rätt, /l/ lätt

영어 /r/ right, /l/ light

② 한 음소 /l/의 변이음; 한국어 [tari] '다리', [tal] '달'

예 > /ph/, /p/

① 별개의 두 음소: 한국어 /phal/ 팔, /pal/ 발

(한국어 'ㅂ'은 어두에서 무성파열음으로 소리 나서 /p/로 표기한다)

② 한 음소 /p/의 변이음: 스웨덴어; [phark] park, [spark] spark

영어; [phen] pen, [spi:k] speak

3. 음소 분석과 음성 결합 방식

인간이 사용하는 말뭉치(corpus)는 수많은 음성들로 구성되어 있는데 그들 중에서 어느 것이 음소가 될 수 있는가를 가려내는 일은 매우 중요하다. 음성 단위들은 불연속적(discrete)으로 나타나므로 분할이 가능하다. 스웨덴어의 pil '화살'과 bil '자동차'를 비교해 보면 이들은 [pi:l]과 [bi:l]로 발음된다. 여기서 공통된 환경으로 [_ i:l]을 가려낼 수 있고 어두 위치에서 [p] 대신에 [b]로 교체하면 별개의 단어가 성립한다. 따라서 [p]와 [b]는 단어의 형태와 뜻을 구별 짓는 언어적으로 의미 있는 음성 즉 음소가 된다. 이때 음소 /p/와 /b/는 /_ il/의 환경에서 서로 대립(opposition)하고 있다. 이처럼 [p]와 [b]를 대치시켜서 단어의 뜻과 형태가 변경되는지를 가려내는 조작을 대치(subsitution) 또는 환

치(commutation)라고 하며 오로지 한 음소의 차이로 형태와 뜻이 구별되는 단어 쌍을 최소대립어(minimal pair)라고 한다. 이 최소대립어를 찾아 대치 테스트를 해 보면 간단히 음소들을 가려낼 수 있다. 언어 요소는 아무데서나 나타나지 않고 자신이 출현할 수 있는 일정한 위치가 정해져 있는데 이것을 가리켜 분포(distribution)라고 한다. 아래 예에서 [p], [b], [m]과 같이 대치될 수 있는 요소들이 동일한 환경에서 서로 대립해 있을 때 그들은 계열 관계(paradigmatic relation)에 있다고 말한다. 또한 언어 요소들이 [p]+[iː]+[l] 처럼 선상(線上)에서 계기적으로 배열되어 나타날 때 그들은 통합 관계(syntagmatic relation)에 있다고 말한다. 계기적으로 배열되는 데도 일정한 원칙에 따라 정해진다. 대치 테스트는 음운 분석에서 가장 기초적인 방법이다.

계열 관계(대립): pil, bil, mil

[p]

[b] ↓ [-iːl] (발화연쇄체)

[m]

(교체가능한 요소들)

통합 관계(대조): pil, bil, mil

[p]+[iː]+[l]

[b]+[iː]+[l] ⟶ (발화연쇄체)

[m]+[iː]+[l]

4. 변별적 자질

우리가 말을 할 때 나오는 소리의 단위는 낱소리인 분절음(segment)이라고 생각한다. 자음과 모음들은 모두 분절음이다. 그런데 분절음은 소리를 분석한 최소 단위가 아니다. 왜냐하면 이 분절음들을 더 분석하여 그것을 구성하는 음성적 특질로 파악할 수 있기 때문이다.

하나의 언어음성은 유성, 무성, 후설, 전설 등과 같은 음성학적 자질들로 기술할 수 있는데 음소 역시 이들 조음적 자질을 이용해 더 분석할 수 있다.

/p/ : [무성], [양순], [파열]

/b/ : [유성], [양순], [파열]

여기서 /p/ 와 /b/의 대립은 공통된 두 가지 자질[양순] [파열]을 제외하면 [유성]/[무성], 곧 성(聲)의 대립으로 /p/와 /b/가 구별되고 이로써 영어의 /pæn/과 /bæn/, 스웨덴어의 /pil/과 /bil/이 대립하게 된다. 성의 유무는 /tal/과 /dal/에서 /t/와 /d/, /krön/과 /grön/에서/k/와 /g/, /fin/과 /vin/에서 /f/와 /v/도 대립시킨다. 영어의 마찰음 /s/와 /z/, /ʃ/와 /ʒ/의 관계도 마찬가지이다.

스웨덴어 모음에서는 전설폐모음과 전설반폐모음을 구별시키는 원순성의 대립으로 의미가 분화된다. 'ni'와 'ny', 'red'와 'röd'를 비교해 보면 원순성(läpprundning)의 유무의 차이로 /i/와 /y/, /e/와 /ø/가 대립한다. 이와 같이 한 언어의 음소 체계 안에서 의미 구별에 이용되는 음성적 특질들을 변별적 자질(distinktiva drag/ särdrag)이라고 한다. 영어로 distinctive feature이다.

따라서 음소는 변별적 자질의 집합체라고 정의할 수 있다. 즉 /p/는 [양순] [파열] [무성]의 집합체요, [b]는 [양순] [파열] [유성]의 집합체인 것이다. 음성의 특질 중에서 어느 것이 변별적 자질이 되는가는 언어에 따라 다르다. 위 사례에서 본 유성/ 무성의 대립은 스웨덴어, 영어에서는 변별적 자질이 되지만 한국어에서는 의미 구별에 이용되지 못하니 변별적 자질이 못된다. 스웨덴어 /pil/ '화살'과 /bil/ '자동차'처럼 유성, 무성은 어두에서 대립하여 의미 구별 기능을 가지나, 한국어 [pabo]'바보'에서는 무성음과 유성음은 각기 나타나는 자리가 따로 정해져 있어 의미 구별 기능이 없으니 두 모음 사이에 나타나는 [b]는 음소/p/의 변이음에 불과하다. 반면에 유기성(aspirated)은 한국어의 /ph/ '풀'과 /p/ '불'의 대조처럼 변별적 자질이 되지만 스웨덴어에서는 park[phark], spark[spark] 에서처럼 나타나는 자리가 따로 정해져 있어서 비변별적 자질에 지나지 않는다.

바로 위에서 성의 유무에 따라서 음성들이 대립하는 사례를 들었는데 이처럼 어떤 자질이 있느냐 없느냐에 의해 음운이 대립할 때 이를 양분대립이라고 한다. 변별적 자질이 있으면 그 자질 앞에 + 기호를, 없으면 - 기호를 표시한다.

/p/ : [-유성성] [+순음성] [+파열성]

/b/ : [+유성성] [+순음성] [+파열성]

이와 같이 대립적인 두 자질의 있고 없음을 간략히 표기하는 양분 체계는 대립하는 요소들의 관계만이 아니라 일반적으로 대립을 이루는 요소들의 상호 관계를 명시적으로 기술하고 음소들을 간단히 분류하는 이점이 있다. 언어마다 음운체계가 다른 만큼 변별적 자질 역시 다를 수 있고 같은 자질이라도 기능을 달리 할 수 있다. 하지만 언어학자들은 다양한 언어의 음운체계를 포괄적으로 기술할 수 있는 보편적 자질들을 찾아내고 이를 토대로 갖가지 음운현상을 기술할 수 있는 보편적 규칙을 세우고자 노력하고 있다. 특히 생성음운론에서는 의미 단위를 구성하는 기본 요소가 음소가 아닌 자질로 규정하고 있다. Chomsky와 Halle(1968)은 모든 언어의 토대가 되는 것으로 상정한 자음과 모음을 포괄하는 약 13개의 보편적 자질 목록을 제시하였다. 여기서는 간단히 6개 자음의 모형도를 제시하고 내용을 설명한다. (김현권 1991:92 인용)

변별적 자질 분류표 (자음)

	/p/	/b/	/t/	/d/	/m/	/n/
자음성	+	+	+	+	+	+
유성성	-	+	-	+	+	+
비음성	-	-	-	-	+	+
순음성	+	+	-	-	+	-
마찰성	O	O	O	O	O	O
기음성	O	O	O	O	O	O

위 도표에서 음소들의 공통된 자질은 [+자음성]으로 이 자질에 의해 6개 음소들은 모두 자음으로 분류된다. 그다음에는 [+유성성]에 의해서 /b/ /d/ /m/ /n/ 의 집단과 /p/ /t/ 집단으로 분류된다. 또한 [+비음성]에 따라 /m/

/n/이 분류되어 다른 자음들과 구별된다. 이 경우에 나머지 다른 자음들을 대상으로 구태여 [-비음성]을 따로 설정할 필요가 없는데 그것은 [+비음성]과 [-비음성]은 동시에 양립할 수 없음을 자동적으로 예측할 수 있기 때문이다. 또 [+순음성]에 의해 /p/ /b/ /m/의 집단과 /t/ /d/ /n/ 집단이 차별화된다. 마지막으로 [마찰성]과 [기음성]은 이 음소들의 집단을 기술하는 데 관계가 없는 자질들이다. 따라서 상관이 없는 비유효한 자질들이라는 표시로 O으로 적어 놓았다.

이번에는 5개의 모음을 변별적 자질에 의해 분류해 본다.

변별적 자질 분류표 (모음)

	i	e	a	o	u
개음성	-	-	+	-	-
폐음성	+	-	-	-	+
후설성	-	-	+	+	+
원순성	-	-	-	+	+

먼저 [+개음성]의 자질로서 /a/를 다른 모음들과 차별화한다. 그다음에 [+폐음성]을 기준으로 /i/와 /u/를 다른 모음 집단들과 분류한다. 또 [+후설성]을 적용하여 /a/ /o/ /u/를 다른 모음 /i/ /e/와 분류한다. 스웨덴어의 /a/는 음성으로는 전설모음에 속하지만 모음 조화, 모음 변이 같은 현상에서 /a/ /o/ /u/는 /i/ /u/와는 다른 집단으로 작용하므로 여기서는 /a/를 후설모음으로 간주한다(Linell, Svensson, Öhman 1971:16).

마지막으로 [+원순성]을 적용하여 /o/ /u/를 다른 모음들로부터 분류시킨다. 그런데 /a/는 이 모음 체계에서 유일하게 [+개음성]의 자질을 가지고 있다. 따라서 /a/를 다른 모음들과 구별하기 위한 나머지 자질, 예를 들어 [-폐음성] 같은 자질은 엄격히 보면 불필요한 정보이다. 해당 분절음(음소)의 값은 다른 자질로 미루어 짐작이 가능하므로 이런 것을 잉여적 자질(redundant särdrag)이라 하여 그 자질 폐음성에 (-)로 표시한다.

변별적 자질을 음운론에 도입한 이유로 소리 하나 하나의 음성적 특징을 명확히 기술하는 목적 이외로 중요한 것들이 있다. 첫째, 변별적 자질을 이용하여 음성들이나 음소들의 상호 관계를 명확히 밝힐 수 있다. 앞에서 [p]와 [b]의 차이가 오직 성(tonande/voice)의 변별적 자질의 유무에 있음을 알게 되고 [k]와 [g], [t]와 [d]의 차이도 마찬가지임을 설명했다. 둘째로 제한된 적은 수의 변별적 자질로 여러 가지 분절음을 구별해 줄 수 있는 언어 기술상의 경제성이 있다. 스웨덴어 모음 [y] [ø] [u]는 원순성이라는 변별적 자질로 다른 모음들과의 구분이 가능하다. 셋째로 변별적 자질은 소리들의 공통점은 물론 차이점도 명확히 드러내어 한 가지 관점에서는 어떤 소리들이 묶이고 다른 관점에서는 어떤 소리들이 묶이는지 분명히 보여준다. 파열성의 관점에서 보면 [p] [t] [k]는 하나의 부류이지만 조음위치라는 다른 관점에서는 하나의 부류가 아니다. 스웨덴어의 변별적 자질에 대한 종합적인 자세한 설명은 Elert(1970: 21-27)에 있다.

끝으로 생성음운론에서 쓰이는 변형 확대된 새로운 변별적 자질의 분석 방법론을 설명한다. 먼저 말소리의 분석기준을 유성/무성, 유기/무기, 비음/구강음, 원순/비원순 같은 반의어를 한 쌍의 용어로 통일하고 이 용어가 지시하는 음성적 자질이 있는 소리는 +, 없는 소리는 -로 명시하여 음성 분류를 더 세밀하고 간결하게 기술하는 방법이다. 예를 들면 유성과 무성을 구별하는데 유성은 [+tonande], 무성은 [-tonande]로 기술한다. 또한 비음은 [+nasal], 구강음은 [-nasal], 원순은 [+rund], 비원순은 [-rund]으로 명시한다. 나아가 마찰음은 +지속음[+kontinuerlig], 파열음은 -지속음[-kontinuerig]으로 지정한다. 한편 비음, 유음, 활음, 접근음(approximanter)과 모음까지 포함한 소리를 +공명음[+sonorant]으로, 파열음, 마찰음, 파찰음을 두루 포함한 자음군인 저해음(obstruenter)을 -공명음[-sonorant]으로 명시한다. 공명음은 조음 중에 아무런 장애 없이 나는 소리요, 저해음은 장애를 받으며 나는 소리이다. 한편 조음자(artikulator)가 혀끝(설단)이면 +설정음[+koronal]으로, 혓바닥(tungrygg)이면 -설정음[-koronal]으로 표시한다. 구강 안의 조음위치를 잇몸(치경)을 경계로 둘로 나누어 그 앞에서 나는 자음을 전강음 [+anterior], 그 뒤에서 나는 자음을 후강음[-anterior]이라 한다. 스웨덴어 자음 중에서 /s/, /ç/, /g/의 변별적 자질 구조를 보면 아래와 같다(Elert 1997:139 참조).

/s/	/ç/	/g/
+자음성(konsonant)	+자음성(konsonant)	+자음성(+konsonant)
-공명성(sonorant)	-공명성(sonorant)	-공명성(sonorant)
+전방성(anterior)	-전방성(anterior)	-전방성(anterior)
+설정성(koronal)	-설정성(koronal)	-설정성(koronal)
+지속성(kontinuerig)	+지속성(kontinuerig)	-지속성(kontinuerig)
-유성성(tonande)	-유성성(tonande)	+유성성(tonande)

자음의 주요 조음위치의 이분적 분류도

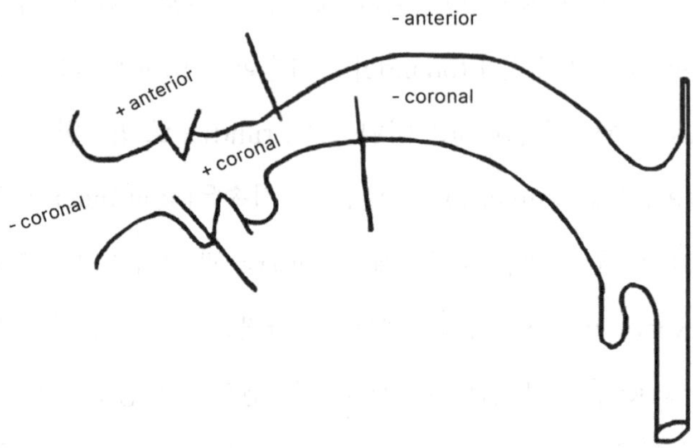

(김진우 2017:77)

위에서 고찰한 이분법(binarism)은 모음의 자질 분석에도 적용되고 있다. 종래에는 모음을 분류할 때 조음위치(전설, 중설, 후설)와 개구도(폐모음, 반폐, 반개, 개모음)를 기준으로 삼았었다. 또한 혀의 높낮이를 기준으로 고, 중, 저모음의 세 범주로 나누기도 하였다. 그러나 최근에는 고,중,저의 세 범주를 고(hög)와 저(låg) 두 자질만을 사용하여 고모음은 [+hög]와 [-låg]로, 저모음은 [-hög]와 [+låg]로, 그리고 중모음은 [-hög]와 [-låg]로 표기한다.

5. 스웨덴어의 음운체계

음절구조와 음장(kvantitet)의 관계

음운체계를 소개하기 전에 먼저 음절구조와 음장(장단)의 관계를 설명한 후에 모음소와 자음소의 체계를 개괄적으로 살펴본다(Lundström & af Trampe 1971:110-113).

스웨덴어의 음절구조는 크게 강세음절(betonad stavelse)과 비강세음절(obetonad stavelse)로 나뉘며 강세음절구조는 다시 A형과 B형의 두 가지 유형으로 구분된다. A형 음절구조는 장모음 뒤에 자음이 하나 오거나 아예 없다. B형 음절구조는 단모음 뒤에 한 개의 장자음이 오거나 2개 이상의 자음군이 온다. 이때 장자음은 철자상으로 겹자음으로 표시된다. 한편 비강세음절의 구조는 단모음 뒤에 자음이 아예 없거나 하나 또는 둘 이상의 자음군이 온다. 한 단어 내에서는 장모음 다음에 단자음이 오고, 단모음 다음에는 장자음/ 자음군이 온다.

스웨덴어의 음절구조 유형

강세음절	A형 V: V:C B형 VC: VCC	예: 'vi, 'vit 예: 'vitt, 'vits, 'bitsk
비강세음절	V, VC, VCC 등	예: vi'tal, kon'tant 'mystisk

[기호 설명] V 모음 / C 자음 / : 장음부호 / ' 악센트

1) 모음 체계

우선 각 음소를 나타내는 철자(알파벳)와 음소, 그 음소의 주요 변이음을 제시하고 그들이 속해 있는 환경, 즉 분포 상황을 표시한다. 끝으로 변이음이 포함된 어례를 든다. 알파벳은 음소 체계에 속하지 않지만 음소와 그것을 표시하는 철자가 일치하지 않는 사례가 많기에 참고로 각 음소의 맨 앞에 제시한다.

표준 스웨덴어(rikssvenska)의 모음 체계는 기본적으로 9개 음소에 장음과

단음으로 대립하는 18개의 변이음으로 구성되어 있다. 그 외로도 몇 개의 변이음이 더 있다. 특히 /ɛ/와 /ø/는 권설음(r) 앞에서 음가가 아주 다른 2개의 변이음을 장단으로 각기 더 가진다. 장음은 강세음절에서 후속 자음이 없거나 하나가 올 때 나타나며 단음은 후속자음이 2개 이상일 때 나타난다.

알파벳	음소	변이음	분포 위치	어례
a	/a/	[ɑː]	강세음절 A	sa, mat
		[a]	강세음절 B	hall, sagt
			비강세음절	banko'mat
e	/e/	[eː]	강세음절 A	be, vet
		[e]/[ə]	강세음절 B	vett, hemskt
			비강세음절	tåget, gosse
i	/i/	[iː]/[ij]	강세음절	bil, sil
		[ɪ]	강세음절 B	dill, disk
			비강세음절	i 'går, 'mystisk
o	/ɷ/,/u/	[ɷː]/[ɷβ]	강세음절 A	ro, sol
		[ɷ]/[ʊ]	강세음절 B	rott, ost
			비강세음절	bog'sera
u	/ɰ/	[ɰː]/[ɰβ]/[ʉː]	강세음절 A	bu, hus
		[ɵ]	강세음절 B	buss, hund
			비강세음절	mus'tasch

알파벳	음소	변이음	분포 위치	어례
y	/y/	[yː]/[yɥ]	강세음절 A	by, sy
		[ʏ]	강세음절 B	syll, tysk
			비강세음절	syno'nym
å	/o/	[oː]	강세음절 A	gå, gås
		[ɔ]	강세음절 B	gått, komma
ä	/ɛ/	[ɛː]	강세음절 A (권설음 앞 제외)	fä, säl
		[ɛ]	강세음절 B	fäll, häst
			비강세음절 (권설음 앞 제외)	Hässle'holm
		[æː]	강세음절 A	bär
			(권설음 앞)	färd[fæːɖ]
		[æ]	강세음절 B	märr, bärsta
			비강세음절 (권설음 앞)	där'hän
ö	/ø/	[øː]	강세음절 A (권설음 앞 제외)	snö, öl
		[œ]	강세음절 B	bröst, löss
			비강세음절 (권설음 앞 제외)	Göte'borg
		[œ̞ː]	강세음절 A	
			(권설음 앞에서)	smör, störst
		[œ̞]	강세음절 B	dörr, först
			비강세음절 (뒤자음이 권설음일 때)	för'dela

[참고]

1) /ɷ/는 /u/ 보다 원순성이 강한 스웨덴어 고유의 모음이지만 특이한 기호(스웨덴어 방언 표기)라서 일반적으로 /u/로 대체하기도 한다.

2) [ɷː]와 [ɯː]의 또렷한 발음에서 양순유성마찰음 [β]가 뒤따라 나오는 경우가 있는데 이 때 [ɷː]와 [ɷβ], [ɯː]와 [ɯβ]는 교체 가능한 자유변이형의 관계에 있다. 또 장음 [iː]나 [yː] 대신 반모음이 뒤 딸린 [ij], [yɥ]로 소리 나기도 한다.

3) 전설반폐 초원순모음 [ɯː]는 [ʉː]로 표기되기도 한다(Nordstedts svenska uttalslexikon 1997).

4) 모음 밑에 구별부호 ˕는 열린 음가를 표시한다. [œ̞ː]

2) 자음 체계

자음 체계는 18개의 음소로 구성되어 있는데 한 음소를 표기하는 철자(알파벳)는 대개 한 개이지만 두세 개의 자음자로 된 것도 있다.

알파벳	음소	변이음	분포 위치	어례
p	/p/	[p] (무기음)	s 다음에	spik, spår
		[pʰ]	기타 위치	på, prata
b	/b/	[b]	모든 위치	bil, gubbe,
t	/t/	[t] (무기음)	s 다음에	stor, stå
		[ʈ]	권설음 다음	bort, törst
		[tʰ]	기타 위치	tar, katt
d	/d/	[ɖ]	권설음 다음	torsdag
		[d]	기타 위치	dag, bädda

알파벳	음소	변이음	분포 위치	어례
k	/k/	[k] (무기음)	s 다음에	skola, skål
		[kʰ]	기타 위치	ko, bok
g	/g/	[g]	모든 위치	gata, tåg
f	/f/	[f]	모든 위치	far, kaffe
v	/v/	[v]	모든 위치	vår, hav
s	/s/	[ʂ]	권설음 다음	torsdag, barnstol
		[s]	기타 위치	son, passa
ch, sj,	/ɧ/	[ɧ]	전설모음 앞	chef, sju, skida, skön,
sk, skj, stj,				stjärna
-ti			어말 -tion	station
		[ʂ]	[ɧ]의 자유변이음	
k	/ç/	[ç]	전설모음 앞	kika, kär
g/j	/j/	[j]	모든 위치	ge, gilla, jul, jaga, hej
h	/h/	[ɦ]	모음 사이	behöva, aha
		[h]	기타 위치	hus, hatt
m	/m/	[m̥]	무성음 다음	sm̥å, kapitalism̥, rytm̥
		[ɱ]	순치음 앞	hemfört, omfamna, hemvärn
		[m]	기타 위치	mamma, damn
n	/n/	[m]	양순음 앞	anpassa
		[ɱ]	순치음 앞	anfalla

알파벳	음소	변이음	분포 위치	어례
		[ɲ]	구개음 앞	angiva, angett
		[ŋ]	연구개음 앞	tänka, angå
		[ɳ]	권설음 다음	korsnär
		[n]	기타 위치	andel, nalle
ng	/ŋ/	[ŋ]		säng, sjunga
r	/r/	[r]		ros, fröken
		[ʐ]	[r]의 자유변이음	
l	/l/	[ɭ]	권설음 다음	förslag
		[l]	기타 위치	lag, kalla, hall

이제까지 모음소와 자음소 그리고 그들의 변이음을 살펴보았다. 변이음은 음성환경에 따라서 더 세분화 될 수 있다. 위에 제시한 음운체계 개관은 중부 표준 스웨덴어를 기준으로 한 것이지만 지역 방언에 따라서 그 체계가 다소 달라질 수 있다. 특히 지역별 방언의 차이는 일부 변이음과 그 분포에서 나타난다. 한 예로 음소 /r/의 중부 스웨덴어 [r] 발음과 남부스웨덴어의 [R]을 차이를 들 수 있고 변이음이 나타나는 위치에도 차이가 있다. 스톡홀름 지역에서는 [e]와 [ɛ], [eː]와 [ɛː]를 구별하지 않아서 sett와 sätt, leka와 läka를 똑 같이 발음한다. 하지만 이러한 차이가 전체 음소 수에 영향을 주지는 않는다. 자음 체계에서는 변이음에서 장단의 차이를 고려하지 않는다. 의미 구별에 영향을 미치는 것은 모음의 장단이기에 그렇다.

6. 음소 배열론

1) 음소 배열과 음절구조

한 언어를 구성하는 단위는 대체로 음소(fonem), 음절(stavelse)과 형태소(morfem) 또는 단어(ord)로 구분된다. 이들은 크고 작건 간에 서로 아무렇게나 결합할 수 없고 일정한 규칙에 따라서 연결되는 데 그 방식은 언어마다 다르다. 특히 음운체계를 기술하는 데 있어서 분절음들이 어떻게 서로 결합하고 있는가를 설명하는 것은 중요한 과제의 하나이다. 음절핵을 중심으로 그 주변에 비모음적 요소인 자음들이 결합하여 음절을 구성하는 방식을 음소 배열론(fonotax)이라고 한다.

한 음절의 음소 배열 구조를 기술하려면 먼저 음절 경계를 어디에 두느냐 하는 문제가 대두된다. 모국어 화자는 단어의 음절수를 쉽게 제시할 수 있다. 스웨덴 사람은 järnvägstation은 4개, konsumentförening 6개의 음절로 구성되어 있는 것을 곧 파악한다. 스웨덴어 발화체(yttrande; utterance) 속에는 모음의 수효만큼 음절이 들어있다. 발화체의 구성요소 가운데 모음은 가장 또렷하게 들리는 부분이므로 음절 구성의 핵(känor)이라고 한다. 조음상으로는 입이 벌어지는 개구도가 가장 큰 소리이다. stark에서 음절핵은 개구도가 제일 큰 모음 /a/ 이고 나머지 분절음들, 즉 자음은 음절핵으로부터 멀어질수록 개구도가 작아진다.

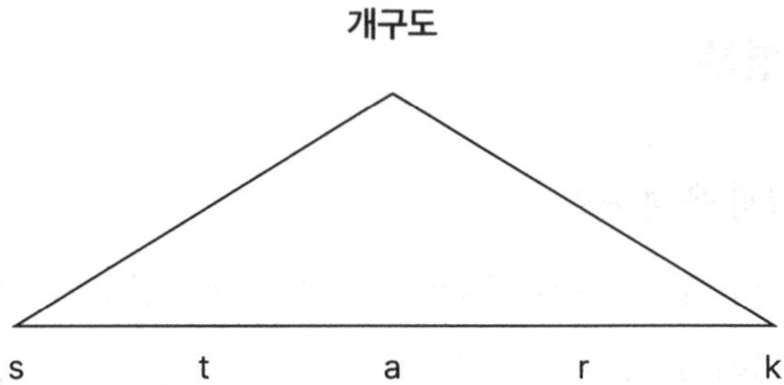

(Garlén 1984:97-98)

하지만 슬라브어 계통의 언어에서는 자음(유음 r,l)도 음절핵이 된다. 체코어 krk '목', vlk '늑대'. 한국어에는 모음과 이중모음이 모두 음절핵이 된다; '발, 과수원'.

음절 유형에는 개음절(öppen stavelse)과 폐음절(sluten stavelse)이 있는데 모음으로 끝나면 개음절, 자음으로 끝나면 폐음절이 된다. 대다수 언어가 개음절과 폐음절을 갖추고 있으나 사모아어가 속하는 폴리네시아어족에는 폐음절이 없다고 한다. 스웨덴어와 한국어는 두 가지 음절 유형을 갖추고 있다.

스웨덴어: 개음절 i, på, du, sluta / 폐음절 stop, akt, spring, bil

한국어: 개음절 '나, 너, 뒤' / 폐음절 '달, 앞, 쉽'

2) 음절구조 유형(Stavelsesstruktur)

음절 구성요소와 비음절 구성요소들이 어떤 방식으로 결합하여 하나의 음절을 만드는가를 밝히는 것을 음절구조 분석이라 한다. 스웨덴어의 단음절어 구성 방식은 다음과 같다. (v = vokal 모음, k = konsonant 자음)

v	å	**vk**	ål	**vkk**	ort	**vkkk**	örts
kv	på	**kvk**	kor	**kvkk**	park	**kvkkk**	färsk
kkv	slå	**kkvk**	smak	**kkvkk**	stark	**kkvkkk**	starkt
kkkv	strö	**kkkvk**	språk	**kkkvkk**	spräckt	**kkkvkkk**	skrämts

위 예들을 보면 스웨덴어의 단음절어 구조는 가장 간단한 단모음(單母音)으로 시작하여 모음을 중심으로 앞뒤에 자음이 3개까지 오는 복잡한 양상을 띠고 있다. 이를 아래와 같이 간단히 공식화할 수 있다.

(k)(k)(k) v (k)(k)(k)

괄호 속의 자음은 선택적으로 쓰임을 뜻하며 모음을 중심으로 앞뒤로 자음이 0개에서 최고 3개까지 올 수 있음을 의미한다.

3) 음소 배열 규칙

음소 결합에 대한 규칙과 제한 규정을 그 언어의 음소 배열 규칙(fonotax)이라고 한다. 음소들은 서로 결합하여 음절이나 단어와 같은 보다 더 큰 단위를 만드는데 가장 작은 음소 결합의 예는 단음절어이다. 스웨덴어의 단음절어에서 허용되는 제일 작은 음소 결합형은 모음+자음 또는 자음+모음으로 이루어진다. 가장 큰 음소 결합형은 어두자음군 +모음(음절핵) +어말자음군으로 이루어진다. 스웨덴어 자음소들의 결합 방식과 제한 규칙을 어두와 어중, 어말 위치로 나누어 살펴본다.

(1) 어두자음

스웨덴어의 자음소 18개 중에서 /ŋ/을 제외한 모든 자음이 어두(초성) 위치에 올 수 있다. 한국어를 포함하여 대다수 언어에서 어두에 /ŋ/이 오지 않는데 예외적으로 스와힐리어, 타이어, 베트남어 등 몇 개 언어에만 어두에 /ŋ/이 허용된다.[1]

스웨덴어의 어두자음은 최고 3개까지 올 수 있는데, 2개 자음군의 첫 자음은 파열음, 비음, 마찰음 중의 하나로 시작한다; prat, mjölk, fri. 두 번째 자음은 /n v j l r/ 중의 하나가 온다; gnida, två, pjäs, flyga, vrida. 3개 어두자음군의 배열순서는 첫 자음은 /s/, 둘째 자음은 무성파열음 /p t k/ 중에서 하나, 셋째 자음은 /r l j v/ 중에서 하나가 온다. 이들 자음의 결합 순서를 정리하면 아래와 같다(Garlén 1984:102).

첫 자음	둘째 자음	셋째 자음	
/s/ +	{ /p/, /t/, /k/ } +	{ /l/, /j/, /r/, /v/ }	splittra spjut skrika, språk, strå skvala

한국어를 비롯한 핀란드어, 터키어는 어두 자음을 1개 이상 허용하지 않는다. '쌀, 땀' 등의 쌍자음은 자소(글자)는 2개이나 음소(소리)는 하나라서 이 제한 규정에 해당하지 않는다.

---

1 1960년대 베트남전쟁 당시 '구엔 카오키'(Nguen Caoky) 장군의 이름이 한국 언론에 자주 보도되었는데 한참 뒤에서야 '응우엔 까오끼'로 정정 표기되었다. 1967년 한국외국어대에 베트남어과가 설립되기 전까지만 해도 베트남어가 생소한 언어라서 어두에 /ŋ/ng이 허용되는 것을 몰랐던 탓이다.

(2) 어중자음

두 모음 사이에 오는 어중 자음은 1개에서 4개까지 허용된다: vila, ramla, vandra, studentska

(3) 어말자음

어말자음도 1개에서 최고 4개까지 나타난다: fin, tolv, torsk, hemskt.

문장 중에서는 최대 5개까지 나타나는 경우도 있다. 'i Stockholmskt rikssprâk'에서 가운데 단어의 어말자음군 -lmskt가 이에 해당한다.

한국어, 일본어, 스와힐리어는 어두와 마찬가지로 어말자음군도 허용하지 않는다. 따라서 이들 언어를 모국어로 사용하는 사람은 자음군이 많은 스웨덴어를 정확히 발음하는 데 어려움이 많다. 한국인은 자주 자음군 사이에 기생 모음 'ㅡ' 또는 'ㅜ'를 삽입하는데 원인은 새로운 언어의 단어를 익숙해진 모국어 구조에 맞추어 발음하려는 학습 자세에서 비롯된다.

예 hemskt *[헴스쿠트], malm *[말름], stor *[스투르]

4) 주요 음운 변화 규칙

이미 설명한 대로 낱낱의 음소는 그것이 나타나는 음성적 환경(분포 위치)에 따라서 음가 또는 장단의 특징이 다르게 실현되는데 이들 몇 가지 사례를 규칙화하면 아래와 같다.

(1) 장모음화(Vokallängd)

강세음절에서 모음 뒤에 자음이 없거나 단자음이 하나 오면 모음은 길어진다.

예 /by/ → [byː]

/lys/ → [lyːs]

(2) 모음 하강(Vokalsänkning)

단모음은 장모음에 비해서 좀 더 입이 열리는 개모음으로 발음된다.

예 vitt → [vɪt]

post → [pɔst]

(3) 권설음화(Retroflexering)

치자음 /t/, /d/, /s/, /n/, /l/은 권설음 다음에서 권설음화한다. 권설음이 /r/이면 그것이 치자음과 결합하여 하나의 권설음으로 융합되며 이때 [r]음은 사라진다. 이런 현상은 /torsdag/[tɷːʂɖɑːg]에서처럼 연쇄적으로도 일어나며 단어의 경계를 넘어서도 나타난다.

예 /bort/ → [bɔʈ]

/bord/ → [bɷːɖ]

/kors/ → [kɔʂ]

/barn/ → [bɑːɳ]

/sorla/ → [soːɭa]

/barnstɷl/ → [bɑːɳʂʈɷːl]

/farbɷrsven/ → [farbɷrʂven]

다만 단모음 +장자음 r의 경우는 권설음화가 일어나지 않는다.

예 barrskog → [bar:skω:g]

kurd → [kωr:d]

(4) 비음동화(Nasalassimilation)

비음 /n/은 뒤 따르는 자음의 조음위치의 영향을 받아 여러 가지 변이음으로 발음된다.

예 부정관사 en의 /n/은 뒤에 어느 자음이 오는가에 따라 아래와 같이 다양하게 소리 난다.

[m] en bil → [embi:l]

[ɱ] en vas → [eɱvɑ:s]

[n] en docka → [endɔka]

[ɲ] en jul → [eɲjʉ:l]

[ŋ] en gata → [eŋgɑ:ta]

(5) 어중음 소실(Synkope)

한 개의 자음과 r, l, n 사이에서 약강세 모음이 탈락되는 현상을 가리킨다. 단수형 sommar가 복수형 somrar으로 바뀔 때 단수형 어미의 모음 a가 사라진다. 동시에 자음 셋이 잇달아 오는 것을 피하여 m도 하나가 탈락한다. 마찬가지로 단수형 fågel이 복수형 fåglar로 바뀌면서 단수형의 어말모음 e가 탈락한다. 예: gosse - gossar; syster - systrar

(6) 어중음 삽입(Epentes)

반면에 siffra가 복합어 sifferbetyg가 되면서 두 자음 f, r 사이에 e가 들어가는데 이를 어중음 삽입이라 한다. 고대스웨덴어 vakr가 현대스웨덴어 vacker가 되고, 고대 아이슬란드어 br′ytr가 스웨덴어에서는 bryter로 실현된 것도 같은 사례이다. 이와 같은 삽입모음을 가리켜 고대 인도 문법 용어인 svarabhaktivokal이라 부르기도 한다.

5) 축약

발화 중에 때로는 말소리가 음색을 바꾸거나 완전히 탈락하는 현상이 일어나는데 이를 축약(reduktion)이라고 한다. 한 단어 내에서 축약은 강세(betoning)의 영향으로 일어나며 강세를 받지 않는 비강세음이 주로 축약의 대상이 되고 강세음은 절대로 축약되거나 탈락하지 않는다. 축약의 요인으로 발화 속도와 발화 상태가 일정한 역할을 하며 특히 빠른 말씨에서는 축약이 자주 일어난다. 예를 들어 Vi fick en pojke, inte en flicka. 라는 문장에서 pojke는 대조 강세를 받아 [pɔjke]로 발음한다. 그러나 Vi tycker inte om en sån pojke. 에서는 sån이 강세를 받으므로 비강세 위치에 있는 pojke[pɔjkə]의 어말모음 [e]는 [ə]로 약화된다.

일상 대화의 빠른 말씨에서 bara för att는 ba'fatt [bafat]으로, så att는 s'att[sat]로 종종 축약된다. 또한 till Stockholm을 [tis'tɔkhɔlm]으로, hemskt tråkigt를 [hemst'rokit]로 발음하는 것도 같은 사례이다.

동화와 축약에 대한 규칙은 언어마다 다르다. 이 규칙에 대한 기본 전제는 발화시에 소리를 내기도 쉬워야 되고 듣기도 쉬워야 한다는 점이다. 또한 음성과 단어의 의미 구별 관계가 명확해야 하기 때문에 각 언어의 음소 체계와 어휘 목록에 따라서 그 언어의 동화와 축약에 대한 규칙들이 다를 수밖에 없다. 스웨덴어에는 [ɔ]에 대립하는 비모음이 없기에 ånga[ɔŋa]의 첫모음을 비모음화(鼻母音化) 하여 [ɔ̃ŋa]로 발음하여도 다른 단어와 의미상으로 혼동을 일으킬 염려가 없다. 그러나 프랑스어에는 구강모음[ε]와 비모음[ε̃]가 있어서 fait[fε]'사실'과 fin[fε̃]'끝'이 구별되므로 이 두 모음의 성격을 결정하는 연구개의 위치가 매우 중요하다. 스웨덴어에는 원순모음이 많은 편인데 red[red] 'rida의 과거형'과 röd[rød]'붉은'를 구별하는 요인은 모음의 원순작용이다. 원순모음이 없는 언어들도 많은데 그런 언어에서는 원순성이 스웨덴어에서처럼 중요한 역할을 하지 못한다.

일상대화에서 말소리들이 상당 부분 동화하고 축약되더라도 서로 오해 없이 소통할 수 있는 것은 발화체 속이나 대화 상황에서 화자가 전하고자 하는 바를 알려주는 여러 요소들이 있는 덕분이다. 따라서 한 언어에 대한 지식이 충분하지 못하면 개개의 음성적 특성에 더 의존하게 된다. 축약의 정도는 대화 당사자들이 가진 그 언어에 대한 지식에 비례한다고 말할 수 있다.

7. 스웨덴어 운율론(Prosodi)

언어학자들은 초기에는 자음과 모음만을 언어의 음소로 생각했었다. 그 후 연구 결과로 언어에 있어서 자음, 모음 이외에 소리의 고저(ordaccent), 강세(betoning), 음장(kvantitet)도 의미 구별을 가져오는 음소의 역할을 한다는 사실을 알아내고 이것들을 초분절음소(suprasegmentala fonem)라고 불렀다. 동시에 자음, 모음은 분절음소라고 하였다. 운율론은 발화의 흐름 속에서 연속적으로 배열되어 있는 분절음 위에 동시에 얹혀있는 소리의 고저, 강세, 음장과 관련된 특성을 연구하는 분야이다. 이 세 가지 요소 중에서 고저와 음장은 강세를 전제로 나타나는 현상이다. 앞서 5절 1항과 5절 2항에서 우리는 분리 가능한 분절음(segment)을 단위로 해서 스웨덴어의 자음, 모음의 특성을 살펴보았다. 여기서는 여러 분절음이 결합해서 더 큰 언어 단위가 된 음절, 형태소, 단어, 구, 절에서 일어나는 또 다른 말소리 현상, 곧 운율적 현상에 대하여 고찰해본다. 어떤 언어이든 간에 다수의 분절음과 일정 수의 운율적 자질(prosodiska drag)을 갖추고 있는데 이들 요소는 분절음과는 차별화되는 다른 의미 분화 기능을 수행하고 있다. 운율론을 말할 때 흔히들 떠올리는 용어들은 성조, 억양, 강세, 고저 등이며 여기서 단어 강세, 단어억양, 구강세, 문장 억양 등으로 나가면 용어들 간의 상호 관계와 개념 정의가 더욱 복잡해지고 혼란스럽다. 그러므로 이 절에서는 초분절음소들의 출현을 초기 단계부터 고찰하여 소속, 영역, 기능을 분명히 구분함으로써 학습자들의 이해를 돕고자 한다.

먼저 운율적 자질에 관해서 발생적 측면에서 좀 더 자세히 검토한 후에 그들이 언어체계 속에서 수행하는 기능에 대해서 살펴본다(Lundström & af Trampe III장 참조). 운율적 자질은 기본적으로 시간상 자질(temporala drag), 역동적 자질(dynamiska drag), 음조상 자질(tonala drag)로 나뉘는데 이들은 언어체계 안에서 각기 아래와 같은 구체적 기능을 수행한다.

운율적 자질		언어체계
시간상 자질	→	음장/연접(kvantitet/junktur)
역동적 자질	→	강세 (betoning)
음조상 자질	→	억양 (intonation)

시간상 자질은 대뇌 언어 중추부가 조절하는 시간 책정으로 결정되며, 역동적 자질은 호흡 기관 근육 운동의 세기로 좌우되는 기류 압력의 차이로 나타난다. 또 음조상 자질은 성대 진동 수에 비례하여 높낮이가 달라지는 것이다. 이들 3가지 자질의 공통된 특징은 모두 분절음(음소)에 얹혀서 나타난다는 사실이다. 따라서 하나의 발화체(yttrande; utterance)는 분절음과 함께 운율적 자질까지 포함하고 있어서 이들의 기능에 힘입어 언어 단위 고유의 의미 이외로 다른 정보까지 제공하고 있다.

예를 들면 발화 내용에 대한 화자의 태도와 청자에 대한 화자의 자세까지 반영하게 된다. 즉 화자의 의사전달 방식이 적극성과 자신감을 갖고 있는지, 아니면 빈정대거나 농담조로 하는 소극적 자세인지를 알려준다. 또한 말하는 순간 침착한지, 초조한지 화자의 정서 상태도 어느 정도 반영한다. 그 밖에 화자의 인품, 성별, 연령, 출생 지역, 출신 성분까지도 일정부분 알려준다. 이러한 특징은 어휘 선택이나 특정 음성의 발음에서 나타나지만 방언 사이의 운율적 차이에 의해서도 감지된다.

분절음의 기능은 기본적으로 형태소나 단어의 의미를 구별하는 것이다.

예: tal '연설'/dal '계곡'; veta '알다'/beta '풀을 뜯다'; (한국어) 말 / 발; 타다 /가다.

운율적 자질 역시 의미분화 역할을 하여 강세의 위치가 어디에 있느냐에 따라서 의미가 달라진다: 'tala om ~을 말하다, 발설하다 /tala 'om 어떤 주제에 대해서 말하다. 운율적 요소의 또 다른 기능은 단어들이 결합하여 구(fras)나 절(sats)과 같은 더 큰 언어 단위를 이룰 때 이들을 통합하거나 구획하는 구실을 한다. 또한 구와 절에서 억양(intonation)의 양태는 발화체가 의문형인지 서술형인지도 알려준다. 운율적 자질의 다양한 기능 중에서 가장 중요한 부분을 차지하는 문법적(의미 변화) 기능에 대해서는 아래에서 해당 분야별로 자세히 나눠 설명한다. 다만 운율적 요소들 사이에는 일정한 상호작용이 일어나 요소들 자체와 음소의 음질에도 영향을 미치는 상관관계가 있음을 밝혀둔다.

다시 말해 한 개의 음절이 강세를 받는 것은 근육 긴장과 기류 압력이 작용하는 역동적 현상이고, 강세 또한 음절의 억양에 영향을 주어 음조 변화를 일으키는 요인이 된다. 여러 언어에서 강세는 음절(모음)의 길이에도 영향을 끼치니 시간상의 자질과도 관련이 있다.

1) 시간상 자질(Temporala drag)

시간상의 자질은 대뇌가 조정하는 발화 시간의 흐름으로 결정된다. 대뇌 언어 중추로부터 신호들이 일정한 시차와 간격을 두고 발음기관에 전달되는데 이에 따라 발음기관의 근육이 짧게 또는 길게 움직인다. 따라서 대뇌가 지시하는 시간책정의 차이로 발화속도(taltempo)가 결정된다. 빠른 발화에서는 앞서 예시한 대로 축약이 자주 일어나는데 그것은 발음기관이 빨리 움직임에 따라 분절음의 발음에서 조음 목표에 채 이르지 못한 채 조음동작이 끝나기 때문이다. 언어체계에서 시간상의 자질은 크게 두 가지 기능을 수행한다. 하나는 분절음 또는 음절의 길이가 단어나 형태소 간의 의미 구별에 이용되는 것으로 이를 음장(音長)라고 한다. 또 한 가지는 단어, 구, 절에서 경계 표시 목적에 이용되는데 이를 연접(連接)라고 한다.

(1) 음장(Längd/ kvantitet)

음장은 모든 언어에 갖춰진 요소는 아니지만 여러 언어에서 분절음의 길이는 의미를 구별하는 데 이용되고 있다. 음장은 언어에 따라 모음이나 자음 어느 한쪽에 적용되기도 하고 모음 자음 양쪽에 두루 적용되기도 한다. 스웨덴어는 음장이 모음과 자음 양쪽에 나타나지만 음운론적으로 모음에만 그 기능을 인정한다. 그 이유는 장자음과 단자음의 길이 차이가 100:85인 반면에, 장모음과 단모음의 차이는 100:65로 모음의 길이 차이가 변별력이 더 크다는 데에 있다(Elert 1970: 48-49). 말하자면 장모음과 단모음의 차이만이 두 단어의 의미 구별에 이용되는 것이다. 스웨덴어와 한국어의 예는 아래와 같다.

	스웨덴어	한국어
(장모음)	/daːg/ dag '낮', /fiːn/ fin '좋은';	밤:(栗), 가:정(假定)
(단모음)	/dag/ dagg '이슬', /fin/ finn '찾다';	밤(夜), 가정(家庭)

스웨덴어 자음에도 장단의 차이가 있으나 자음의 길이는 모음의 길이에 의존해 있다고 보는 것이다. 모음이 길면 이어지는 자음이 짧아지고 모음이 짧으면 그다음의 자음이 길어진다. 여기서 유의해야 할 점은 스웨덴어 모음에서 장단의 차이는 단순히 길이에만 있지 않고 모음 음색(vokalkvalitet)의 변화까지

동반한다. 아래 두 쌍의 동사 변화형에서 모음의 차이를 비교해 보아라.

[døː] dö (장모음) [goː] gå (장모음)

[dœtː] dött (단모음) [gɔtː] gått (단모음)

이탈리아어는 스웨덴어처럼 음장이 모음과 자음에 모두 적용되지만 다른 음운론적 이유로 자음에만 음장을 인정한다. 한편 핀란드어는 모음과 자음 양쪽에 음장이 적용되어 장모음/ 단모음, 장자음/ 단자음이 서로 의존 관계에 있지 않고 독자적으로 의미분화 기능을 수행한다.

/tuli/	'불'	단모음	단자음
/tulːi/	'세관'	단모음	장자음
/tuːli/	'바람'	장모음	단자음
/tuːlːi/	'불었다'	장모음	장자음

그러나 프랑스어, 러시아처럼 음장이 의미 분화에 이용되지 않는 언어도 많다(위 책 94쪽 인용).

(2) 연접(Junktur)

연접(連接) 또는 이음매라고 하는 시간상의 자질은 형태소나 단어 또는 구, 절 사이의 경계를 표시해주는 요소로서 연속된 음절 사이에 나타나는 짧지만 느낄 수 있는 언어학적 휴지를 말한다. 연접의 기능은 언어 단위를 통합(sammanförande)하거나 구획(avgränsande) 분리하는 것이다.

Bo/står 'Bo가 서 있다'

Bos/tår 'Bo의 발가락'

(한국어) 아버지가/방에/들어가신다.

연접(/)이 Bo와 står 사이에 오면 구성요소들은 주어와 동사로 나뉘고, Bos와 tår 사이에 오면 Bo의 소유격과 명사 tår로 나뉜다. 한국어 예문에서는 휴지의 위치가 정확하지 않으면 *'아버지/가방에/들어가신다'와 같은 비문법적 문장이 되어 의사소통에 지장을 일으킨다. 그러므로 언어 단위를 올바르게 결합시키고 구획하는 일이 매우 중요한 것이다.

2) 역동적 자질(Dynamiska drag)

발화상에서 역동적 자질은 순수한 물리적 힘의 결과로 나타난다. 발화 시에 대뇌와 신경 계통은 호흡기 근육에 신호를 보내서 더 세게 움직이도록 지시한다. 이에 따라 기류가 기관, 후두, 후두강을 통해서 더 세게 분출한다. 폐에서 분출하는 기류 압력의 차이는 전체 발화 과정에 영향을 끼쳐 음량(volym)의 크기로 나타나 말하는 이의 태도나 정서 상태까지 반영한다.

언어체계 내에서 힘의 자질은 발화의 한 부분을 다른 부분보다 돋들리게 하는 데 이용되며 이를 강세(betoning; stress)라고 부른다. 강세는 대개 음성보다는 음절에 부과되며 따라서 발화체(yttrande; utterance)는 강세의 등급을 달리하는 음절의 연속체라고 말할 수 있다. 강세음절과 비강세음절의 차이는 단어, 구, 절과 같은 여러 언어 단위 차원에서 쓰인다. 강세의 차이가 구체적으로 어떤 방식으로 이용되는가는 언어에 따라 다르다.

(1) 단어 강세(Ordbetoning)

여러 언어에서 단어의 강세 위치는 대체로 자유로워 어느 음절에나 올 수가 있다. 자유 강세(fri betoning)를 가진 언어로 영어, 노어, 스웨덴어가 있는데 강세 위치가 어느 특정 음절에 고정돼 있지 않고 옮겨 다닐 수 있어서 강세 위치 변화로 단어의 의미를 구별하게 된다. 동일한 분절음으로 구성된 두 개의 단어에서 어느 음절에 강세가 오느냐에 따라 의미에 차이가 난다. 강세는 표시는 영어에서 모음 앞이나 위에 하고 있으나 스웨덴어는 강세음절 앞에 표시한다.

스웨덴어:	'formel (명사) '공식'	'armen '팔' (arm 의 단수 정형)
	for'mell (형용사) '형식적인'	ar'men '군대' (armé 의 단수 정형)
영어:	insult (명사) '모욕'	'object (명사) '물건, 목적'
	in'sult (동사) '모욕하다'	ob'ject (동사) '반대하다'

반면에 강세의 위치가 고정되어 있는 언어도 많다. 그런 언어에는 강세가 고정되어 (bunden betoning) 있어서 어떤 특정한 음절에만 강세가 온다. 프랑스어 단어 강세는 끝 음절에 오고 핀란드어는 첫 음절에 온다.

(프) demain [də'mɛ̃] '내일', natu'rell '자연의', aujour'dhui '오늘'

(핀) 'minä '나' 'väsyynyt '피곤한'

단어 강세의 위치가 고정된 언어에서는 강세음절과 비강세음절의 차이로 단어 사이의 의미가 구별되지 않는다. 하지만 그런 언어에서 강세는 통합 기능과 구획 기능을 가지고 있다. 핀란드어에서 강세음절은 여기가 한 단어의 첫 음절이며 그다음의 강세음절은 두 번째 단어의 첫 음절임을 알려준다.

'Minä 'rakastan 'sinua.

'나는 너를 사랑한다'

그런데 자유 강세 언어라 해서 강세의 위치가 항상 자유로운 것은 아니다. 어느 특정한 단어나 일정한 유형의 단어들은 강세의 위치나 유형이 따로 정해져 있다. 특히 동사 어미의 문법 형태가 강세 유형을 지정하는 데 중요한 잣대가 된다. 예를 들어 스웨덴어의 2군 동사, 4군 동사의 현재형은 Accent I 강세를 받지만 이들의 부정법형은 Accent II 강세를 받는다.

	현재형		부정법
Accent I	'köper	Accent II	ˣköpa
	'skriver		ˣskriva

자유 강세 언어에 속하는 영어 어휘에도 상당수가 일정한 강세 규칙이 따로 정해져 있다.

ⓐ 게르만어에서 유래한 2음절, 3음절어는 대다수가 첫 음절에 강세가 온다: 'easy, 'English, 'family

ⓑ 외래어 중에서 4음절어 또는 그 이상의 다음절어는 어말에서 3번째 음절에 강세가 온다:

a'nalysis, indi'vidual, de'mocracy, su'perfluos

(2) 구, 절 강세(Fras-och satsbetoning)

구와 절에 적용되는 강세 유형은 중립 강세, 대조 강세, 강조 강세 등 3가지 유형으로 나뉜다.

① 중립 강세(Neutral betoning)

단어들이 모여 구와 절을 이루면 강세의 정도가 다른 음절이 뒤섞이면서 일정한 강세 양태를 띠게 된다. 어떤 단어는 주변 단어들에 비해서 가장 세게 강세를 받는데 이때 강세음절은 주강세(huvudbetoning)를 받는다고 말한다. 주강세의 위치가 어디인가는 언어에 따라 다르다. 어느 언어에서는 위에 든 단어 강세의 경우처럼 주강세의 위치가 고정되어 있다. 프랑스어는 구, 절에서도 주강세가 마지막 음절에 온다.

Merci bau'coup! '대단히 고맙습니다.'

Je suis con'tent! '저는 만족합니다.'

한편 폴란드어는 끝에서 두 번째 음절, 핀란드어는 첫 음절에 강세가 온다.

많은 언어에서 주강세를 받는 단어는 명사, 형용사, 본동사와 같은 내용어(innehållsrika ord; content word)들로 국한되어 있으며 관사, 접속사, 전치사, 대명사, 조동사와 같은 어형 변화가 없는 형식어(småord; function word)는 대체로 강세를 받지 않는다. 내용어에 주로 강세가 온다는 것은 이른바 정보 원리와도 관련이 있다. 절 안에서 강세 위치가 완전히 고정돼 있지 않은 언어는 주강세를 이용하여 절의 구성성분 중에서 어느 것이 가장 중요한 정보를 지니고 있는 요소인가를 지시한다. 화자가 보기에 청자에게 새로운 정보 요소라고 생각되는 부분에 주강세를 주는 것이다.

다음과 같은 예상 질문에 답하는 몇 개의 문장에서 강세 위치를 살펴본다. 먼저 각각의 질문형식을 통하여 질문자와 응답자 사이에 이미 알려진 사실이 드러난다.

예상 질문	대답
a) (När ska ni spela tennis på skolgården?)	Vi ska spela tennis på skolgården klockan 'fem.
b) (Var ska ni spela tennis klockan fem?)	Vi ska spela tennis på 'skolgården.
c) (Vad ska ni spela på skolgården klockan fem?)	Vi ska spela 'tennis på skolgården klockan fem.

a)의 대답 문장에서 화자가 fem에 강세를 준 것은 청자가 이미 '우리가 교

정에서 정구를 할 것'을 알고 언제 하는지 궁금해 하기에 그 부분을 돋들리게 한 것이다. b)에서는 '장소' skolgården c)에서는 '행위 대상' tennis가 궁금증의 대상이 된다.

강세의 양태(패턴)는 또한 구나 절에 있어서 통합 기능과 구획 기능도 가지고 있다. 몇 개의 단어가 모인 구(fras)에서 으뜸말(huvudord)은 주강세를 받고 강세가 약한 앞에 단어들은 으뜸말에 부속된 요소로 여긴다.

Lasse på a'ffären '가게에 있는 라세'

Veckojour'nalen '주간 잡지'

fröken 'Berg '배르이 양'

② 대조 강세와 강조 강세(Kontrastiv betoning och emfas)

하나의 발화체에는 반드시 일정한 강세 양태가 딸려 있다. 강세 양태는 정보 원리와 문장의 구성요소에 따라서 결정되며 이러한 유형의 강세를 중립 강세라고 하였다. 이와는 별도로 강세는 두 가지 다른 용도로 이용되기도 하는데 '대조'와 '강조'가 그것이다. 대조 강세는 강세를 받을 단어가 둘 또는 그 이상의 선택 대상 중의 하나로 여겨질 때 쓰인다. 즉 화자가 지정한 선택 대상을 알리기 위한 신호로써 강세를 이용하는 것이다.

a) Berit ska gå på 'bio (중립 강세)

b) 'Berit ska gå på bio (대조 강세)

a)문장은 중립적 정보를 알려주지만 b)문장은 영화관에 갈 사람이 일단의 선택 대상들 Lena, Eva, Torun, Berit 중에서 바로 Berit임을 알리고자 하는 것이다.

대조 강세는 때로는 정상상태에서 강세를 받지 않는 형태소나 단어에 오는 경우도 있다. 곧 화자가 말한 것을 청자가 오해했을 때 이를 바로 잡아주기 위해 쓰인다.

a) (Vill du ha) ba'nan eller 'äpple? (중립 강세)

b) (Ja sa) banan 'eller äpple. (대조 강세)

대조 강세가 쓰인 b)문장에서는 정상적으로는 강세를 받지 않는 접속사 eller에 강세 표시를 했는데 그것은 화자가 banan 'eller' '또는' äpple라고 했지 banan och '과' äpple라고 하지 않했음을 분명히 하기 위한 것이다. 즉 접속사 och와 대조를 이루고자 eller에 강세를 붙인 것이다.

강조 강세(emfatisk betoning) 역시 대조 강세의 한 유형이라 할 수 있다. 즉 화자가 뜻하는 것은 바로 이것이고 그 반대는 아니라는 것을 표시할 때 쓰인다.

c) Lisa Karlsson 'ska läsa koreanska i vår. (강조 강세)

조동사 역시 정상적으로는 강세를 받지 않지만 '공부하겠다'는 의지를 강조하기 위해서 ska에 강세를 준 것이다. 또한 Eva har en 'hund 가 일반적 강세 양태이나 Eva har 'en hund 처럼 평소 강세가 없는 수사 en을 강조한 것은 Eva가 가진 개가 두 마리 이상 복수가 아니라는 의미이다. 대개의 경우 강세가 중립적으로 쓰인 것인지 아니면 대조나 강조용으로 쓰인 것인지 규별 하기가 어렵다. 따라서 어떤 유형인가를 판단하려면 문맥과 상황을 검토해야만 한다.

③ 강세의 등급(Betoningsgrader)

단어 강세는 세기의 정도에 따라 보통 4개 등급으로 나뉜다.

주강세(huvudtryck) 3　　^{x}fl^{3}ick^{1}a (2음절어의 첫 음절)

부강세 (starkbitryck) 2 ^{x}st^{3}enh^{2}us (복합어의 둘째 음절)

약강세(bitryck) 1 fl^{3}ick^{1}a (2음절어의 끝 음절)

비강세(obetonad) 0 'd^{3}ag^{0}en (단음절어의 어말관사)

3) 음조상 자질(Tonala drag)

발화 중에 성대 진동에 변화가 오면 우리는 음계(tonläge)나 음조의 높낮이(tonhöjd)의 차이를 인지하게 된다. 성대 진동 수는 크게 기류 압력과 성대 긴장도의 두 가지 요인에 의해서 결정된다. 먼저 폐에서 나오는 기류 압력은 호흡기 근육의 움직임으로 조절되며 성대 긴장도는 후두근육의 움직임에 따라 좌우된다. 기류 압력과 성대 긴장도는 의도적으로 조절이 가능하기에 어법상으로 활용되어 이를 가리켜 억양(intonation)이라고 한다. 강세의 경우처럼 억양도 여러 층위에서 활용되어 크게 단어억양(ordintonation)과 구와 문장 억양(fras- och satsintonation)으로 구분된다.

음계(音階) 역시 음조 현상이다. 어떤 사람은 남성저음(basröst)을, 다른 사람은 여성저음(altröst)을 가지고 있다. 그 밖에 화자는 발화 중에 일정한 음계를 유지함으로써 자신의 감정이나 정서 상태를 반영한다. 한편 억양은 상대적 현상으로 어느 절대적 음역에 묶여 있지 않기에 남성저음으로 말하는 이가 동일한 억양의 차이를 고음에서도 낼 수 있다. 듣는 이 역시 이 점에서 억양의 차이를 상대적으로 인지하게 된다. 예 컨데 청자는 화자의 음계를 조정, 인지함으로써 화자의 일반적 음조가 어떠하든 간에 일정한 음조의 흐름을 의문조로 인지하게 된다.

(1) 단어억양(Ordintonation)

여러 언어에서 음절이나 단어 수준의 음계 변화가 의미를 구별하는 데 이용되고 있다. 우리에게 잘 알려진 언어로 중국어(Mandarin 베이징어)가 있으며 이러한 언어를 성조언어(tonspråk; tone language)라고 한다. 태국어, 베트남어, 요루바어(아프리카 나이제리아 언어), 반투어 등 다수의 언어가 이 부류에 속한다. 그뿐 아니라 스웨덴어, 노르웨이어, 덴마크어 일부 방언, 세르보-크로아티아어, 라트비아어(발트 3국 중 하나) 등도 단어억양을 의미 구별에 이용하고 있다. 이들 언어가 가진 단어억양을 음조악센트(tonaccent)라고 부르는데 그 이유는 강세와 억양이 함께 어우러져 나타나기 때문이다. 음조악센트를 가진 언어에서 단어억양은 강세, 음절수, 문법구조의 영향을 받지만 중국어 같은 순수 성조언어는 이러한 요인들과는 관계가 없다. 대표적 성조언어인 중국어에서 단어억양이 어떻게 작용하고 있는지 살펴본다.

아래에서 ma 와 chu 라는 단어는 동일한 분절음으로 구성되어 있지만 억양의 흐름의 차이로 각각 4가지 다른 의미를 지닌다.

중국어 성조(단어억양)				
1성	mā(媽)	평탄조 '어머니'	chū (豚)	'돼지'
2성	má(麻)	상승조 '삼, 대마'	chú (竹)	'대나무'
3성	mǎ(馬)	하강-상승조 '타는 말'	chǔ (主)	'주님'
4성	mà (罵)	하강조 '야단치다'	chù (住)	'거주하다'

① 스웨덴어 음조악센트(Svenskans tonaccent)

성조언어의 부류에 속하는 스웨덴어에는 두 종류의 단어 악센트가 있는데 하나는 아큐트 악센트(akut accent)로 보통 accent I 이라고 하며, 다른 하나는 그라브 악센트(grav accent)로 accent II라고 한다. 그라브 악센트와 아큐트 악센트를 구분하려면 한 단어의 음절수가 2개 이상이어야 한다. 동일한 분절음으로 구성된 2음절어로서 음조악센트의 차이로 의미가 달라지는 예는 다음과 같다.[2]

아큐트 악센트(accent I)

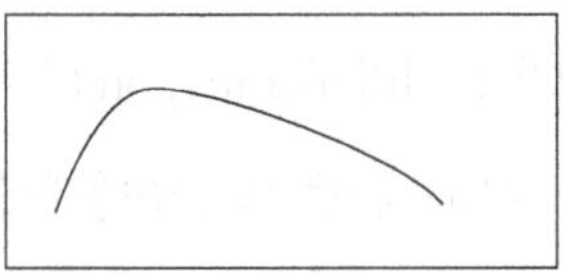

ˈs t e g e n

(steg ~et ~) 복수 정형 ‘보행’

Han riktade ˈstegen mot fönstret.

‘그는 창가로 발걸음을 옮겼다’

그라브 악센트(accent II)

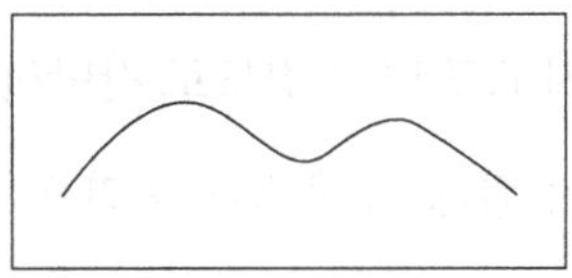

ˣs t e g e n

(steg/e -en -ar) 단수 정형 ‘사다리’

Han riktade ˣstegen mot fönstret.

‘그는 창가로 사다리를 옮겼다’

위 두 단어는 첫 음절에 주강세가 오는데 음조의 흐름에서 두 가지 유형의 악센트 차이가 드러난다. 악센트 I은 음조가 첫 음절에서 올라갔다가 내려오며 둘째 음절에는 강세가 없다. 반면에 악센트 II는 음조가 주강세음절에서 올라갔다가 급히 내려온 다음 다시 둘째 음절에서 약간의 강세가 있어 올라가다 내려오는데 그 차이는 3:1 정도이다. 따라서 중부 스웨덴어 표준발음은 악센

2 Elert 1970a:89 참조

트 I 억양의 정점이 한 개인 반면에 악센트 II의 정점은 2개이다. 같은 사례로 'anden '오리' ˣanden '영혼' / 'buren '새장' ˣburen '짐 지다' / 'komma '쉼표' ˣkomma '오다' 가 있다. 이와 같은 음조형 대립어 쌍은 약 350개나 된다(Elert 1972).

악센트 차이로 단음조(accent I)는 강세음절 앞에[' _: _:], 복합 음조(accent II)는 [ˣ_: ˌ _:]로 각각 표시한다. 또 다른 방식으로 주강세 위치에 ´'komma, 부강세 위치에 `로 표기하기도 한다.

음조악센트는 단어의 강세, 음절수, 문법구조와 연관이 있어서 단순히 음절수만 가지고 판단할 정도로 간단하지 않다. 2음절어라도 e'lev, bu'tik처럼 단어 강세가 원래 뒤 음절에 오면 악센트 II는 적용되지 않는다. 또한 동일한 어원의 단어들이라도 문법 형태에 따라서 적용되는 악센트 유형이 다르다. 동사의 부정법과 1군 동사 현재형은 악센트 II이지만 2군, 4군 동사의 현재형은 악센트 I이다. 형용사의 비교급도 -re -st 형은 악센트 I, -are -ast 형은 악센트 II가 적용된다.[3]

accent I → 동사 현재형 'köper(2군), 'skriver(4군)
형용사 'högre, 'högst

accent II → 동사 부정법 ˣtala(1군) 현재형 ˣtalar
부정법 ˣköpa(2군)
형용사 ˣrikare,ˣrikast

3 강세와 음조악센트에 대한 자세한 설명은 변광수 '종합 스웨덴어'(2022; 1.6~1.10) 참조.

하지만 이 두 가지 단어억양의 흐름이 지역 방언에 따라 달라지는 경우도 있다. Lindgren, Björkholm, Berkvist 같은 성씨를 중부 스웨덴 표준발음으로는 악센트 II로 발음하지만 '북쪽 노를란드 방언에서는 악센트 I로 발음한다. 심지어 일부 지역 방언은 악센트 I, II를 구별하지 않고 주로 악센트 I만 사용하기도 한다. 대표적 사례로 핀란드 인구의 13%가 사용하는 핀란드-스웨덴어가 그렇다; 'lördag, 'fyra, 'Borlänge. 외국인 학습자로서는 표준 발음을 따르는 것이 원칙이다.

다음 단어들은 현재형 어미가 -ar로 끝나지만 악센트 II가 적용되지 않고 언제나 주강세음절에 악센트 I이 온다. 특히 어미가 -era로 끝나는 외래어 동사는 항상 -e 음절에 강세가 온다.

be'talar, stu'derar, disku'terar, fotogra'ferar, transpor'terar, explo'derar 따위

② 합성어(sammansatta ord)의 음조악센트

그라브 악센트(accent II)를 가진 다음절어에는 2개 억양의 정점 사이에 여러 개의 비강세음절이 온다. 그것은 다음절어에도 주강세와 약강세는 각각 하나씩만 허용되기 때문이다. 2개 이상의 단어가 모인 복합어의 악센트 패턴이 그렇게 나타나는 이유는 그라브 악센트가 이 단어들을 하나의 단위로 묶어주는 구실을 하기 위해서이다.

järnvägsstation '철도역'

위 단어는 järnväg과 station으로 구성된 합성어인데 앞가지 järnväg 자체가 합성어로서 역시 그라브 악센트를 지닌다. 여기에 뒷가지 station이 더해지면 부강세의 위치는 이 단어의 주강세 위치인 -tion으로 이동한다. 그리하여 복합어 전체의 음조악센트 모양은 앞가지 첫 음절 järn-에 주강세, 뒷가지 끝 음절 -tion에 부강세가 오도록 재조정된다. 복합어 전체의 악센트 위치는 ′järnvägssta`tion 처럼 나타나며 그들 사이에 낀 중간 음절은 강세를 받지 않는 비강세음절이 된다. 그 이유는 앞서 설명한 대로 악센트의 통합 기능 때문에 아무리 긴 합성어라도 하더라도 주강세와 부강세가 각각 한 곳에만 오도록 제한되어 있는 탓이다. 합성어를 구성하는 기본 단어들의 악센트를 그대로 유지한다면 억양의 변화가 너무 잦아서 발음 목표 시간에 제대로 이르지 못할 뿐더러 정보 원리에 따라 주요 부분을 돋들리게 하는 악센트의 효과도 적절히 발휘할 수 없게 된다. 합성어 구성요소의 확장에 따른 강세 위치 변화의 예를 더 들어본다.

′barn`dom ‘아동(시절)’

′barndoms`minne ‘아동 시절 추억’

′barndomsminnes`bild ‘아동 시절 추억 사진’

för′säkring ‘보험’

för′säkrings`kassan ‘보험 회사’

kommunika′tion ‘교통 통신’

kommunika′tionsdeparte`mentet ‘교통통신부’

po′lis ‘경찰’

po´lis`bil '경찰차'

po´lis`bilar '경찰차(복수)'

한편 강세 위치 이동과 함께 다음과 같은 운율상의 변화도 뒤따른다.

① 첫 단어에 주강세가 오면 끝 단어의 주강세 자리에 부강세가 온다. 이때 부강세 자리의 모음은 상대적으로 짧아진다.

´järnvägssta`tion, ´morgon`tidning, ´fabrik`chef, ´rättsmedi`cin

② 복합어의 비강세 위치에서 원래의 장모음은 단모음으로 바뀐다.

järnväg[-`vɛːg] → järnvägsstation[-vɛkssta`ɧɷːn]

skrivmaskin[-ma`ɧiːn] → skrivmaskinspapper[-maɧins`papər]

③ accent II 단어가 복합어의 뒷가지에 오면 accent I로 바뀐다.

´pa`pper → skriv`papper, ´ga`ta → ´gå`gata

④ 강세가 있는 전철(prefix)은 복합어의 한 요소로 취급한다.

se → ´inse,

söka → ´an`söka,

´kom`ma → ´ankom`ma

´bju`da → ´inbju´da

그러나 전철 be-, för-는 비강세이므로 여기에 해당하지 않는다.

be´tala, be´tänka, för´söka

(2) 구와 문장 억양(Fras-och satsintonation)

구(fras)와 문장(sats)에서 억양의 기능은 여러 가지가 있는데 일차적으로 순수한 문법적 기능을 들 수 있다. 그밖에 억양이 화자의 태도나 감정 상태를 반영하기도 한다. 문법적 기능은 의미를 나타내는 측면과 문장 단위를 구획하거나 통합하는 측면이 있다. 일정한 억양 양태는 의문문을 표시하는데 이는 서술문이나 감탄문과 다른 문법적 의미를 지닌다. 하나의 억양 양태가 미치는 범위는 그 전체가 한 단위로 인식되므로 여러 단위를 통합하는 구실을 한다. 한 언어의 억양 체계를 자세히 분석 기술하기는 아주 어렵다. 그것은 한 문장에서 강세와 억양이 함께 어우러져 여러 정보를 알려주기 때문에 그들의 기능을 분리해서 기술하는 것이 불가능하다. 언어적 정보는 어휘 선택, 어순, 억양 등 여러 요인들의 상호 관계에서 파악해야 한다. 아래에 스웨덴어와 영어의 사례를 몇 가지 들어 본다.[4]

먼저 영어의 서술문은 내림조(fallton)이지만 의문문은 올림조(stigton)이다. 다만 의문사(frågeord)로 시작하는 의문문은 내림조이다. 스웨덴어는 서술문과 의문문이 모두 내림조이다.

문장 억양의 굴곡 표시

4 Lundström & af Trampe 1977:101-102 참조.

다만 스웨덴어에서 특이한 점은 동일한 서술문의 어순인데도 억양의 차이로 서술문과 의문문을 구별하는 것이다.

Alltså kommer han　　　　　　서술문 억양(påståendeintonation)

Alltså kommer han　　　　　　의문문 억양(frågeintonation)

두 문장에서 억양의 흐름은 다 같이 내림조이지만 의문문에서 억양의 정점이 서술문의 정점보다 더 높다. 그 밖에도 의문문을 나타내는 방식은 vem, vad, när, var와 같은 의문사(frågeord)를 사용하기도 하고 어순을 바꿔서 표시하기도 한다.

Vad heter han?

Han kommer - Kommer han?

이런 경우에도 서술문과 똑같은 억양 양태를 보인다. 즉 영어의 의문사로 시작하는 의문문처럼 끝을 내린다.

제4장
형태론

인간의 언어 창조 기능은 말소리를 결합하여 새로운 의미를 갖는 어휘를 만들어내는 것으로 시작된다. 앞에 제3장에서는 언어의 의미를 구별해주는 최소 단위, 모음과 자음에 대해서 논의하였다. 이번 장에서는 언어의 의미를 지니는 최소 단위, 형태소의 다양한 구조와 기능에 대하여 논의하고 스웨덴어 어휘 구성 방법을 살펴본다. 예를 들어 /t/, /a/, /l/은 각각 독립된 음소로서 그 자체로는 아무 의미가 없다. 그런데 이들이 합쳐지면 tal '말'이라는 의미를 지닌 단어를 만드는데 이것이 곧 형태소이다. 여기에 다시 man을 추가하면 tal+man= talman '국회의장'이라는 새로운 단어가 만들어진다. 두 개의 형태소가 결합하여 제3의 단어가 탄생한 것이다. 하나의 문장은 길거나 짧거나 간에 여러 형태소들이 정해진 규칙에 따라 모인 집합체이다.

bil-ar-na är ett stor-t miljö-problem
1 2 3 4 5 6 7 8 9
'자동차들은 커다란 환경 문제 거리다.'[1]

위 문장은 9개의 최소 의미 단위로 구성되었는데 유형별로 대충 나누어 보면 아래와 같다.

---

1 Dahllöf 2009:30에서 인용.

명사 형태소 1, 8, 9; 형용사 형태소 6; 굴곡 어미 2, 3, 7; 기능어 4, 5.

그 외로도 bi, sto, mil, ö, le와 같은 음소연결체는 다른 형태소로 쓰일 수 있으나 위 문장 구성과는 연관이 없다.

현대의 언어 연구에서는 미국 구조주의(sturukturalism) 언어학의 영향으로 전통문법의 굴절 분야의 논의 대상들이 형태론(形態論)의 영역으로 이전되었다. 형태론은 언어의 기본 단위인 어휘의 내부 구조와 그 형성 과정을 연구한다.

1. 형태소와 변이형태

Han köpte bilen 이란 문장은 여러 단계로 분석된다. 우선 주부 han과 술부 köpte bilen으로 분석되고, 술부는 다시 동사 köpte와 목적어 bilen으로 나뉜다. 이 세 가지 요소 중에서 köpte는 köp-te로, bilen은 bil-en으로 또다시 분석된다. 이렇게 해서 생긴 마지막 다섯 개 성분에는 각각 일정한 의미 내용이 담겨 있다. 의미를 기준으로 할 때 이 다섯 가지 성분은 더 이상 분석될 수 없고 더 쪼갠다면 아무런 의미가 없는 단위가 된다. 이들은 가장 작은 음성·의미적 단위(semanto-phonetic unit)로서 이를 형태소(形態素)라고 정의한다. 발화체(yttrande/utterance)의 부분 중에서 형태소에 해당하는 요소는 단일어, 어간, 복합어 요소, 굴곡 어미들로 매우 다양하다.

형태소(morfem)란 추상적인 개념으로 그것이 환경의 영향을 받아 구체적으로 다르게 나타날 때 그것을 각각 형태(morf)라고 말하고 한 형태소의 변화된 여러 형태를 그 형태소의 변이형태(allomorfer)라고 부른다. 형태소는 중괄호 { } 속에 표기한다. 이들을 말소리 단위와 비교해 보면 '음소 : 변이음 = 형태

소 : 변이형태'와 같은 비례 관계가 성립한다. (fonem : allofon = morfem : allomorf)

- 음운론적 변이형태: de levde länge와 de åkte bussen을 비교해 보면 levde의 -de와 åkte의 -te는 다 같이 과거 형태소로서 {-de}는 유성음 v- 다음에, {-te}는 무성음 k- 다음에 나타난다. 또 영어의 dishes, books, bags에서 복수 형태소 {s}는 그 앞소리의 음성적 성질에 따라서 발음 형태가 달리 실현된다. dishes에서는 /-iz/, books에서는 /-s/, bags에서는 /-z/로 소리 나는데 이와 같이 하나의 형태소가 앞뒤의 음성적 환경으로 다르게 실현될 때 이를 음운론적 조건으로 결정된 변이형태(fonologiskt betingad allomorf)라고 부른다.
- 어휘적 변이형태: 스웨덴어 명사 öga/ögon, öra/öron/, mus/möss, hand/händer의 관계를 보면 단수와 복수형은 앞뒤의 음운환경에 따라서 결정된 것이 아니고 개별 형태소(어휘)에 따라서 정해진 형태(morf)라서 일반적 복수 형성 규칙으로 예측할 수가 없다. 이를 가리켜 어휘적 변이형태 또는 형태적 변이형태라고 부른다. huvud/huvuden, man/män, fader/fäder 등 불규칙 복수형에 속하는 수많은 사례도 있다. 영어의 ox/oxen, child/children, mouse/mice도 같은 사례이다.
- 영형태소: 단수와 복수의 형태가 동일한 영어 fish/ fish를 일반적 복수 형성법인 '단수+복수 형태소'의 틀에 일치하도록 분석하려면 'fish+{s} 방식으로 기술하게 된다. 하지만 fish는 복수 형태소가 구체적으로 실현되지 않은 무형의 변이형태(nollallomorf)를 갖는다고 말한다. 스웨덴어 명사는 복수 어미 -or -ar -er -n - (flickor, hundar, gardiner, äpplen, hus_)을 기준으로 5가지로

분류되는데 이들 중 단복 동일형 hus_의 복수 형태가 영의 형태소에 해당한다. 말하자면 어미로 표시되어야 하는 문법적 또는 어휘적 특징이 나타나지 않는 경우를 가리킨다. 그래서 hus, tåg의 복수형에는 영어미(noll-suffix)가 실현되어 있다고 보는 것이다. 영어미는 {ø}로 표기한다(Sv. akad. gr. 1999: 201; Söderbergh 1968; 79, 97).

단수 en hund + 복수 변이형태 {ar} → 복수 tre hundar
    en ros + 복수 변이형태 {or} → 복수 två rosor
단수 ett hus + 복수 변이형태 {ø} → 복수 tre hus
    ett tåg + 복수 변이형태 {ø} → 복수 två tåg

2. 형태소의 부류

의미를 지니는 최소 단위인 형태소의 종류는 그것의 분포 상황, 문법적 기능, 의미, 이 세 가지 기준에 따라서 분류된다.

1) 자립형태소와 의존형태소

자립형태소는 홀로 쓰일 수가 있어 단독으로 단어를 구성하지만 의존형태소는 홀로 쓰이지 못하고 하나 이상의 다른 형태소와 결합해야만 단어로서 구실을 할 수 있다. 스웨덴어 명사 bilar, hästar에서 bil, häst는 홀로 쓰일 수 있으니 자립형태소이고, 복수 어미 -ar는 반드시 다른 형태소와 결합해야만 단어를 이루는 의존형태소이다. 마찬가지로 동사 pratade, hjälpte에서 prata, hjälp는 자립형태소이고, 과거 어미 -de, -te는 의존형태소이다.

2) 어휘형태소와 문법형태소

어휘형태소(lexical morpheme)는 그 자체로 독립된 의미를 가지고 있어 새로운 단어를 만들 수 있는 형태소이다. 문법형태소(grammatical morpheme)는 단어의 문법적 관계를 가리킬 뿐 단독으로는 쓰일 수 없다. katter, hundar, arbetade에서 katt, hund, arbeta는 어휘형태소로서 홀로 쓰일 수도 있고 kattunge, hundmat, arbetstimmar처럼 다른 형태소와 결합하여 새 단어를 만들기도 한다. 그러나 명사의 복수 어미 -er, -ar와 동사의 과거 어미 -de는 문법형태소라서 홀로 쓰이지 못한다. 스웨덴어의 관사, 전치사, 접속사 등도 이러한 이유로 상황에 따라서 문법형태소에 속한다. 다시 말해 어휘형태소는 자립형태소이고 문법형태소는 의존형태소인 것이다.

3) 연결형태소와 유일형태소

위에 든 전형적인 형태소와는 성격이 달라 때로는 굴절 형태소처럼 보이는 특이한 형태소가 있다. 단어를 구성하는 두 가지 요소를 연결시켜 복합어나 파생어를 만드는 역할을 하는데 이들을 연결형태소(fogemorfem)라고 한다. 예: fotbollslag, kyrkomusik, gatuarbete, kroppslig. tidsenlig. 이들 어례 속에 나타난 -s, -o, -u는 앞뒤의 두 가지 형태소를 연결 시켜준다.

한편 körsbär '버찌'는 körs+bär의 두 가지 형태소가 결합된 명사인데 뒷가지 bär는 '딸기류'라는 의미가 분명하지만 앞가지 körs는 의미가 명확하지 않다. 혹시 köra '운전하다'와 어원적으로 관계가 있지 않나 짐작해 보지만 억측에 불과하다. 비슷한 단어로 körsnär가 있으나 전체가 '모피상인'이라는 단일어라서 두 가지 의미를 가진 단위로 분리시킬 수가 없다. 또한 lingon, päron, plomon, hallon, nypon 등, '열매'를 표시하는 단어의 뒷가지 -on도 그 뜻이 불분명하다. 이들 몇 가지 단어 이외에 다른 앞가지와 결합하여 새로운 단어를 구성한 일반적인 사례가 없다. 이렇게 아주 제한된 수의 단어에서만 형태소로 분석할 수 있는 요소를 유일형태소(unikt morfem)라고 한다.[2]

여태까지 설명한 형태소 부류의 관계를 나뭇가지 그림으로 정리하면 아래와 같다.

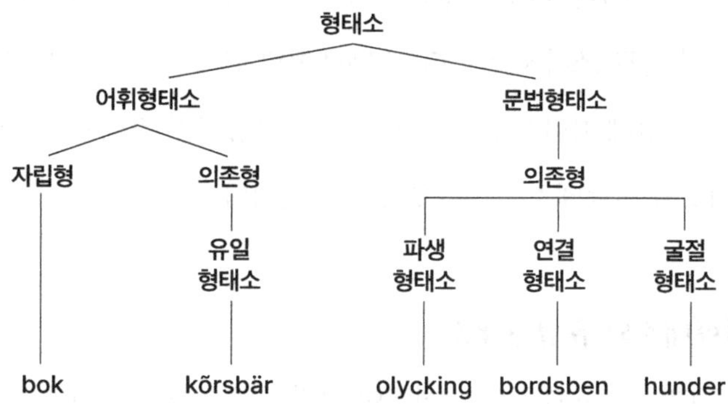

2 Bolander(2012:83)는 '잔여 형태소'(restmorfem)라는 용어를 사용했지만 '유일형태소'(unikt morfem)가 더 적절한 것으로 여겨진다.

3. 형태음운론

한 개의 형태소는 항상 고정된 음운(음소)의 배합으로 나타나지 않는다. 형태소가 서로 연결되는 과정에서 음성환경에 따라 달라지는 음운 변화를 연구하는 분야를 형태음운론(morfonematik; morphophonemics)이라고 한다. 스웨덴어 명사는 기본적으로 3개의 굴곡 범주에 따라 변화를 한다. 정형(bestämd form)과 부정형(obestämd form)을 가르는 한정성(bestämdhet), 단수와 복수를 가르는 수(numerus), 기본격(huvudkasus)과 소유격(genitiv)을 구별하는 격(kasus)이 그들이다. 게다가 의미 변화를 가져오는 어간 형성 요소, 연결모음과 같은 요소도 형태소에 속하기 때문에 그 대상은 수없이 많다. 명사의 형태 음운론적 분석 사례를 몇 가지 들어본다(Elert 1970b:140).

부정형 단수	단수 정형 어미	복수 형성 어간	어미 변이형태
어간			복수 / 정형
flicka	n	flick	ɷr na
ste:n	en	ste:n	ar na
rɷ:s(ros)	en	rɷ:s-	ɷr na
hamare	n	hamr-	ar na
hʉ:s(hus)	et	hʉ:s	ø en

한 걸음 더 나아가 변형생성문법의 개념에서 추상적 의미 단위가 형태소로서 표면구조에 나타나는 과정을 3가지 사례를 들어 살펴본다. 표면구조는 변형생성문법의 심층구조에 대비되는 것으로 문장 요소들의 조직을 실제로 발

화되는 것과 가장 가깝게 명세화한 음운 구조를 말한다.[3]

(1)

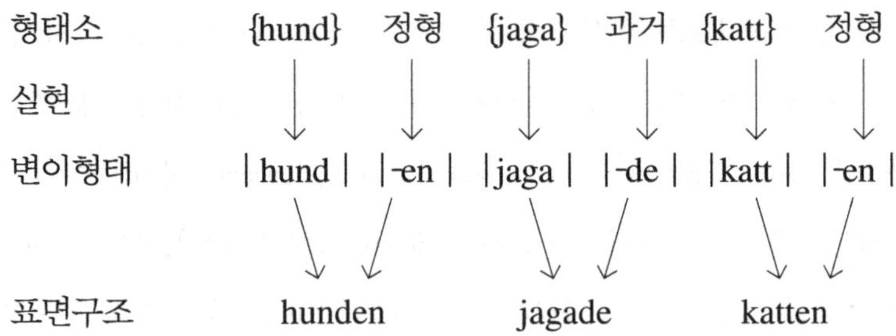

(2)

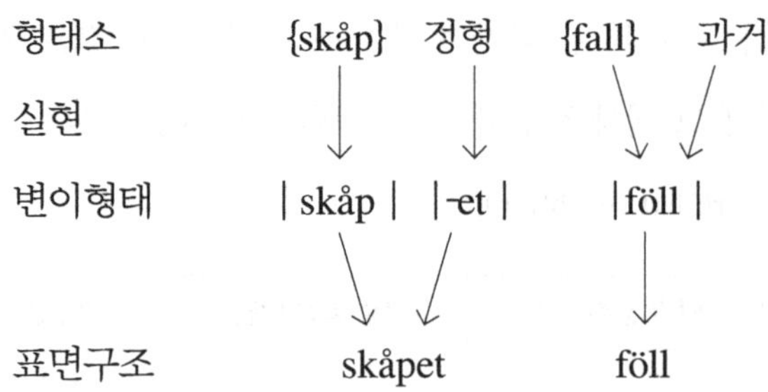

(3)

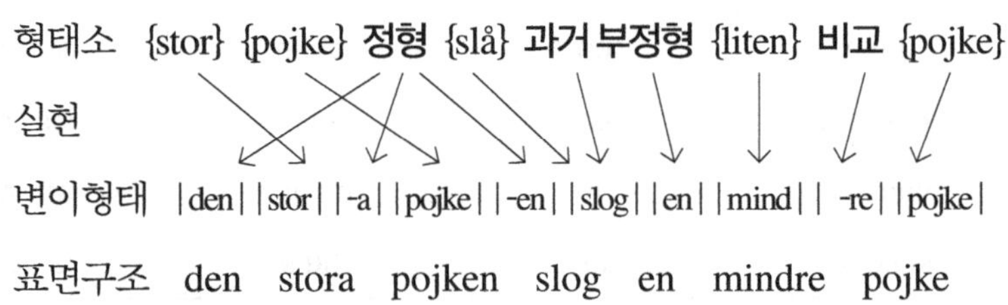

3 af Trampe/Viberg 1972:82 참조.

위 분석 사례는 형태소가 심층구조에서 표면구조로 실현되는 변형 과정을 설명하는 것으로 어휘형태소는 { }속에, 문법형태소는 고딕체로, 화살표는 실현 단계를 각각 표시한다.

(1)은 어휘형태소 hund, jaga, katt에 문법형태소에 속하는 굴곡 어미(정형)와 동사 과거 어미가 각기 결합하여 표면구조 hunden jagade katten을 만들어 낸다. 여기서 명사의 정형 어미와 동사의 과거 어미도 일정한 의미를 지니고 있기에 문법형태소이다.

4. 언어 유형과 형태소 결합 방식

단어는 하나 이상의 형태소가 결합하여 이루어진다. 19세기 언어학자들은 형태소들이 결합하는 방식에 따라서 언어의 유형을 구별하여 언어를 굴절어, 교착어, 고립어로 분류하였다.

첫째로 굴절어(inflectional language)는 하나의 형태에 여러 개의 형태소가 응결되어 있는 언어 유형을 말한다. 라틴어 amo '나는 사랑한다'에서 -o는 직설법, 현재, 1인칭, 단수 등 4가지 문법적 관념을 나타낸다. 하지만 이 네 가지 관념에 대응하는 형태를 -o에서 분리해 낼 수는 없다. 그러므로 amas '너는 사랑한다', amat '그는 사랑한다', amamus '우리는 사랑한다'에서처럼 인칭과 수의 개념은 굴절을 통한 어미변화로써 나타난다. 인도유럽어족 계통의 언어들이 이 부류에 속한다. 스웨덴어도 부분적으로 굴절어적 요소를 포함하고 있다.

둘째로 교착어(agglutinative language)는 단어를 구성하는 형태소의 형태들이 분리될 수 있는 언어 유형을 가리킨다. 한국어의 '먹다, 먹는다, 먹겠다'에서 동사 어간 '먹'에서 현재 표시 '-는'과 미래 표시 '-겠-'을 분리할 수 있다. 어근에 접사가 첨가되어 문장 내에서 단어의 기능을 수행하며 형태소 자체의 굴곡 변화는 없다. 터키어, 일본어 등 알타이제어가 이에 속한다.

셋째로 고립어(isolating language)는 어형 변화가 없이 단어마다 자체의 의미를 지니고 있기에 어순으로써 통사적 관계를 표시한다. 중국어와 베트남어가 이 부류에 속한다. 중국어 예를 본다. ㄱ) 我門學習中文　ㄴ) 學習中文很好

ㄱ) '우리는 중국어를 공부한다'에서 學習은 동사이고 ㄴ) '중국어 공부는 아주 재미있다'에서 學習은 명사로 쓰이지만 품사 변화에 따른 형태소의 변화는 없다. 이러한 유형의 언어를 분석어(analytic language)라고도 한다.

5. 조어법

일상의 언어생활에서 우리는 대체로 다른 사람들이 앞서 사용해오던 낱말들을 관습적으로 이어받아 그대로 쓰고 있다. 그러면서도 어떤 말은 새로 생겨나는 반면에 오래 써오던 말이 사라지기도 한다. 한국어에서 1950년 6.25 전쟁 이전에 자주 써오던 '동무' '조선'이란 일상적 어휘가 요즈음에는 잘 쓰이지 않는 반면에 생소한 외래어가 범람하고 있다. 그 이유는 북한 사회에서 이 두 단어가 너무 흔히 쓰이는 생활 용어라서 그에 대한 정서적 거부감에서 비롯된 것 같다.

제3장에서 설명한 바와 같이 스웨덴어 음소들이 결합하는 방식에 음소배합과 음운규칙이 있듯이 단어를 구성하는 형태소와 변이형태의 배합에도 일정한 규칙이 있다. 이를 가리켜 조어법(造語法 ordbildning; word formation)이라고

부른다.

형태소의 배합은 접사 첨가 방식과 합성어 형성 방식, 두 가지로 크게 나뉜다. 접사(affix)는 어근에 첨가되어 새로운 의미나 문법적 기능을 나타내는 형태소이다. 접사에도 두 가지가 있어서 어근/어간의 앞에 오는 것은 접두사(prefix)이고 어근의 뒤에 오는 것은 접미사(suffix)이다. 그리고 두 개 이상의 단어가 합쳐져 하나의 단어를 이룬 것이 합성어(sammansatt ord)이다.

또 다른 분류는 접사의 문법적 기능을 기준으로 하여 파생(avledning/derivation)과 굴절(böjning/ inflection)로 구분된다. 굴절을 통해 문법적, 통사적 관계를 표시하는 접미사를 굴절 형태소(böjningsmorfem), 어휘 범주를 바꾸어 새로운 품사를 파생시키는 접미사를 파생 형태소(avledningsmorfem)라고 한다. 위에서 접사가 첨부되는 어휘형태소를 어근이라 하고 단어에서 굴절어미를 제외한 부분을 어간으로 개념상 구분했는데 이 두 가지를 통틀어 기어(基語 grundord)라고 한다(Söderberg 1971:32).

예를 들어 måla målare målning; lång långsam långsamhet 에서 mål, lång이 기어 또는 어근 형태소에 해당한다. 위 설명을 정리하면 아래와 같다.

- **1) 형태소 배합 방식**
  - **접사 첨가**
    - **접두사**: **om**tanke, **o**trolig
    - **접미사**: bil**ist**, kung**lig**
  - **합성법** - **bord+tennis, res+väska**
- **2) 접사의 문법적 기능**
  - **파생 - 새 단어 구성**: sol(**명**), sol**ig**(**형**)
  - **굴절 - 문법 관계**: tänk**er**(**현재**), tänk**te**(**과거**)

1) 어근과 접사

어근(rotmorfem)은 단어를 이루는 요소 중에서 아무리 굴절(böjning; inflection)을 하더라도 변화하지 않는 기본 형태이다. 또한 단어의 기본 의미를 지니는 부분으로 접사와 함께 또 다른 단어를 만든다. 특히 동사, 형용사의 활용에서 변하지 않는 부분을 어간(stam)이라고 한다.

예를 들면 talar(동), talade(동), talat(동), talare(명), talför(형), talspråk(명) 등에서 tal은 어근(rot)이요, tala는 어간(stam)이다. 접사(affix)는 단어를 이루는 요소 중에서 어근을 뺀 나머지 부분으로 다른 형태소와 결합하여 새 단어를 만들어 내거나 문법적 관계를 표시한다. 접사의 종류로는 어근 앞에 붙는 접두사(prefix), 어근의 뒤에 붙는 접미사(suffix)가 있다.

어근과 접사를 구별하는 것은 앞서 설명한 자립형태소와 의존형태소를 분류하는 것과 같다. betydelselöshet을 분석하면 betyda, else, lös, het 로 나뉘는데 여기서 betyda가 어근이고 나머지는 모두 접사이다. betyda의 어미 -a는 다른 접사와 결합할 때 탈락한다.

2) 파생접사와 굴절접사

다음 어례들을 살펴보자.

lycklig, lyckligare, lyckligast

pojkaktig, pojkars,

frihet, fritt, fri

magiker, magikers, magisk,

hunden, hundarna

sångare, sångares

vandrade, vandrare, vandrares

historik, historisk

organisera, organisering, organisatorisk

이 자료에서 두 가지 사항을 파악할 수 있다. 하나는 기능 면에서 pojkars, sångares, vandrares 등의 -s 와 vandrade의 -de, lyckligast의 -ast, hunden, hundarna의 -en, -na 와 같은 접미사가 어휘의 굴절(단수/복수, 현재/과거, 비교급/최상급, 명사 한정성)을 표기한 점이다. 그리고 pojkaktig, fritt, historisk 에서 -aktig, -tt, -isk 등은 어휘의 품사 범주를 바꾸어 놓은 점이다. 또 다른 사실은 organ-iser-ing, sång-are-s가 보여주듯이 접미사가 연접해서 생길 수도 있다는 것이다. 이와 같이 굴절을 표기하는 접미사를 굴절 형태소(böjningsmorfem), 어휘 범주를 바꾸는 접미사는 새 품사를 파생해 낸다는 뜻으로 파생 형태소(avlednigsmorfem)라 하였다.

3) 파생접사와 굴절접사의 차이

첫째, 파생접사는 본래의 어근에 첨가되어 새로운 단어를 파생시키는 반면에 굴절접사는 어근에 첨가되어 문법 관계만을 표시한다. 굴절접사는 다양하지만 그 수효가 제한되어 있으나 파생접사는 그 수가 엄청나게 많다.

둘째, 파생접사는 대체로 품사의 변화를 가져오지만, 굴절접사는 품사 변화를 일으키지 않는다.

파생: flicka(명)+aktig = flickaktig (형)

lära(동)+are = lärare (명)

fri(형)+het = frihet (명)

transport(명)+era = transportera (동)

굴절: flicka(명, 단수)+or = flickor (명, 복수)

katt(명, 비한정)+en = katten (명, 한정)

åka(동, 부정법)+te = åkte (동, 과거)

skön(형, 원급)+are = skönare (형, 비교급)

sent(부, 원급)+are = senare (부, 비교급)

셋째, 파생접사는 하나의 기어를 바탕으로 여러 가지 문법 요소가 첨가될 수 있으나 굴절접사는 오직 한 가지 문법 범주만 적용된다.

파생: bil+ar(복수)+na(정형)+s(소유격) = bilarnas (수, 한정성, 격)

굴절: köra+de(과거), köra+t(완료분사) = körde, kört (동사)

6. 스웨덴어 파생법(Avledning/ Derivation)

이미 쓰이고 있는 어휘형태소에 파생접사를 붙여서 새 단어를 만들어 내는 단어 형성법을 파생법(avledning/derivation)이라 한다. 이에 사용되는 파생접사로는 두 가지 종류가 있다.

a) 접두사(prefix)

olycklig '불행한' (lycklig)

omtryck '재판(再版)' (tryck)

förskott '선불' (skott)

b) 접미사(suffix)

bil**ist** '자가 운전자' (bil)

lär**are** '선생' (lära)

skön**het** '아름다움' (skön)

a)에서 o-, om-, för-는 어간/어근 앞에 붙어서 새로운 의미를 추가하니 접두사(prefix)이다. b)의 -ist, -are, -het는 어말에 붙어서 새 뜻을 만들어 내니 접미사(suffix)이다. 이 두 가지 파생법 중에서 접미사가 붙는 경우가 수적으로 훨씬 더 많다. 그래서 접미사는 새 단어를 만들어 내는 다산적(多産的) 형태소(produktivt morfem)라고 말한다.

접미사 첨가로 문장 내의 다른 요소와의 문법적 관계가 아닌 새 단어를 만들어내는 파생의 예를 더 들어본다.

파생: pojke(명)+aktig = pojkaktig(형)

kär(형)+lek = kärlek(명)

spela(동)+are = spelare(명)

transport(명)+era = tansportera(동)

formal(형)+isera = formalisera(동)

파생법의 특징은 명사, 형용사, 동사의 세 품사가 서로 자유롭게 파생이 가능하다는 점이다. 게다가 파생접미사는 몇 개가 잇달아 연결될 수도 있다.

fri-het-lös '부자유의', kär-lek-s-full '자애로운', betyd-else-lös-het '무의미'

이제부터 접미사 파생과 접두사 파생의 사례를 형태와 의미를 기준으로 품사 유형별로 자세히 검토해 본다.[4]

1) 접미사(Suffix) 파생

(1) 명사 구성 어미

명사 끝에 일정한 어미를 붙여 또 다른 명사를 만들어 내고(bil-bilist), 형용사 끝에 어미를 붙여 명사를 만든다(kär-käring). 또한 동사 끝에도 어미를 붙여 명사로 만든다(spela-spelare).

이 유형의 어미들은 특별한 의미 범주를 표시하는 방식으로 사용되는데 사람을 가리키는 단어의 큰 부분은 -are, 성질 표시는 -het가 차지하고 있다. 어미(suffix)를 형식과 의미를 기준으로 구분하면 파생 명사를 크게 두 가지로 분류할 수 있다. 의미 요소가 '활동'인 파생어는 동사 기어(基語 grundord)에서 나오고 '지위, 상태'인 것은 명사 기어에서 나온다.

4 어휘자료 참조 (Söderbergh 1971: 64-87; Jörgensen S. & Svensson J. 1986: 43-51).

① 활동, 행위자

• -are → arbetare, städare, lärare, forskare, svetsare, dörrvaktare (사람), gnagare, vadare, flugsnappare (동물), mätare, öppnare, tändare, bandspelare, väskryckare (도구).

• -(ar)inna, -(er)ska, -essa → lärarinna, författarinna, ägarinna, målarinna, kejsarinna/städerska, sjuksköterska, sångerska, kassörska/prinsessa, baronessa (여성 어미).

-(a)inna는 남성 어미 -are에 상응한다; lärare, författare, ägare, målare.

-(er)ska는 남성 어미 -are/-ör에 상응한다; städare, sjukskötare, sångare, kassör.

직업 표시 여성 명사는 차츰 사라지고 남성 명사로 대체되는 추세에 있는데 남녀평등 사회 구현에 그 원인이 있는 것 같다. lärare, författare, målare로 통일되어 가고 있다.

• -ande/-ende → studerande(n), sökande(n), springande(n), lekande(n), svarande(n), målsägande(n), ordförande(n)/gående(n), cykelåkande(n), troende.

부정법에 현재분사 어미를 붙여 동명사(verbalsubstantiv)로 사용한다. 명사의 성은 통성이며 어미변화 없이 복수 명사로도 쓰인다; en resande, två resande. 동사의 명사화가 굳어져 어말정관사를 붙여 쓰기도 한다. 흔히 동명사 앞에 독립정관사를 붙여 쓰기도 한다; den gående, den troende.

-ande/-ende 명사는 의미상으로 보면 -are 명사보다 사용 빈도수가 적다. 특히 -ande 동명사는 관공서 문체(kanslispråk)의 색깔이 농후하다.

'Vid besprutande av fält skall största försiktighet iakttagas' (besprutning 대신에). '들판에 살충제 방사 시 최대한 주의를 요함.')

- -ant/-ent → emigrant, demonstrant, trafikant, musikant, representant, fabrikant/konsument, korrespondent, producent, student, (기어 -era동사: emigrera, demonstrera, trafikera, konsummera, korrespondera, producera, studera)
- -(a)tor → donator, informator, agitator, reformator, inspektor, doktor, generator. (기어 -era동사: donera, informera, agitera, reformera, inspektera, doktorera, generera)
- -ör/-(a)tör → frisör, arrangör, dansör, regissör/ aktör, inpektör
- -ist → pianist, violinist, gitarrist, flöjtist, organist. violinist (예능인) kemist, botanist, humanist, orientalist, lingvist. (과학자, 학술인)
- -är, -(e)när, -iär/-jär → missionär, motionär, funktionär, revolutionär (행위자)
- -graf → fotograf, kartograf, lexikograf; biograf, telegraf, sonograf (전문가; 기술)
- -iker → fysiker, botaniker, politiker, musiker, tekniker. (전문인)
- -log → psykolog, sociolog, arkeolog, gynekolog, ideolog. (전문인)

② 성질, 감성, 이념

- -het → trötthet, trohet. godhet, slösaktighet, mjukhet
- -dom → fattigdom, ungdom, sjukdom, kristendom, visdom
- -skap → faderskap, galenskap, dårskap, moderskap, vänskap

- -itet → popularitet, modernitet, humanitet, kvantitet, realitet
- -ism → skepticim, marxism, kapitalism, socialism, patriotism
- -lek → storlek, tjocklek, kärlek, djuplek, hårdlek, finlek
- -an → längtan, önskan, tvekan, ängslan, vacklan, fruktan

③ 동작 발생/진행

대개 동작의 발생, 진행, 현상을 표시하며 기어(grundord)는 동사이다. 기어는 명사나 형용사도 될 수 있다. 순수한 동작뿐만 아니라 동작의 결과도 나타내며 명확한 의미 구별은 문맥과 상황에 따라 결정된다.

Skrivningen är färdig. 필기시험이 끝났다.

Förklaring är nödvändig. 설명이 필요하다.

이들 명사는 흔히 부정법으로 대체되기도 한다:

skrivning= att skriva, förklaring= att förklara, reaktion= att reagera, regnande= att regna.

- -(n)ing → skrivning, åkning, samling
- -else → bakelse, rökelse, stavelse
- -nad → rodnad, blånad, sårnad
- -sel → vigsel, skötsel, trängsel
- -eri → bryggeri, tryckeri, bageri
- -tion → adoption, reduktion, konsumtion
- -ad → promenad, blockad, häpnad

- -age → massage, sabotage, slitage
- -ans/-ens → allians, assistans, assurans/ influens, konkurrens
- -at → citat, referat, plagiat
- -(a)tur → registratur, makulatur, korrektur
- -i → kåseri, hyckleri, slöseri
- -ik → juridik, dogmatik, matematik, lingvistik (명사 기어)
- -is → kändis, tjockis, fegis (형용사 기어)
- -os → neuros, skleros, tuberkulos (질병 이름)
- -mang/-ment → arrangemang, resonemang, supplement (프랑스어 차용어, 발음도 동일)
- -yr → glasyr, gravyr, karikatyr

동작, 활동을 표시하는 명사 어미 중에서 가장 중요한 어미는 -(n)ing과 -ande/-ende 이다. 이들은 -a동사와 -era동사 끝에 와서 동명사를 만든다.

läsa - läsning - läsande

parkera - parkering - parkerande

특히 날씨를 나타내는 비인칭 동명사에는 -ande를 붙인다;

regnande, snöande, åskande, blixtrande

④ 국적, 지위, 신념

여태까지 명사 만들기의 기준이 주로 '동작, 활동, 행위, 추상성'에 초점을 두었다면 이제는 의미 내용의 기준을 국적, 신분, 지위에 두고 분류해 본다. 여기서 '지위(status)'라 함은 '신분, 관계, 특성' 등을 포함한다. 국적 소유자 표시는 나라 이름 끝에 -are를 붙인다.

- -are → italienare, finländare, irländare, holländare, schweizare, österrikare, brasilianare, argentianare, chilienare.

  (어미 -are는 특정 도시 주민을 가리키는 명사에도 쓰인다; romare '로마 시민', parisare '파리 시민', stockholmare '스톡홀름 시민', göteborgare '예테보리 주민').

- -bo → uppsalabo '웁살라 주민', lundabo '룬드 주민', solnabo '솔나 주민'.

  (도시 주민 표시 어미로 -bo가 쓰이기도 한다; 이와 비슷한 고어풍의 라틴어 형식의 명사도 있다. upsaliensare, lundensare는 웁살라, 룬드 대학 교수, 학생들(akademiker)을 가리킨다.)

- -er/-is → dummer '바보', toker '바보, 천치', slarver '쓸모없는 사람, 건달', fegis '겁쟁이', tjockis '뚱보', fräckis '건방진 놈'

  (사람, 동물의 신체적 특성을 표시하는 감성적 명사 표시로 명사나 형용사에 이들 어미를 붙인다.)

- -iker/-ist → cyniker '냉소자', ironiker '풍자객', fanatiker '광신자', buddist '불교신자', kalvinist '칼빈주의자', marxist '마르크스주의자', kommunist '공산주의자', kapitalist '자본가, 자본주의자', separatist '분리주의자'

  (정신 상태, 병적 기질, 이념, 소속 정당 표시 명사들이다)

- -ism → fascism '파시즘'/ fascist '파쇼주의자', fascistisk '파쇼주의의' buddism '불교'/ buddist '불교 신자', buddistisk '불교의', egoism '이기주의'/ egoist '이기주의자', egoistisk '이기주의적', katolicism '가톨릭 교리'/ katolik '가톨릭 교도', katolsk '가톨릭교의',

  (동일한 기어를 바탕으로 '추상 명사', '-주의자', '형용사' 형이 쌍을 이룬다.)

(2) 형용사 구성 어미

기어에 갖가지 어미를 붙여서 명사나 동사를 형용사로 바꾸는데 파생어들의 기본적 의미는 같으나 뉘앙스가 다르다.

① 동사에서 파생된 형용사

- -bar, -lig, -abel → användbar, flyttbar, tänkbar/begriplig, förlåtlig, pålitlig/acceptabel, diskutabel, rekommendabel.

(이들 형용사에는 수동적 의미가 있고 abel을 붙일 수 있는 동사는 -era 뿐이다; acceptera, diskutera, rekommendera)

- -aktig, -ig, -sam, -sk, -en, (a)tiv → slöaktig, livaktig, lögnaktig/ grinig, slarvig, tålig/ sparsam, skötsam, hjälpsam, tacksam/ bitsk, drömsk, glömsk/förtegen, inbunden, nyfiken/ underlägsen, överlägsen, tilltagsen/dekorativ, spekulativ, generativ.

② 명사에서 파생된 형용사

- -(a)d/-t, -(is)erad, -ig → enarmad, långarmad, bredaxlad, blåögd/ bredbent, gladlynt, långsynt/ uniformerad, passionerad, motoriserad/ tvåstavig, tresidig, storordig,

(명사에 여러 어미를 붙여서 한정어로 쓰이는 형용사를 만든다. 이들 명사는 신체의 일부나 의상을 가리킨다. 어미 -(a)d/-t, -(is)erad는 약변화 동사의 과거분사 어미여서 분사형용사 (participiella adjektiv)라고도 부른다.)

- -enlig, -mässig → lagenlig, avtalsenlig, kontraktsenlig, grundlagsenlig/

pengarmässig, stridsmässig, bokföringsmässig,

(이 유형의 형용사는 기어의 의미와 '일치하는, 상당하는' 뜻을 가진다.)

(3) 동사 구성 어미

동사 구성 어미로 -a, -era(-isera, -fiera)와 -na를 들 수 있다. 스웨덴어 -era동사 중에 대다수가 그리스어, 라틴어계 로망스어의 어간에서 차용된 것이다. 명사나 형용사의 어간에 어미를 붙여 동사를 만들 때는 -era 어미를 선택하는 수가 많다.

다만 -na 어미 동사는 동작의 방식(aktionsätt)을 표시하는 의미가 있어 이를 기동 동사(inkoativa verb)라 부른다: rodna '붉어지다', blekna '창백해지다'.

① 명사 어간

- -a동사: 재료를 표시하는 명사 기어에다 어미 -a를 붙이면 '갖추다, 구비하다'의 뜻을 갖는다. färja '물들이다', salta '소금을 치다', vattna '물 주다', löva '나뭇잎으로 장식하다'.
- -era 동사: 재료 명사를 기어로 하여 기어의 의미 내용을 구체화하는 뜻을 가진다. maskera '가면을 씌우다', möblera '가구를 비치하다', kommentera '논평을 하다', motivera '동기를 부여하다'.
- -isera 동사: 동사가 목적어를 갖추지 않았을 때 기어의 의미 내용을 이행하거나 구체화하는 뜻을 가진다. karakterisera '특성을 구성하다', teoretisera '이론화하다', ironisera '풍자화하다', systematisera ' 체계화하다'.

② 형용사 어간

• 형용사에 어미 -a를 붙여 동사를 만든다.

lugn → lugna '진정시키다', blank → blanka '빛(광)을 내다' ren → rena '깨끗하게 하다' trött → trötta '피곤하게 하다'

• 접두사 för-를 덧붙여 동사를 만든다.

falsk → förfalska '위조하다', mörk → förmörka '어둡게 하다' frisk → förfriska '활기차게 하다', bättre → förbättra '개선하다'

(4) 부사 구성 어미

① 형용사의 중성형

• 원칙상으로 모든 형용사에 중성형 어미 -t를 붙이면 곧바로 부사로 쓸 수 있다. 따라서 부사 어미 -t는 형용사의 굴곡 형태(böjningsform)라고 할 수 있다;

svag → svagt, flitig → flitigt, snabb → snabbt, praktisk → praktiskt, normal → normalt,

• 몇몇 부사에는 상응하는 형용사가 없어서 -t가 진정한 부사 어미로서 역할을 한다;

enbart, nogsamt, sällsynt'

• 어미 -lig로 끝나는 형용사에는 -ligen의 부사형이 있다; daglig → dagligen, egentlig → egentligen, laglig → lagligen

② 의미 범주로 본 부사 어미 분류

• 방향(riktning)

-an: nordan '북쪽에서', västan '서쪽에서', östan '동쪽에서'

-länges: framlänges '앞쪽에서', baklänges '뒤쪽에서'

- 위치(läge)

-a: hemma, borta, nära

-an: mellan, nedan, innan

-e: framme, före, nere, uppe, ute

-er: under, över

-om: bakom, bortom, inom, utom

-stans/-städes: annanstans, ingenstans, någonstans/ varstädes

- 방법

-ledes: likaledes, således

-lunda: annorlunda, ingalunda, någorlunda, sålunda

- 분배: 명사에서 파생하여 길이, 무게, 시간, 분량 따위를 표시한다.

-vis: månadsvis, kvartalsvis, periodvis, delvis

- 수단/ 방식

-vis: exempelvis, möjligtvis, naturligtvis, tillfälligtvis, avslutningsvis, inledningsvis, sammanfattningsvis,

2) 접두사(Prefix) 파생

접두사(prefix)를 첨가하여 새 단어를 구성하는 방식을 살펴본다. 접두사 첨가는 기존 단어의 품사를 바꾸지 않으므로 문법 범주에 변화가 일어나지 않는다. 그 대신에 기어의 의미를 바꾸어 놓는 점이 앞서 다룬 접미사 파생과 크게 다른 점이다.

① 부정적 의미(o-)

otrevlig, ovänlig, oklok, onaturlig, ologisk, olycklig, oläsbar, otrolig, oätlig.(형)

oro, otack, ofred, olycka, oväder, oförmåga, orätt, otack, otrohet, oförstånd.(명)

ofreda, ogilla, orena, oroa. (동)

② 부정/ 경멸적 의미(miss-/ van-)

misslyckad, missnöjd, missbelåten/ vanmäktig, vanartig, vanskapad, vanskaplig.(형)

missbruk, missförhållande, missgärning/ vanära, vanheder, vanvett, vanvård.(명)

missakta, misslyckas, missköta / vantrivas, vanvårda, vansköta, vanvårda.(동)

③ 과도한 정도(för-)

föräta sig, förakta, förblöda, förfrysa, förkyla sig, försäga sig.(동)

förvuxen, försugen, försupen.(형)

④ 제거/ 해방(de-, des-, be-, för-)

decetralisera, demobilisera, demoralisera, demilitarisera/ desinfektera. desorganisera/ befria.(동)

⑤ 대항, 적대(anti-, kontra-)

antikrist, antikropp, antimilitarist/ kontrarevolution, kontraspionage.(명)

antikommunistisk, antiseptisk, antisocial.(형)

⑥ 구성, 구비(be-)

befolka, begåva, beklädа, bemana, betäcka. (동)

⑦ 자동, 자립(auto-, själv-)

automobil, automat, automattvätt/ självdeklaration, självförsvar, självrisk. (명)

självständig, självlärd, självsäker, självmedveten, självklar, självbiografisk. (형)

7. 스웨덴어 굴절법(Böjning/ Inflection)

굴절(Böjning; Inflection)은 어근에 굴절접미사가 붙거나 어간의 모음 변이를 통해서 그 단어와 문장의 다른 요소들과의 문법적 관계를 표시한다. 스웨덴어는 명사, 관사, 동사, 형용사, 소유대명사 등의 어미변화와 어간의 모음 변화 방식으로 정확한 문법적 범주와 속성을 명시적으로 표시하는 언어이다. 즉, 변화하는 어미들은 그 형태를 통해 성(genus), 수(numerus), 시제(tempus), 서법(modus) 등을 표현하는데 이들 목적에 사용되는 어미가 굴절접사인 것이다. 이제 굴절어미 및 모음 변이의 종류와 그 기능을 품사별로 나누어 살펴본다.

1) 명사

(1) 명사의 한정성(Bestämdhet)

스웨덴어 명사의 굴절어미는 성(genus)과 수(numerus) 두 종류로 크게 분류된다. 고유명사를 제외한 모든 명사의 성은 통성(通性)과 중성(中性)으로 나뉘며 그들은 자연성과는 무관한 문법성들이다. 명사의 성(性) 구분은 명사 끝에 붙이는 어말관사 -en(통성)과 -et(중성)로 표시된다. 어말관사는 명사의 문법성을 표시하는 동시에 명사를 한정하는 정관사(bestämd artikel)의 역할도 겸한다.[5] 한정성(bestämdhet)은 언어 사용 시에 명사의 의미 내용이 이미 알려진 것을 가리키며 비한정성(obestämdhet)은 알려지지 않은 것을 가리킨다.

명사의 한정성(일명 species)은 형태와 의미 사이의 복잡한 공조 관계를 나타내는 문법형식으로 표시하는 방식은 언어마다 다르다. 세계 언어의 대략 30퍼센트가 관사를 이용하는 반면에 다른 언어들, 핀란드어와 폴란드어, 한국어 등은 어순이나 수식어, 억양 또는 문맥을 이용하여 명사가 지정된 것을 규정한다(Bolander 2012:116). 스웨덴어는 영어와는 달리 유별나게 다양한 형태 체계를 활용하여 명사의 한정성을 지시한다. 형제 언어인 덴마크어와도 차이가 있다.

스웨덴어 명사구의 구성은 명사의 성과 일치하는 독립정관사(bestämd fristående artikel)가 맨 앞에 오고 그다음에 형용사 끝의 한정 어미, 어말관사가 첨부된 명사 순서로 배열된다. 이와는 대조적으로 덴마크어는 명사 끝에 어말관사가 생략되어 있다. 덴마크어는 명사구의 한정성을 표시하는 방법이 이중 구조인 반면에 스웨덴어는 삼중 구조이다. 아래 도표에서 해당 형태소들은 고딕체로 표시되어 있다. 명사 끝에 어말관사를 사용하는 언어는 스웨덴어 이외에 불가리아어와 루마니아어가 있다(Sjögren 1978:56). 외국인이 스웨덴어 명사구를 정확히 사용하려면 성(통성, 중성), 수(단수, 복수), 어말관사 유형(5가지 중 하나)을

5 스웨덴어 관사에 대한 자세한 설명은 변광수(2022: 2.2), (1990b:83-103) 참조.

스웨덴어와 덴마크어 명사구의 한정성 표시

	독립 관사	한정 어미	어말관사
스웨덴어	**det**	röd**a**	huse**t**
	den	dansk**a**	folkhögskola**n**
	de	dyr**a**	bilar**na**
덴마크어	**det**	rød**e**	huse_
	den	dansk**e**	folkhøjskole_
	de	dyr**e**	biler_

규칙에 맞도록 정확히 조합해서 활용해야 하므로 대단히 어렵다. 이것은 스웨덴어 문법 중에서 가장 복잡하고 어려운 부분인데 이 문제는 토박이 스웨덴 사람에게도 마찬가지로 부담스러워 규칙을 일일이 외우기보다는 일상적 언어생활에서 거의 무의식적으로 익혀 사용하는 것이 최선의 길이다. 같은 게르만어 계통의 영어와 독어도 어말관사 없이 명사 앞의 독립 관사 하나로 명사의 한정성을 간단히 표시하고 있다; (영) the green tree, (독) der grüne Baum.

관사를 이용한 스웨덴어의 한정어 표시 방식은 단독 명사에는 어말정관사(bestämd slutartikel) 하나로 충분하지만, 수식어가 포함된 명사구는 세 개의 형태소가 조합된 3중 구조를 갖춰야 한다.[6]

6 Bolander 2012:117

한정형 명사(Bestämd form)

	어말정관사	독립정관사	한정 어미	어말정관사
(단수)	väg**en**	**den**	lång**a**	väg**en**
(복수)	vägar**na**	**de**	lång**a**	vägar**na**
(단수)	bord**et**	**det**	hög**a**	bord**et**
(복수)	bord**en**	**de**	hög**a**	bord**en**

한편 의미 내용이 알려지지 않은 비한정형 명사의 형태 표시는 부정관사(obestämd artikel) en 이나 ett를 명사 앞에 붙이거나 관사 없이 곧바로 명사를 사용하는 방법이 있다.

비한정형 명사(Obestämd form)

- 부정관사
  - 단수: en väg
  - 복수: (några) vägar
- 무관사
  - 단수: väg
  - 복수: vägar

(2) 명사의 수(Numerus)

또 다른 굴절어미 형태인 수(numerus)의 표지는 명사 변화 유형에 따라 5가지 부류로 나뉜다. 먼저 어말관사 단수형은 통성어미(-en)과 중성어미(-et) 두 가지 뿐이다. 그러나 어말관사 복수형 어미는 명사 유형에 따라 -na, -a, -en 중에 하나가 된다. 한편 부정관사 en은 통성명사 앞에, ett는 중성명사 앞에 오며 기능은 영어 부정관사(a, an)와 같다. 영어 정관사 the에 해당하는 스웨덴어 관사는 명사 끝에 첨가되는 어말관사이다.

• 부정관사

en månad, **ett** bord,

• 어말관사 단수형

통성(utrum) / månad**en** 'the month', sol**en** 'the sun'

중성(neutrum) / bord**et** 'the table', djur**et** ' the aninmal'

• 어말관사 복수형

1변화 명사 복수형	+na	skolor**na** 'the schools'
2변화 명사 복수형		stolar**na** 'the chairs'
3변화 명사 복수형		parker**na** 'the parks'
4변화 명사 복수형	+a	äpplen**a** 'the apples'
5변화 명사 복수형(중)	+en	hus**en** 'the houses'
(통)	+na	domar**na** 'the judges'

2) 동사

동사의 굴곡 체계는 굴곡 어미와 어간모음 변이로 작동한다. 동사는 변화 유형에 따라 4가지로 구분되는데 우선 약변화 동사(1.2.3 변화 동사)와 강변화 동사(4변화 동사), 두 집단으로 크게 나뉜다. 분류 기준은 대체로 과거형에 두고 있는데 약변화 동사는 어간에 과거 어미를 붙이고 강변화 동사는 과거형에서 어간모음(stam vokal)이 바뀐다. 스웨덴어 전체 동사 중에서 1변화 동사는 대략 80%, 2변화 동사는 10%, 3변화 동사는 1%, 4변화 동사는 8%를 각각 차지한다(Holmes & Hinchliffe 1994:250). 그 외의 동사 부류로서 과거형 및 완료분사형에서 어간모음이 바뀌면서 동시에 약변화 동사처럼 어미를 취하기도 하는데 이들을 가리켜 불규칙 동사라고 한다. 그러나 수효가 많지 않아서 대체로 강변화 동사(4변화 동사) 부류에 포함시킨다. 동사변화의 양상을 어미 형태를 기준으로 정리해 본다 (변광수 2022a: 6.2.6 참조).

스웨덴어 동사 부류와 어미변화

동사부류	부정법	현재	과거	완료분사
1변화	baka/	baka/**r**	baka/**de**	baka/**t**
2a변화	stäng/**a**	stäng/**er**	stäng/**de**	stäng/**t**
2b변화	köp/**a**	köp/**er**	köp/**te**	köp/**t**
3변화	sy/	sy/**r**	sy/**dde**	sy/**tt**
4변화	skriv/**a**	skriv/**er**	skr**ev**	skriv**it**
불규칙	gör/**a**	gör/	gjor/**de**	gjor/**t**

강변화(4변화) 동사의 어간모음 변이 유형을 몇 가지 더 들어본다.

	부정법	현재	과거	완료분사
u u ö u	bjuda	bjuder	bjöd	bjudit
a a o a	fara	far	for	farit
å å ä å	gråta	gråter	grät	gråtit
ä ä å ä	äta	äter	åt	ätit

이 밖에도 동사의 형태에는 명령형, 현재분사, 과거분사 같은 굴곡형들이 더 있다. 다른 언어에 비하여 특이한 점은 과거분사형이 주어의 성, 수에 일치하여 어미가 달라지는 점이다.

명령형, 현재분사, 과거분사

동사부류	명령형	현재분사	과거분사 (통성, 중성, 복수)
1변화	baka/	bak/**ande**	bak/**ad**, bak/**at**, bak/**ade**
2a변화	stäng/	stäng/**ande**	stäng/**d** stäng/**t** stäng/**da**
2b변화	köp/	köp/**ande**	köp/**t** köp/**t** köp/**ta**
3변화	sy/	sy/**ende**	sy/**dd** sy/**tt** sy/**dda**
4변화	skriv/	skriv/**ande**	skriv/**en** skriv/**et** skriv/**na**
불규칙	gör/	gör/**ande**	gjör/**d** gjor/**t** gjor/**da**

예문: (1변화) Kakan är bak**ad**. (2변화) Dörren är stäng**d**.

Brödet är bak**at**. Fönstret är stäng**t**.

Kakorna är bak**ade**. Dörrarna är stäng**da**.

계량적 차원에서 동사 전체의 수량을 비교해 보면 어간모음이 바뀌는 강변화 동사(제4변화)와 불규칙 동사의 수효는 총 127개이며 나머지 동사들은 규칙적 어미를 붙이는 약변화 동사(1,2,3변화)에 속한다(김상열/ 변광수. '스웨덴어-한국어 사전' 2009:1171-1174). 근래에 도입된 jobba, missa, mejla 등의 동사와 transportera, studera처럼 -era로 끝나는 동사도 약변화 동사에 속한다.

3) 형용사

스웨덴어 형용사의 형태상 구조는 수식하는 명사 또는 주어의 성, 수에 일치하여 어미가 변하도록 문법 규칙으로 정해져 있다. 이른바 형용사의 어미변화이다. 형용사의 쓰임새는 명사 앞에 오는 부가적 용법과 동사 뒤에 오는 서술적 용법 두 가지가 있다. 형용사가 명사 앞에 와서 명사를 수식할 때는 형용사는 부정형 어미와 정형 어미 중 어느 하나를 선택한다.

① 부가적 용법

a. 부정형 어미(Obestämd form)

명사 앞에 부정관사(en/ ett)가 오면 그 명사를 수식하는 형용사는 아래와 같이 변한다.

(-ø는 0의 형태소, 어미가 없음을 표시함.)

- 통성 단수 + ø: en gul_ apelsin 'a yellow orange'
- 중성 단수 + t: ett gult blad 'a yellow leaf'
- 복수 + a (양성동일) två gula apelsiner 'two yellow oranges'

b. 정형 어미(Bestämd form)

명사가 정형으로 쓰일 때, 즉 어말관사를 취하면 이를 수식하는 형용사 끝에는 명사의 성, 수에 상관없이 어미 -a를 덧붙인다. 이때 명사 앞에는 정관사 또는 독립정관사(fristående bestämd artikel)라고 부르는 den(통성), det(중성), de(복수) 중의 하나가 추가된다. 영어 정관사 the의 기능을 스웨덴어에서는 형용사 앞의 독립관사와 명사 끝의 어말관사가 공동으로 수행하는 셈이다.

- 통성 정형 / den gröna duken 'the green cloth'

• 중성 정형 / **det** grön**a** äpple**t** 'the green apple'

• 복수 정형 / **de** grön**a** gurkor**na** 'the green cucumbers'

형용사 어미가 전혀 없는 영어에 비하면 이러한 스웨덴어 체계는 까다로워 보이지만 성, 수, 격에 따른 다양한 독일어 형용사의 어미 체계와 비교하면 스웨덴어는 아주 간소화된 굴곡형이라고 말할 수 있다.

② 술어적 용법

형용사가 술어동사(vara/ bli) 다음 위치에서 주격 또는 목적어의 보어 역할을 할 때 형용사는 주어나 목적어의 성, 수에 일치하는 부정형 어미(통성 -ø, 중성-t, 복수 -a)를 취한다.

통성 Duken är gul_. 'The cloth is yellow.'

중성 Äpplet är gult. 'The apple is yellow.'

복수 Gurkorna är grön**a**. 'The cucumbers are green.'

목적어 Pelle målar stol**en** brun_ och bord**et** gult.

'Pelle paints the chair brown and the table yellow.'

Mannen gjorde **oss** trevlig**a**. 'The man made us pleasant.'

③ 비교형

형용사의 비교형에는 원급에 -are, -ast를 붙여 각각 비교급과 최상급을 만드는 방법과 원급에 -re, -st를 붙이면서 동시에 어간모음이 바뀌는 두 가지 방식이 있다.

원급	비교급	최상급
a. fin	finare	finast
b. lång	längre	längst

4) 소유대명사

소유대명사 역시 형용사처럼 소유하는 명사의 성과 수에 일치하여 어미가 변화한다. 다만 소유대명사는 1인칭과 2인칭에만 적용되고 3인칭에는 인칭대명사의 소유격(hans, hennes, dess, deras)이 쓰이기 때문에 후속 명사에 따른 이들의 어미변화는 없다.

	통성	중성	복수
1인칭	(jag) **min** cykel (vi) **vår** bil	**mitt** bord **vårt** hus	**mina** cyklar **våra** bilar
2인칭	(du) **din** (hund) (ni) **er** (möbel)	**ditt** piano **ert** skåp	**dina** böcker **era** stolar

뿐만 아니라 3인칭에서 주어와 목적어 사이의 소유 관계를 표시할 때 목적어의 소유주와 주어가 동일인이면 재귀소유대명사(sin, sitt, sina)를 사용한다. 이들은 수식하는 명사의 성과 수에 일치해야 한다. 동일인이 아니면 소유대명사 3인칭(hans, hennes, dess)을 사용해야 한다. 재귀소유대명사는 한국어의 '자기의'에 해당한다.

예문: Kalle såg **sin** son gå ut. '칼레는 자기 아들이 나가는 것을 보았다.'

Lena älskar **sitt** barn. '레나는 자기 아이를 사랑한다.'

Han träffade **sina** vänner. '그는 자기 친구들을 만났다.'

지금까지 명사, 동사, 형용사, 소유대명사의 각종 굴절접사의 형태와 기능에 대해서 살펴보았다. 이와는 대조적으로 품사들 간에 서로 자유로이 파생하여 품사의 범주를 바꾸고 어휘의 종류를 풍부하게 만들어 가는 다양한 파생법에 대해서는 위 6절에서 자세히 설명하였다.

8. 스웨덴어 합성법(Sammansättning/ compound formation)

파생법과 굴곡법에 의한 조어 과정 이외에 2개 이상의 자립형태소를 연결하여 새로운 단어를 만들어내는 방법을 합성법(sammansättning:compound formation)이라 한다. 합성 요소 중에서 맨 뒷가지가 합성 명사 전체의 성(genus)을 결정하며 새 단어의 품사를 정하는 기준이 된다. 한 통계조사에 따르면 문장에 쓰인 276개의 복합명사 중에서 압도적 다수인 80%가 명사로 시작하였다. 그 밖에 앞가지 부사/전치사는 8%, 앞가지 형용사는 6%, 앞가지 동사는 4%이었다(Söderbergh 1971:9).

1) 복합명사(Sammansatt substantiv)

① 명사+명사

복합명사 구성에서 앞가지(förled)가 명사일 때가 가장 흔하다. 가운데 구두점 표시(.)는 형태소 경계를 가리킨다.

apelsin.skal 귤껍질, fack.litteratur 전문 서적, natur.vård 자연보호, sol.sken 햇볕.

② 형용사+명사

fri.tid 여가, små.barn 어린아이, röd.vin 붉은 포도주, mental.sjukdom 정신병,

social.minister 사회부장관.

③ 동사+명사

gå.gata 보행자 통로, spring.pojke 심부름 아이, rak.vatten 면도용 로션, bygg.mästare 건축업자.

④ 부사/전치사+명사

bak.grund 배경, barfota.pojke 맨발의 사내아이, efter.trädare 후임자, ut.länning 외국인.

⑤ 수사+명사

fyr.kant 사각형, hundra.tal 100자리 수, tre.fot 삼발이, 삼각대.

2) 복합형용사(Sammansatt adjektiv)

복합형용사 중에는 앞가지가 명사인 것이 가장 흔하다. 그 밖에도 형용사, 동사, 부사, 전치사도 앞자리에 온다.

① 명사+형용사

färg.rik 여러 색깔의, kostnad.fri 무료의, kraft.lös 쇠약한.

② 형용사+형용사

svart.vitt 흑백의, blå.klädd 푸른색 옷차림의.

③ 동사+형용사

bränn.het 타는 듯이 뜨거운, läs.kunnig 읽을 수 있는, älsk.värd 매력적인, flytt.färdig 이사 준비가 된.

④ 부사/전치사+형용사

hel.svart 온통 검은색의, full.god 매우 만족스러운, ny.gift 갓 결혼한, mot.

villig 내키지 않는, 억지의.

3) 복합동사(Sammansatt verb)

① 명사+동사

maskin.skriva 타자 치다, hand.lägga (사무를) 처리하다, lyck.önska 행운을 빌다, jord.fästa 장례를 치르다.

② 형용사+동사

klar.göra (사실을) 밝히다, 설명하다, röd.måla 붉게 칠하다, god.känna 승인하다, hård.koka (달걀을) 단단하게 삶다.

③ 부사/전치사+동사

ill.skrika 째지는 소리를 내다, av.skriva 삭제하다, över.sätta 번역하다, små.prata 담소하다. 앞가지 ill-, små-는 형용사이지만 부사적 기능을 가진다.

4) 분리, 비분리복합동사(Lös och fast sammansättning av verb)

복합동사의 앞가지를 살펴보면 대개 부사나 전치사인데 이 두 가지 요소를 결합해서 쓸 때와 분리해서 쓸 때가 따로 구분되어 있다.

inskriva / skriva in; framställa / ställa fram; uppdela / dela upp 등.

복합동사의 앞가지와 뒷가지를 분리해서 사용할 때 분리복합형(lös sammansättning), 붙여서 사용할 때 비분리복합형(fast sammsättning)이라 부른다. 그러나 avlida, innebära, tillfråga, undersöka, uppfinna, utarma와 같은 일부 복합동사는 항상 분리되지 않는 복합형으로 쓰인다. 이들은 주로 문어체(skriftspråk)와 문어체풍의 구어체(talspråk)에서 쓰인다. 이와는 대조적으로

hålla med, ligga i, passa på(과거분사 påpassad), råka ut, rätta till, tycka om(과거분사 omtyckt) 따위는 과거분사형을 제외하고는 항상 분리동사로 쓰인다. 이들 동사는 주로 구어체에서 많이 쓰이며 평이한 문어체에도 쓰인다.

그런데 제3의 유형으로 한 가지 복합동사가 때로는 분리형으로, 때로는 결합형으로 쓰이는 경우가 있다.

위 사례들을 비교해 보면 분리형과 복합형은 기본적인 뜻은 동일하나 문체상의 의미에서 차이를 드러낸다. 분리형이 구체적 의미로 구어체에서 쓰이는 반면에 결합형은 추상적 함의를 띠며 관공서체 또는 지식층의 문체에서 많이 쓰인다.

	<분리형>	<결합형>
예문	ta emot ‘받다’	mottaga ‘접수하다’
	skriva ned/ner ‘써놓다’	nedskriva ‘기재하다’
	tala om ‘말하다, 알리다’	omtala ‘~에 대해 언급하다’
	föra samman ‘모으다’	sammanföra ‘ 합치다, 통합하다’
	söka upp ‘찾아보다’	uppsöka ‘알아내다’
	ställa ut ‘내놓다’	utställa ‘전시하다’
	gå av ‘차에서 내리다’	avgå ‘사퇴하다’
	Han gick av bussen.	Ministern avgick.
	‘그는 버스에서 내렸다’	‘장관은 사퇴했다’
	De byggde upp staden	Prästen uppbyggde församlingen
	efter krigen.	med en lång predikan.
	‘그들은 전쟁이 끝난 후 도시를 재건하였다.’	‘목사는 긴 설교를 통해 신도들을 교화하였다.’
	Kvinnan kom ned/ner trappan.	Kvinnan nedkom med en son.
	‘여인은 계단을 내려왔다.’	‘여인은 아들을 출산했다.’

5) 복합어(Sammansatt ord)의 연결 방식

두 개 이상의 단어들을 연결하여 복합어를 만들 때는 우선적으로 단어들을 직접 연결하는 방식과 중간에 소유격 어미 -s를 끼워 넣는 두 가지 방식이 있다. 그 밖에 연결모음(bindevokal/ fogevokal)을 사이에 넣어 복합어를 만들기도 한다. 복합명사의 성(性)은 마지막 단어의 것으로 정해진다(Söderbergh 1971:14-21 참조).

(1) 직접연결

barn+stuga= (en) barnstuga '탁아소'

barn+språk= (ett) barnspråk '어린애 말'

buss+biljett= (en) bussbiljett '버스표'

express+tåg= (ett) expresståg '급행열차'

röd+vin= (ett) rödvin ' 붉은 포도주'

다만 이러한 방식에는 몇 가지 전제 조건이 따른다.

첫째, 앞가지가 자음으로 끝나는 단음절어여야 한다.

biltrafik, flickbok, ortnamn, ungkarl, båtfärd, rödvin,

만일에 앞가지가 복합어이면 -s를 삽입해야 한다. ungkarlsflicka '미혼남성 동거녀', småbarnsfamilj '취학 전 어린이 가정', rödvinsglas '붉은 포도주 잔'

둘째, 앞가지가 -s/ -sje[ʂ] 자음으로 끝날 때.

ljusbild, kalasmat/ kursbok, duschrum,

셋째, 앞가지가 약강세 어미 -el, -en, -er, -on 으로 끝날 때.

cykelbana, vattenfall, blomsteraffär, högertrafik, lingonris.

넷째, 앞가지가 어미가 -ande, -ende, -else, -are, -erska, -inna 로 끝나는 단어.

svarandesida, beteendevetenskap, uppseendeveckande, fängelsestraff, skrivelse-bilaga, lärarhögskola(앞가지 어미 -are의 -e는 탈락한다), sjuksköterskeutbildning

(앞가지 어미 -erska의 -a는 -e로 바뀐다). värdinneplikter(앞가지 어미 -inna의 -a가 -e로 바뀐다).

다섯째, 앞가지가 강세 어미 -eri, -i, -ist 로 끝날 때.

bageriarbete, haveriutredning, demokratidebatt, filosofiprofessor, pedagogi-undervisning, organistexamen.

(2) 소유격 어미 -s 넣기

bostad+bidrag= (ett) bostadsbidrag '주택보조비'

kärlek+roman= (en) kärleksroman '연애소설'

föregång+man= (en) föregångsman '선구자'

소유격 어미 -s는 역사적으로 보면 명사의 속격 어미(genitivändelse)에서 유래한 것이다. 고대스웨덴어(fornsvenska)의 속격 어미는 명사와 명사 사이의 소유, 목적, 소속 등 다양한 관계를 나타냈으나 현대스웨덴어로 변천하는 과정에서 격 어미의 기능이 다른 품사로 대체되면서 소유 관계를 표시하는 기능만 남게 되었다. 그리하여 명칭도 소유격(possesiv)으로 바뀐 것이다. 옛 속격 어미는 오늘날 일부 복합명사의 연결모음으로 남아 있다.

(3) 연결모음(bindevokal) -a, -e 넣기

두 단어 사이에 고대스웨덴어 속격 복수 어미 -a 또는 -e를 삽입한다.

kung+rike= (ett) kungarike '왕국'

barn+vård= (en) barnavård '아동 보육'

familj+namn= (ett) familjenamn '성씨'

barn+vård+central= (en) barnavårdscentral '아동 보건소'

(이 단어는 3개의 명사가 합쳐진 복합어로 첫째와 둘째 사이는 연결모음 -a로, 둘째와 셋째 사이는 소유격 어미 -s로 연결된다.)

(4) 연결모음 -u/-o 넣기

첫 단어가 -a로 끝나면 이것을 옛 속격 어미(genitiv) -u 또는 -o로 바꾼다.

vara+hus= (ett) varuhus '백화점'

vecka+tidning= (en) veckotidning '주간지'

gata+arbete= (ett) gatuarbete '도로 작업'

saga+bok= (en) sagobok '동화책'

kyrka+gård= (en) kyrkogård '교회 묘지'

한편 gatuflicka/ gatflicka, gatulykta/ gatlykta, gatuhörn/ gathörne 등은 구별 없이 함께 쓰여 오다가 최근에는 gat-형과 gatu-형의 단어가 분리되어 독립된 단어로 쓰이고 있다(사전 비교: Illustrerad svensk ordbok 1977; Svensk ordbok 1986). 또한 옛 속격 어미가 본래 모습대로 유지되지 않고 e로 약화된 것도 있으니 rättegång이 그런 사례이다. 고대스웨덴어(fsv)의 속격은 rättar였다.

그 밖에도 고대스웨덴어의 굴절 체계로부터 유래된 복합어의 연결모음에는 다음과 같은 예가 있다; ordagrann, gästabud, viljekraft, ärelysten, hälsokontroll, ärofull. 남부스웨덴어 방언(sydsvenska)과 서부 예타방언(götamål)에는 연결모음 방식의 복합어가 흔한데 그 이유는 표준 스웨덴어(rikssvenska)의 복합어에는 비강세 중간모음이 탈락한 반면에 지역 방언에서는 그대로 유지되어 있었던 탓이다.

보기로는 gåsapåg '거위 치는 머슴', spättekaka '스코네 지방의 탑 모양 케이크', speleman(표준어 spelman) '민속음악 연주자', vägamat(고어) '도시락' 등이 있다. 한 가지 중요한 사실은 이들 방언 중 일부는 gästabud '연회'처럼 표준어로 정착되었는데 그것이 문어체(skriftspråk)로서 자리를 굳힌 덕분이었다. 따라서 연결모음을 가진 표준어의 복합어들은 문어체, 고어체, 의식(儀式) 용어의 색채를 띠운다(같은 책 1971:15).

(5) 첫 명사의 끝 모음 탈락 시키기: (모음 → ø)

pojke+vän= (en) pojkvän '남자친구'

flicka+rum= (ett) flickrum '여자아이 방'

resa+dräkt= (en) resdräkt '여행복장'

lärare+högskola= (en) lärarhögskola '사범대학'

9. 그 밖의 조어법

1) 약어(kortord)와 두문자어(initialord)

언어생활에서 우리는 너무 길거나 거추장스러운 단어들을 줄여서 짧게 만들어 편리하게 쓰는 경향이 있다. biograf > bio, automobil > bil처럼 한 단어를 잘라 줄여서 만든 말을 약어 또는 준말이라고 한다. 다른 예들은 아래와 같다.

el (elektricitet), foto (fotografering, fotografi), dricks (dricksspengar), lok (lokomotiv), manus (manuskrift), oms (omsättningsskatt), spark (sparkstöttning), buss (omnibus[s]), stereo (stereofoni), konvalj (lillekonvalj), livbolag (livförsäkringsbolag), televerket (telegrafverket), kvalmatch (kvalificeringsmatch), mc (motorcykel).

이러한 단어들을 가리켜 괄호형 단어(klammerformer)라고도 부른다. 또 다른 유형의 약어는 망원경단어(teleskopord)라고 하는데 motell < motorhotell, moped < motorvelociped처럼 복합어의 중간 부분을 도려내고 첫 음절과 끝 음절을 이어 붙여 만든 단어이다.

2) 구어체 약어

매일 같이 자주 쓰는 구어체 약어로 dagis (daghem), lekis (lekskola), fegis (feg person), tjockis (tjock person), postis (posttjänsteman), lantis (lantlig), tjänis (tjänare, hej, 친구 사이에 간단한 인사말 '어이') 등이 있다. 이들 약어는 단어의 뒷부분을 잘라내고 그 대신에 -is를 붙인 것이다.

3) 문어체 약어

기관 또는 기업체의 이름을 줄여서 만든 문어체 성격의 약어로서 단어나 복합어의 첫 글자를 따서 만든 것들이 많다. 이들 약어를 두자어(頭字語)라고 하며 읽는 방식은 단어 글자를 한자씩 떼어서 발음하든가 아니면 알파벳순으로 붙여서 하나의 어휘(단어)처럼 발음하기도 한다.

EG (Europeiska gemenskaperna) [에게] '유럽공동체'

FN (Förenta Nationerna) [에프엔] '유엔'

ASEA (Allmänna Svenska Elektriska Aktiebolaget)[아세아] '스웨덴 국영전력주식회사'

JO (justitieombudsmannen) [이-오] '사법옴뷰즈만'

ÖB (Överbehälhavaren) [외뵈] '스웨덴 군총사령관'

LO (Landsorganisationen) [엘오] '스웨덴 전국노조총연맹'

SACO (Sveriges akademikers centralorganisation) [사코] '스웨덴 대졸자중앙노조'

SJ (Statens järnvägar) [에스 이-] '스웨덴 국영철도'

SL (Stockholm Lokaltrafik) [에스엘] '스톡홀름 지방교통'

SAS (Scandinavian Airlines System) [사스] '스칸디나비아 항공사'

KB (Kungliga biblioteket) [코베] '왕립도서관'

NK (Nordiska kompaniet) [엔코] '북유럽상사'

DN (Dagens Nyheter) [데엔] '다겐스뉘헤테르' (스웨덴 최대 일간지)

AB (Aftonbladet) [아베] '아프톤블라뎃' (스웨덴 석간신문)

ABBA[아바](Agneta Fältskog, Björn Ulvaeus, Benny Andersson, Anni-Frid Lyngstad). 4명 가수의 두문자를 모은 스웨덴의 남녀혼성 팝송 그룹 명칭. 유

럽 팝송페스티벌에서 우승(1974 Waterloo).

GHT (Göteborgs Handels- och Sjöfartstidning) [게호테] '예테보리 해운통상신문'

SM (Svenska mästerskapen) [스엠] '스웨덴 선수권대회'

VM (Världsmästerskapet) [베엠] '세계 선수권대회'

사물 이름이 단어의 머리글자로 등장한 예도 있다.

mc (motorcykel) [엠쎄] '오토바이'

bh (bysthållare) [베호] '브래지어'

TV (Television) [테베] '텔레비전'

WC (Vattenklosett) [베쎄] '화장실'

ADV (Automatisk databehandling) [아데베] '자동전산처리'

4) 두문자어의 어형 변화

두문자어의 어형도 원칙상으로 해당 언어의 굴곡 체계와 조어 규칙에 따라서 변화한다.

DN:s utsände medarbetare '다겐스뉴헤테르 특파원'

Stäng av TV:n '텔레비젼을 꺼라'

MRA-are '도덕재무장 운동가'

SAS-anställd '스칸디나비아항공사 직원'

TV-tittare '텔레비전 시청자'

VM-lag '세계선수권 대표팀'

VM-spelare '세계선수권 참가선수'.

위 사례를 보면 약어에도 보통 명사와 동등하게 소유격 어미 -s, 어말정관사 -(e)n을 붙일 수 있고, 다른 명사 anställd(형용사의 명사화), tittare, lag, spelare 따위를 붙여 복합명사를 만들기도 한다. 이 같은 어형 변화의 적응력은 새로운 조어 유형이 급격히 증가함에 따라서 나타나는 현상이라 하겠다.

예외적으로 국제기구 명칭이나 그와 연관된 용어들은 자국어로 번역할 필요 없이 차용될 수 있다. 이들 두문자어가 가지는 커다란 장점은 차용어로 쓰일 때 새 언어의 굴곡 체계와 조어법에 적응 하지 않고 원형 그대로 사용하도록 국제적으로 합의가 되어 있다는 점이다.

EEC=European Economic Community '유럽경제공동체'

EFTA=European Free Trade Association '유럽자유무역연합'

EC=European Community '유럽공동체'

EU=European Union '유럽연합'

NATO=North Atlantic Treaty Organization '북대서양조약기구'

UNESCO=United Nations Educational Scientific and Cultural Organisation '국제연합 교육과학문화 기구(유네스코)

WHO=World Health Organisation '세계보건기구'

약어와 두문자어 사이에 위치하는 혼합형 조어 방식도 있는데 다음과 같은 예가 있다.

P-plats < parkeringsplats '주차장', T-bana < tunnelbana '지하철', ubåt(u-båt) < undervattensbåt '잠수함', u-länderna < utvecklingsländerna '개도국'

(꺾쇠 표시 '<'는 변화 방향을 가리킨다.)

5) 역성법(Retrogradering)

단어의 파생은 대개 어근/어간에 접사가 붙어서 이루어진다. 동사 끝에 어미(접사) -(n)ing이 붙으면 동명사가 된다.

동사 > 명사: cykla > cykling, åka > åkning, rädda > räddning.

하지만 명사 räddning은 다시 다른 명사와 결합하여 livräddning '인명 구조', sjöräddning '해상 구조', mirakelräddning '기적적 구조'와 같은 복합명사(합성어)를 만들어 낸다. 한걸음 더 나아가 livrädda, sjörädda, mirakelrädda 같은 동사까지 파생해낸다(명사 > 동사). 이와 같은 단어 형성은 동사로부터 명사를 구성하는 일반적 조어법에 완전히 배치되며 거꾸로 명사에서 동사를 만들어 내기 때문에 이를 가리켜 거꾸로 만들어낸다는 뜻으로 역성법이라고 한다.

합성 동사 < 합성 명사: livrädda < livräddning: färgfotografera < färgfotografering, maskinskriv < maskinskrivning, julhandla < julhandel, polisanmäla < polisanmälan, självdeklarera < självdeklaration, korrekturläsa < korrekturläsning,

다음과 같은 합성 동사들도 합성 명사에서 역성된 것들이다.

vinterbada '겨울 수영하다' < vinterbadare '겨울 수영객'

brandförsäkra '화재보험에 들다' < brandförsäkring '화재보험'

maskinskriva '타자를 치다' < maskinskrivning '타자치기'

현대스웨덴어에서 역성법에 의한 동사 형성이 유행하는 것은 신문용어에서 압축된 표현이 필요하기 때문이다(Söderbergh 1968:180).

6) 혼성어(Kontamination)

어떤 말을 표현하고자 할 때 유사한 뜻을 가진 두 단어가 동시에 떠올라 어느 하나를 곧바로 선택하지 못할 때가 있다. 이런 때에 두 개 단어를 한꺼번에 뒤섞어 발음하게 되는데 이를 가리켜 혼성어라고 한다. sysslor와 göromål 두 단어가 혼성되어 sysslomål '일거리'가 되고 äpple와 päron이 뒤섞이어 päpple가 나타났다. 요즘 유행하는 영어의 breakfast와 lunch가 뒤섞여 생긴 brunch, motorists' hotel이 합쳐진 motel이 대표적 혼성어이다.

그 밖에도 한 개념이 머리에 떠오르게 되면 여러 동의어적 표현이 동시에 머릿속에 불러 일으켜지고 일부가 줄어들어 앞말과 동의어가 되는 일도 있다. 아래와 같은 예가 그러한 경우이다.

Avståndet mellan Stockholm och Göteborg > från Stockholm till Göteborg

Ta självmord > ta livet av sig / begå självmord

Sköta hand om > sköta om / ta hand om

På grund av hälsoskäl > av hälsoskäl

7) 민간어원

일반 대중은 한 낱말의 전체나 일부가 어려우면 형태나 의미가 비슷하거나 좀 더 쉽게 이해되는 것으로 대체하려는 유연화 경향에 의지한다. 이유는 그렇게 해서 새 어형을 기억하는 데 편의를 얻기 위해서이다. 유연적 기호가 많을수록 낱말을 기억하는 데 아주 편리하다. 이런 사례를 민간어원(folketymologi)이라고 부른다. 그런데 그 유연화 노력이 때로는 빗나가기도 한다. 스웨덴어의 följetong '연재물'은 프랑스어 feuilleton에서 왔는데 그 뜻은 '작은 잎'으로 스웨덴어 동사 'följa'와는 아무 관계가 없다. 또한 fogsvans '판자용 톱'이라는 스웨덴어 단어는 fog '이유'와는 전혀 상관이 없는 독어 fuchsschwanz '여우 꼬리'에서 온 것이다. 영어의 예로는 hamburger가 있다. 이 단어는 독일 함부르크 지방의 음식 이름으로 'Hamburg + er'로 분석될 수 있었다. 하지만 이 음식이 돼지고기(ham)를 빵 사이에 끼워 넣는 음식이었기에 언제부터인가 이 단어를 'ham + burger'로 분석하게 되었다. 그 이후로는 'burger'를 생산적으로 사용하여 'cheeseburger, chickenburger, fishburger, doubleburger'까지 새로운 단어가 등장하게 되었다(강범모: 2010:129). 스웨덴어로는 뒷가지 -burger가 -burgare로 바뀌어 hamburgare, fiskburgare, ostburgare, stekburgare가 되었다. 이러한 현상은 실제 어휘 목록에서 사라진 단어들에서도 심심치 않게 나타난다. övermaga '주제넘은'이란 단어는 오늘날 별로 쓰이지 않는데 의미는 över나 mage와 무관한 고대스웨덴어 oförmåga '능력이 안 되는'에 그 뿌리를 두고 있다.

8) 외래어의 굴곡 체계

새로 들어오는 외래어는 스웨덴어 굴곡 체계에 따라 어미변화를 한다. 최근의 인터넷 용어도 이미 정착된 jobba ~r ~de ~t 와 같은 굴곡 어미를 갖는다.

예: mejla '전자우편을 발송하다'

logga in '컴퓨터에 사용자 번호를 입력하다'

sms:a '휴대전화로 문자(short message service)를 보내다'

제5장
통사론

우리의 생각을 말이나 글로 표현하는 기본 단위는 문장이다. 단어와 구, 절이 모여 문장을 구성하는 원리와 기능을 연구하는 분야가 통사론이다. 이 분야에 대한 연구는 이미 중세기에 교육적 목적을 위한 라틴 문법에서 시작되어 전통적인 월성분 구성과 성분들의 배열 순서를 고찰하는 어순문법 시대를 열어 놓았다. 마침내 20세기에 들어와서 문장성분에 대한 새로운 개념과 연구 방법론이 도입되면서 문장 구성요소들 간의 관계를 분석하는 구조문법에 이어 변형생성문법의 전성기를 맞이하였다. 그 외로도 격 관계와 의미 해석의 중요성을 강조하여 보다 더 추상적인 심층구조를 생성하려는 격문법이론도 등장한 적이 있다.

1. 전통문법

고대인들의 언어에 대한 관심은 종교 의식에 사용된 언어와 경전을 잘 이해하고 보존하려는 노력에서 시작되었다. 기원전 4세기에 시작된 인도의 산스크리트어 연구로부터 그리스, 로마 시대와 중세기를 거쳐 18세기까지 이어져 왔다. 언어 연구가 독립된 학문 분야로 등장한 것은 19세기 초인데 주로 역사 비교언어학 연구가 그 주류를 이루었다. 20세기에 들어서서 언어학은 여러 분야로 그 시야가 확대되었고 한층 엄밀한 과학적 연구 방법론이 수립되었다. 소쉬르(Ferdinand de Saussure)의 등장으로 일기 시작한 유럽의 구조주의 언어 이론과 1930년대 미국의 구조주의 언어학 이전까지의 문법 연구를 대체로 전통문법(traditionell grammatik)이라고 한다.

우리가 문법을 말할 때 가장 먼저 떠오르는 품사(ordklasser)에 대한 개념 설정과 분류는 고대 그리스의 플라톤과 아리스토텔레스 시대에 논의되기 시작하여 트락스(Dionisius Thrax 120 B.C.)에 와서 8품사 체계로 자리매김하였다. 그는 그리스어를 형태론적 범주에 근거하여 각 품사의 특성과 의미를 정의하고 분류하였다. 그 시대의 사변적(思辨的) 철학자들이 언어와 논리의 관계를 연구 발전시킨 '올바른 글쓰기와 말하기'에 대한 지침은 차츰 규범문법(normativ grammatik)으로 정립되었고 마침내 학교문법(skolgrammatik)으로 정착되었다. 따라서 전통문법에서 쓰이는 술어의 대부분은 그리스문법에서 발전한 라틴문법에서 유래하였으며 16세기까지 라틴어는 유럽 제일의 학문어로 정착하였다. 전통문법의 중심 과제는 조어법(ordbildningsläran)과 형태 변화에 대한 연구로 귀착되었고 이들은 형태론(morfologi; formlära)으로 통합되었다. 나아가 단어들의 결합에 의한 문장이나 구절의 기능 및 구조를 연구하는 통사론도 강화되어 전통문법의 2대 부문을 형성하였다.

1) 문장성분과 품사

전통문법 학자들은 단어들이 단선적(單線的)으로 배열되어 문장을 구성하는 것으로 가정하고 문장의 구성 단위를 단어(ord)로 분석하였다. 여기서 단어의 부류는 곧 품사를 가리키며 명사, 동사, 부사, 관사, 대명사, 전치사, 부사, 접속사로 분류되는 8품사가 문장(sats)을 구성하는 기본 틀을 이루었다. 품사 분류는 문장 내에서 각 단어가 차지하는 역할과 형태, 의미를 기준으로 결정되었다. 그리하여 품사별(ordklasser) 명칭과 함께 문장 내에서 그 단어의 통사적 역할에 따라 문장성분의 명칭이 따로 정해졌다.

(1) 품사 분류의 기준

a) 의미상의 정의

명사: 사물 지칭어

형용사: 성질 표시어

부사: 상황 표시어

동사: 동작, 상태 표시어

이러한 정의는 얼핏 대다수 특정 단어의 품사를 설명하는 데 적절해 보이나 좀 더 명확히 의미를 규정하려면 문제가 드러난다; **landa**가 동작어이면 **landning**은 무엇인가? 또 **dygdig**가 성질형용사이면 **dygd**는 아닌가?

b) 형태론적 근거

어느 특정 품사에 속하는 단어는 일정한 어미를 가짐으로써 다른 부류의 단어와 차별화된다. 스웨덴어에서 이런 역할을 하는 것이 굴절어미(böjningsändelser)로서 품사별 굴절어미는 아래와 같다.

명사: 복수 어미(-or,-ar,-er,-n), 어말관사(-en,-et,-n,-na), 소유격 어미(-s)

동사: 시제 어미(-r,-er,-de/te)

형용사: 성, 수 어미(-t,-a)

때로는 파생어미(avledningsändelser)도 하나의 기준으로 작용하여 어미 -ning, -het가 붙으면 명사가 된다.

c) 기능적 근거

어미변화로 기능이 구별되지 않는 언어에서는 문장 내에서 단어의 역할이 유일한 문장성분 분석의 기준이 된다. 영어의 예를 보면

an early morning (형용사)

John arrived early (부사)

이 기준의 문제점은 한 가지 기능이 몇 가지 다른 품사로 대행될 수 있다는 점이다.

Räkna är lajban - Matte är lajban '셈본/수학은 재미있다'
(동사) (명사)

동사와 명사가 주어의 역할을 하는 예이다.

(2) 품사의 통사적 기능

그리하여 품사별 명칭과 함께 문장 내에서 그 단어의 통사적 역할에 따라서 문장성분(satsdelar)의 명칭이 따로 정해졌다. 단어들을 통사적 역할을 기준으로 분류하면 주어, 동사, 목적어, 보어 등으로 나뉘었고 그중에서 주어로는 명사, 대명사, 부정법이 주로 쓰였다. 때로는 한 가지 품사가 문장성분으로도

사용되어 문장성분과 품사명칭이 서로 겹치는 일도 있다. 부사어(adverbial)와 부사(adverb)가 동의어처럼 잘못 사용되는 경우가 바로 그런 사례이다. 접속사(konjunktion)는 문장성분과 품사를 연결하는데 두루 쓰인다.

문장성분과 품사의 관계는 다음과 같이 간단히 설명할 수 있다.

문장성분 / (satsdelar)	주어	술어부		
품사 /	Sven	hjälpte	pojken	igår
(ordklasser)	명사	동사	명사	부사

이러한 세부적 문제점에도 불구하고 한 문장 내에서 단어의 부류를 결정짓는 세 가지 기준으로 첫째 분포, 둘째 형태론적 관계, 셋째 통사적 기능으로 규정되었다.

스웨덴어의 정상적인 문장은 주어와 술어동사로 구성되며 이 두 가지 요소가 문장의 핵심이 된다.

a) Sven hjälpte pojken igår.

b) Hjälpte Sven pojken igår?

c) Det regnar idag.

d) Kom hit! Ta de här kläderna till tvätten!

e) Det var roligt att Sven hjälpte pojken.

문장 a)와 b)에서는 주어 Sven의 실체가 확실하나 c)에서는 실체가 없는 det가 주어의 자리를 차지하고 있다. Vad är det som regnar? '비를 오게 하는 주체가 무엇이냐?'라는 질문 자체가 무의미하기 때문이다. 쓸모가 있다면 의문문 Regnar det idag? 또는 부정문 Det regnar inte idag와 같은 대조적 문장을 만드는 데 필요할 뿐이다. 또한 주어+동사라는 통사규칙을 지키기 위해 쓰이는 것으로 이런 것을 형식 주어(formellt subjekt)라고 한다. 예문 e)도 형식 주어 det로 시작하는데 여기서는 성격을 달리하여 뒤에 이어지는 주어종속절(subjektsbisat)을 대신하여 앞에 나온 것이다. 예외적으로 명령문 d)에는 주어가 생략된다.

한편 문장을 구성하는 데는 주부(subjekt)와 서술부(predikativ)의 결합이 필수적이라고 주장하여 이들의 관계를 덴마크의 언어학자 Jespersen은 일찍이 nexus라는 용어로 설명하였다. 그는 문장 구성요소들의 위치 영역을 크게 세 부분으로 나누고 맨 앞자리는 어느 요소나 올수 있는 가변적 위치(fundament), 두 번째가 주어, 정동사, 문장부사가 차지하는 핵심영역(nexus), 맨 끝으로 부정법, 목적어, 보어, 부사가 오는 마침영역(slutfält)이라 하였다. 이들 중에서 맨 마지막 부분에 문장 내용의 실질적인 중요한 정보가 들어 있어서 내용영역(innehållsfält)이라고도 불렀다.

단어들이 모여서 구(fras)와 문장(sats)을 구성하는 데는 기본적으로 두 가지 방식이 있다. 한 가지는 단어들이 좌측에서 우측으로 순서대로 연결 지어 어순을 결정하는 단선적 구조(linjära struktur)이고 다른 하나는 단어와 단어, 구와 구 사이의 계층적 관계를 구성하는 계층적 구조(hierarkisk struktur)이다. 주절과 종속절의 관계도 뒤의 층위 구조 방식에 속한다.

동일한 유형의 절의 결합을 등위구성(samordning/ paratax), 다른 유형의 절의 결합을 종속구성(underordning/ hypotax)이라 한다. 등위구성은 och, men 따위 등위접속사로 연결되며 종속구성은 som, då 와 같은 종속접속사로 연결된다.

Pojken träffade flickan och de gick sedan på bio. <등위구성>

Flickan träffade pojken, då han spelade gitarr. <종속구성>

문장의 종류에는 서술문(påståendesats) 'Pojken träffade flickan igår'과 이에 대비되는 의문문(frågesats)이 있는데 여기에는 의문사(frågeord)로 시작하는 것 'Vem träffade den vackra flickan?'과 동사가 주어 앞에 오는 도치어순(omvändordföljd)의 의문문 'Träffade pojken flickan igår?' 두 가지 유형이 있다. 그 밖에 감탄사로 시작하는 감탄문(utropssats) 'O så vackert!'이 있다.

한 문장이 다른 문장의 일부를 이룰 때 부속되는 문장을 종속절(bisats/ underordnad sats), 종속절을 포함하는 문장을 주절(huvudsats/ överordnad sat)이라고 한다.

a) Johan arbetar idag. b) Han säger att Johan arbetar idag.

예문 a)는 주어와 동사가 단독으로 문장을 구성했으니 주절(독립문)이라 하고, 예문 b)에서는 a)문장이 Han säger로 시작하는 주절의 일부(목적어절)를 구성했으니 종속절이다.

일반적으로 '문장'(영 sentence)을 의미하는 스웨덴어 단어로 'mening'과 'sats' 두 가지가 쓰인다. 두 가지 용어가 모두 주어와 술부를 포함하는 문법적 단위를 뜻하지만 우리말의 명사절(nominal bisats), 부사절(adverbiell bisats)에 해당하는 용어로는 반드시 sats를 사용해야 한다. 예외적으로 Spring! Jag?

Oj!와 같은 단일어 문장(mening)도 있다. 문장의 구성 단위로서 절(sats)은 주어(subjekt)와 정동사(finit verb)를 포함한다. 정동사는 주어와 관련된 동사의 시제, 서법을 표시하는 동사 형태이다. 이제까지 학교문법의 테두리 안에서 자주 사용해오던 문장 구성성분과 문법 술어들을 개괄적으로 설명하였다.

2) 어순통사론

전통문법에서 통사론은 어순(ordföljd), 곧 문장 구성성분들(satsdelar)의 배열 순서를 논의하는 것이 주류를 이루었다. 이를 가리켜 어순통사론(Positionssyntax)이라 하였다(Sigurd 1967:69; Jörgensen & Svensson 1986:136). 예스페르센의 뒤를 이어 디데릭센(Paul Diderichsen 1946)은 스웨덴어, 덴마크어, 노르웨이어에 공통된 특이한 문장구조의 유형을 분석하고 그것을 기술하는 아주 적절한 방법을 제시하였다. 문장성분은 구로써 구성되며 구(fras)는 한 개 또는 두 개 이상의 단어로 구성된다. 문장 내에서 각 성분(satsdel)은 비교적 자립적인 단위이기 때문에 성분 중의 대다수가 비문(en felformad sats)을 만들지 않는 범위 내에서 위치 이동이 가능하다.

(1) 어순 배열 순서

그의 구문 설계도를 보면, 우선 문장 구성의 큰 줄기를 도입부, 중앙부, 종결부로 크게 나눈다(아래 어순 배열 순서도 참조). 그다음 단계로 주어진 문장 구성성분을 토대로 하여 어순의 다양한 변화 양상을 제시한다.[1]

---

1 Sjöström 2006, Bolander 2012, 박현숙 2019 참조.

문장 구성성분

1. 문두어(FUND = fundament, en variabel position 가변적 위치)

2. 정동사(FIN V = det finita verb)

3. 주어(SUBJ = subjekt)

4. 부사어1 (ADV 1 = adverbial 1, satsadverbial) 문장부사어

5. 부정동사(INF V = det infinita verbet)

6. 목적어/보어(O = objekt/ PR = predikativ)

7. 부사어2(ADV 2 = adverbial 2), 장소, 시간, 방법

8. 종속절(Bisats) = När Lasse är i Uppsala (예시문 6)

어순 배열 순서도

도입부(Förfält)		중앙부(Mittfält)			종결부(Slutfält)		
	문두어 (FUND)	정동사 (FIN V)	주어 (SUBJ)	부사어 1 (ADV 1)	부정동사 (INF V)	목적어/보어 (O/PR)	부사어 2 (ADV 2)
1)	Lasse	har	←	inte	köpt	någon bok	i Uppsala
2)	···	har	Lasse	inte	köpt	någon bok	i Uppsala
3)	I Uppsala	har	Lasse	inte	köpt	någon bok	←
4)	inte	har	Lasse	←	köpt	någon bok	i Uppsala
5)	Någon bok	har	Lasse	inte	köpt	←	i Uppsala
6)	När Lasse är i Uppsala	har	han	inte	köpt	någon bok	

문장의 시작을 알리는 첫째 부분은 (1)도입부이며 문두어(fundament)가 이 자리를 차지한다. 정동사를 제외한 모든 성분이 문두어 자리에 올 수 있다. 둘째로 (2)중앙부는 정동사(finit verb), 주어, 문장부사(부사어 1)로 구성된다. 특히 정동사는 서술동사로서 문장의 중심이 되는 기능을 맡고 있어 이 동사를 중심으로 주어, 목적어, 부사어가 서로 연계되어 통일된 문장을 구성한다. 그러므로 정동사는 문장 구성에서 항상 제2의 자리를 차지하며 기본적으로 주어의 인칭과 동사의 시제, 서법에 일치해야 한다. inte를 비롯한 kanske, knappast, nog, faktiskt 와 같은 문장부사어(부사어1)도 중앙부에 속한다. 끝으로 (3)종결부는 시제의 영향을 받지 않는 부정동사(부정법, 현재분사, 완료분사, 과거분사)가 차지한다. 여기서는 köpt가 해당된다. 그 밖에 목적어, 보어, 기타 부사어2(장소, 시간, 방법)도 마지막 종결부에 속한다.[2] 이 어순 설계도의 특징은 문장의 맨 앞자리를 가변적 위치(en variabel position)로 지정하고 이 자리에 오는 성분을 문두어(fundament)라 부르며 정동사(finit verb)를 항상 두 번째 위치에 고정시킨 데에 있다.

이제 문장성분들이 차지할 수 있는 자리에 6가지 성분 단위를 이동시켜 본다. 예시된 문장들은 Lasse(주어)가 문두어로 나오는 평서문 1)을 시작으로, 정동사가 주어 앞에 나오는 의문문 2), 부사어 2(장소부사)로 시작하는 예시문 3), 부사어 1 (문장부사) inte를 문두어로 내세운 예시문 4), 목적어 någon bok을 맨 앞에 내세운 예시문 5), 마지막으로 종속절(När Lasse är i Uppsala)까지도 하나의 문장성분 단위로 문두 위치에 내세우는 등 6) 어순 변화의 다양성을 보이고 있다. 문장 전체의 의미는 'Lasse는 웁살라에서 책을 사지 않았다'이다. 화살

2 보어(PR=Predikativ)는 주어나 목적어의 성질, 상태를 보완해주는 형용사, 과거분사, 명사로 주로 계사(kopula)와 함께 쓰인다; Karin är glad(stressad, pianist).

표 '←'는 한 성분이 원래 위치에서 문두어(fund) 자리로 옮겨 간 것을, 점선 …은 빈자리를 각각 표시한다.

(2) 문두어(Fundament)의 통사적 의의

위에 제시된 6가지 예시문은 기본적으로 동일한 문장성분과 의미를 공유하지만 대화자 사이에 이미 알려진 정보와 새로운 정보를 구별하려는 담화적 기능에서 배열순서를 차별화한 것이다.

스웨덴어의 기본 어순은 주어+동사+목적어의 SVO 언어 유형에 속하며 그 비율은 세계 언어의 대략 35 퍼센트를 차지한다. 여기에는 인도유럽어족의 게르만어, 로망스어, 슬라브어는 물론 어족이 다른 핀란드어와 중국어도 포함된다. 어순의 두 번째 유형은 주어+목적어+동사의 SOV의 유형으로 약 45 퍼센트를 차지하며 페르시아어, 터키어, 일어, 한국어가 속한다. 세 번째 유형으로 동사가 맨 앞에 나오는 동사+주어+목적어의 VSO형이 있는데 아랍어, 히브리어가 속하며 약 15%를 차지한다(Bolander 2012:206).

문두어의 등장과 활용은 SVO 유형의 다른 언어에 비하여 어순의 제약이 많은 스웨덴어에 어순 변화의 융통성을 대폭 허용하는 근거가 된다. 문장의 맨 첫 자리를 주어가 아니라도 쉽게 들어설 수 있는 가변적(variabel)인 위치로 특정함으로써 문장성분 중 대다수가 문두에 자유롭게 나타나는 길을 열어 놓은 것이다. 문장부사 'inte', 목적어 'någon bok'까지 문장의 시발점에 설 수 있는 사례는 특이하다 하겠다. 실제로 위에서 제시된 스웨덴어의 6가지 예시문을 각 성분에 해당하는 영문으로 바꿔보려면 성분의 위치 이동이 어려움을 바로 인지할 수 있다. 이것은 곧 스웨덴어 어순이 영어보다 원활함을 입증하는 본보기가 된다.

스웨덴어 서술문의 어순 실태를 보면 대체로 주어가 맨 앞에 오고 두 번째 자리에 정동사, 그다음에 부사, 목적어 순서로 연결된다. 주어가 맨 앞에 나오는 빈도는 65 퍼센트 정도이며 시간, 장소 부사와 같은 다른 성분들이 문두어로 나오는 사례도 아주 흔하여 35 퍼센트나 된다(Platzack 1982:73). 그런데 주어 이외의 다른 성분이 문두어로 나오면 배열순서가 정동사가 2번째, 주어가 3번째 위치에 온다. 곧 동사+주어의 도치어순으로 바뀐다. 이 도치어순은 스웨덴어 서술문의 정상 어순이므로 주어가 맨 앞에 오는 SVO 어순에 익숙한 외국인에게는 유별나게 어렵다.

(3) 주제와 평언

한편 문장 전체를 정보전달 차원에서 분석해 보면 화자 사이에 알려진 정보와 뒤따르는 새로운 정보로 구분된다. 전자를 주제(tema)라 하고 후자를 평언(rema)으로 구별하며 영어권에서는 이를 topic과 comment라고 한다(Sjöström 2006:154). 구정보와 새 정보가 어순에 차이를 두고 나타날 때 이것을 어순의 주제 기능이라 한다. 구정보인 주제는 문장의 좌측에서 시작하며 신정보인 평언은 우측에서 끝난다.

1) Lena köpte en present. 'Lena가 선물을 하나 샀다.'
   tema / rema

2) En present köpte Lena. '선물을 Lena가 샀다.'
   tema / rema

3) Förra året fick jag en plånbok som födelsedagspresent från min mor.
tema / rema

'작년에 나는 어머니한테서 지갑을 생일선물로 받았다.'

예문 1)에서 Lena는 주제(tema)이며 동시에 주어(subjekt)인 데 반하여 예문 2)에서는 en present가 주제이자 동시에 목적어(objekt)이다. 담화적 기능에서는 예문 3)과 같이 새 정보가 이미 알려진 정보보다 길거나 화제의 중심을 그곳에 집중시키는 경향이 있다. 주제에 해당하는 문두어는 후에 변형생성문법에서 변형문의 한가지로 주제화(topikalisering)를 생성하는 계기를 제공한다.

3) 어순의 제한 규정

한 문장의 각 성분을 문두 위치에 자유롭게 이동할 수 있도록 허용한 문두어(fundament) 규정과는 대조적으로 스웨덴어 어순 배열에는 상당히 엄격한 제한 규정도 있다. 몇 가지 대표적 사례를 들어본다.

(1) 형식 주어 det

앞서 소개한 바와 같이 스웨덴어의 문장구조는 SVO 언어로 명령문을 제외하고는 반드시 주어와 동사를 갖추어야 한다. 이 두 가지 성분의 배열순서가 평서문과 의문문의 문장 유형을 구별해 주고 문장 내의 주종 관계를 표시해준다. 따라서 실제로 아무 의미가 없는 형식상의 주어 det가 스웨덴어에 필수적 성분으로 자리 잡고 있으며 다른 게르만어에도 이에 상응하는 요소가 있으니 독어의 es, 영어의 it가 그것이다.

Det står ett äppelträd i gården. '정원에 사과나무가 한 그루 서 있다'.

Det sitter en katt på bordet. '식탁 위에 고양이가 앉아 있다.'

Det kom ett trevligt brev från Sverige. '스웨덴에서 반가운 편지가 한 통 왔다.'

위 예문에서 주어 det는 형식상의 주어로 문장 첫머리에 나와 있으나 아무 의미도 없이 자리만 지킬 뿐 실제의 주어는 äppelträd, katt, brev로서 이들을 보통 진주어라고 한다.

비인칭 대명사 det

또 다른 의미 없는 주어는 이른바 기후 동사 앞에 오는 det로서 det regnar, snöar, blåser, stormar …처럼 주어의 자리만 차지할 뿐 구체적인 지시 대상이 없다. 이미 기후 동사 자체 내에 주어가 포함되어 있는 셈이다.

Det regnar ofta denna vecka. '이번 주에는 비가 자주 온다'.

Det snöade för mycket förra vintern. '지난 겨울에는 눈이 너무 많이 왔다.'

어순이 자유롭고 주어의 생략이 보편화된 한국어의 문장구조에 비하면 문장의 필수적 성분으로 구체적 지시 대상이나 의미가 없어도 반드시 존재해야 하는 주어(S)+동사(V)의 구비요건은 스웨덴 문법에서 **자리지킴이 원칙**(platshållartvånget)으로 정착되어 있다.

(2) 주절과 종속절의 문장부사 위치

위의 어순 배열 순서도에 나타난 바와 같이 문장부사어(부사어 1) inte는 주절에서는 정동사 har 뒤에 오지만 종속절에서는 정동사 har 앞에 온다. 특히 종속절의 도치어순 규정은 이른바 BIFF-규칙(Bisats: Inte Före Finit verb)이라 하여 철저히 지켜진다.

Kalle <u>har</u> inte städat sitt rum. (주절) 'Kalle는 자기 방을 청소하지 않았다.'

Anna säger att Kalle inte <u>har</u> städat sitt rum. (종속절) 'Anna는 Kalle가 자기방을 청소하지 않았다고 말한다.'

(3) 주격 표시 som

의문대명사(vem)가 종속절에서 주어로 사용될 경우에는 주격 표시 som을 붙여서 목적격과 구별한다. 하지만 목적격으로 쓰일 때는 som을 붙이지 않는다.

Han undrar vem som träffar Eva i Stockholm.(주격)

'그는 누가 스톡홀름에서 Eva를 만나는지 궁금해 한다.'

Han undrar vem Eva träffar i Stockholm.(목적격)

'그는 Eva가 스톡홀름에서 누구를 만나는지 궁금해 한다.'

(4) 도치어순

스웨덴어의 기본 어순은 SVO로 주어가 동사 앞에 오는 정치어순(rak ordföljd)이다. 그러나 문장이 주어 이외의 다른 성분으로 시작되면 어순은 동사+주어로 바뀌어 도치어순(omvänd ordföljd)이 된다. 동사로 시작하는 의문문을 비롯하여 목적어 및 보어, 부사 등이 문두에 나오면 도치문장이 된다.[3] 한국인을 포함하여 정치어순에 익숙한 외국인들은 스웨덴어 문장을 글로 쓸 때나 대화 중에 수시로 전환되는 도치어순에 습관적으로 쉬이 익숙하지 못해 어려움이 많다.

---

3 구체적 사례는 변광수(2022a:10.1 이하) 참조.

Talar han svenska?

Vad gör du på lördagarna?

Honom gillar jag inte.

Nu är sommaren här.

4) 성분 배열과 의미 관계

형태론에서 음운들이 모여 형태소를 이루고 그중에서 홀로 쓰일 수 있는 자립형태소가 단어라고 규정하였다. 문장(sats)은 단어들의 결합체로 일정한 형식을 갖추어야 하고 의미상으로도 적합해야 한다. 모국어 화자는 문장의 형식이 문법성에 맞는지, 의미상으로 옳은 것인지에 대해서 직관에 의한 판단력이 있다. 촘스키(Chomsky)의 유명한 예문을 들어보자. (별표 *는 의미가 이상하거나 비문법적 구문을 표시한다.)

* Colorless green ideas sleep furiously. (영어)

* Färglösa gröna ideer sover häftigt. (스웨덴어)

두 문장은 단어들의 결합 순서에는 문제가 없으나 의미상으로는 이상하다. 스웨덴어 문장은 저자의 번역문으로 한국어로는 아무리 번역을 잘해도 '무색의 녹색 관념이 맹렬히 잠잔다' 정도여서 의미가 소통되지 않는다. 말하자면 통사적으로는 주부와 술부를 갖추어 적합하나 의미상으로는 부적절한 문장이다.

(5.1) a. *Han Sverige mycket älskar.

b. *Läser svenska du dag varje.

위 문장들은 의미는 짐작할 수 있겠으나 어순이 규칙에 맞지 않아 부적절하니 아래와 같이 고치면 문법에 맞는 문장이 된다.

(5.2) a. Han älskar Sverige mycket.

b. Du läser svenska varje dag.

이처럼 단어의 올바른 배열순서를 규정하는 문법을 어순문법(positionsgrammatik)이라 하였다. 어순은 비문법적 문장에서만 중요한 것이 아니고 문법적인 문장에서 의미차이를 구별하는 데도 중요하다.

(5.3) a. Hunden bet katten. '개가 고양이를 물었다'.

b. Katten bet hunden. '고양이가 개를 물었다.'

이 문장들은 동일한 단어들로 구성되어 있으나 하나는 대개 일어날 수 있는 일이지만 다른 경우는 좀처럼 일어나기 어려우니 비현실적 문장으로 의미가 서로 다르다. 의미의 차이는 다른 단어를 사용한 데서 기인한 것이 아니고 쓰인 단어의 위치가 다른 데서 생긴 것이다. 따라서 어순문법은 위 예문 (5.1)과 같은 비문법적 문장을 설명해 줄 뿐만 아니라 (5.3)과 같이 어순에 의한 의미의 차이도 구별해 준다. 그러면 어순문법은 문장 구성과 그 의미를 설명하는 데 두루 충분한 것인가?

(1) 어휘적 중의성

중의성(重義性)이란 한 가지 표현이 두 가지 이상의 의미로 풀이되는 것을 말한다. 그 의미가 애매하다는 뜻으로 tvetydighet라고도 한다. 다음 문장의 표현은 무엇을 뜻하는가?

(5.4) a. Lisa vill gifta sig med en norrman.

b. Karlsson bytte fil. (järnfil/körfil)

문장 a)는 Lisa가 이전부터 알고 지내는 특정한 노르웨이 남성과 결혼하겠다는 의미와 노르웨이 남성이라면 누구라도 결혼하겠다는 두 가지 의미를 담고 있다. normann이란 어휘로 인해 생긴 중의성이다. 문장 b)는 Karlsson이 1)'쇠 가는 줄'을 바꿨다, 2)'차선'을 바꿨다는 두 가지 의미를 띠고 있다. 말하자면 두 개 이상의 형태소(morfem)가 동일한 하나의 형태(morf)를 취한 것이다. 하나의 어휘에 두 개의 의미가 담긴 예로 a. norrman과 b. fil 같은 사례들을 가리켜 어휘적 중의성(lexikal ambiguitet)이라고 한다.

중의성은 단일어에만 있지 않고 합성어(sammansättning)에도 나타나는데 자국어 화자는 그 의미의 차이를 구별한다. 다음 합성어는 두 가지 의미를 내포하고 있다.

(5.5) radiopolisutbildning

a. utblildning av poliser i radio '라디오 (통신) 경찰 교육'

b. utblildning av radiopoliser '무선 (순찰대) 경찰 교육'

구성요소들 간의 관계를 분기도와 괄호 [ ] 속에 표시해 본다.

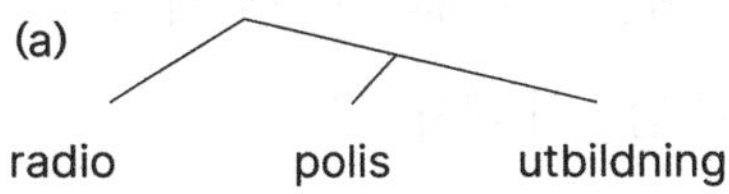

[radio]polisutbildning

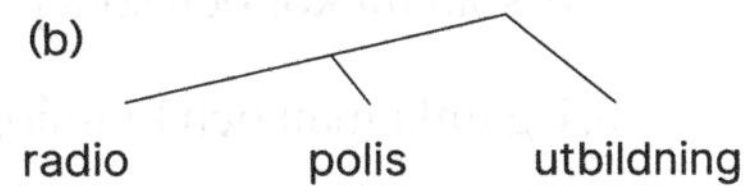

[radiopolis]utbildning

ⓐ는 polis와 utbildning이 한 단위가 되어 radio와 대응하고 ⓑ는 radio와 polis가 한 단위가 되어 utblildning과 대응함으로써 의미의 차이가 생긴다. 즉, 결합 요소들 간의 구절구조(frasstruktur)가 다르기 때문에 발생한 중의성으로 계층적 구조(hierarkisk struktur)의 결과이다. 이러한 경우의 중의성의 문제는 다행히 음운론적 차원인 강세의 위치로 해소될 수 있다. 강세가 두 번째 요소 polis에 오면 'ⓐ라디오 경찰 교육'을, 강세가 첫 번째 요소 radio에 오면 'ⓑ무선 경찰 교육'을 각각 의미한다. 곧 화자는 강세의 위치로서 발화체(yttrande)의 계층적 구조 차이를 표시하고, 청자는 강세의 강약의 차이를 식별하여 의미를 파악한다.

(2) 구조적 중의성

다음 구절의 의미를 생각해 보자.

(5.6) a. söta flickor och pojkar

b. gamla män och kvinnor

스웨덴어 화자는 a)와 b)가 각각 아래와 같은 중의성을 띠고 있음을 안다.

(5.7) a. i. söta flickor och pojkar '예쁜 여자애와 남자애'

ii. söta flickor och söta pojkar '예쁜 여자애와 예쁜 남자애'

b. i. gamla män och kvinnor '늙은 남자와 여자'

ii. gamla män och gamla kvinnor '늙은 남자와 늙은 여자'

언어학 이론이 화자의 자국어에 대한 지식을 기술하는 것이라면 문법은 (5.6) 구절들이 지닌 중의성을 기술하고 설명할 수 있어야 한다. 왜냐하면 앞에 나온 (5.3) 문장들의 의미상 차이가 어순의 차이에 원인이 있다고 설명한 어순문법이 (5.6)의 단어들은 같은 어순이면서도 의미가 다르다는 사실을 설명하지 못하기 때문이다. 그러므로 (5.6) 구절들이 가진 중의성은 어순 이외의 다른 데에서 기인하는 것으로 짐작할 수밖에 없다. 이제 중의성을 일으키는 원인을 살펴보자.

(5.6)을 풀어쓰기(parafras)로 바꾼 (5.7)을 보면 수식어가 어느 단어를 수식하느냐에 따라서 의미가 달라짐을 알 수 있다. 예문 (5.7 a.i)의 의미는 형용사 söta가 flickor만을 수식하는 데서 나오고, (5.7 a.ii)의 의미는 söta가 flickor와 pojkar를 모두 수식하는 데서 나온다. 같은 성격의 구절 (5.7 bi과 bii)도 마찬가지다.

수식어와 피수식어 사이의 관계가 중의성을 일으킨다면 그 원인은 어순의 관계가 아니라 구조(struktur)의 관계라고 하겠다. 이를 가리켜 구조적 중의성(strukturell ambiguitet)이라고 하며 이런 문제는 선형순서(linjär ordning)에 나타나는 구조의 차이로는 설명할 수가 없다.

다시 말해 같은 순서로 배열된 단어들이지만 이들 사이의 관계는 1대 1의 독립적 관계가 아니라 어떤 단어들끼리는 한 묶음 또는 다발을 이루는 내부 구조를 가진다는 것이다. 어떤 항목이 세 개가 있을 때 그들 사이의 관계는 다음과 같이 맺어질 수 있다.

(5.8) (a) (b) (c)

(a)는 A, B, C 셋이 각기 독립된 위치에서 대응하는 관계이고, (b)는 A와 B가 묶여 한 단위가 되어 C와 대응하는 관계이며, (c)는 B와 C가 묶인 단위가 A와 대응하는 관계이다. 이런 관점에서 보면 (5.6) 문장들의 중의성은 (5.8)에서 보인 구조의 차이, 특히 (b)와 (c)의 구조의 차이에서 비롯된다고 할 수 있다. 이러한 관계를 계층구조(hierarkisk struktur)라고 한다.

(5.6) 문장 요소들 사이의 단위별 관계를 나뭇가지 분기도(分技圖)로 표시하면 아래와 같다.

(5.9)

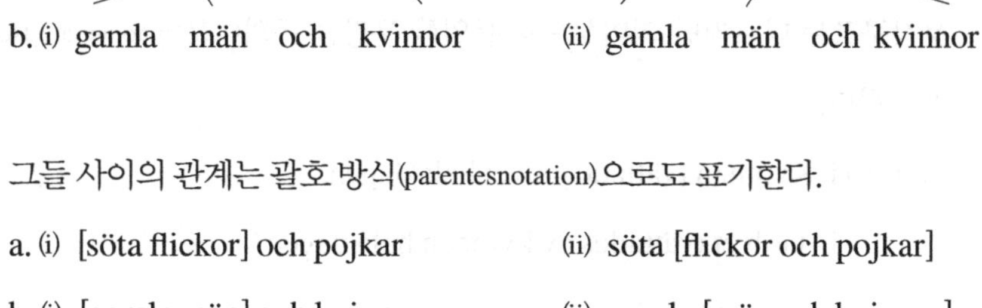

그들 사이의 관계는 괄호 방식(parentesnotation)으로도 표기한다.

a. (i) [söta flickor] och pojkar (ii) söta [flickor och pojkar]

b. (i) [gamla män] och kvinnor (ii) gamla [män och kvinnor]

문장을 분석하는 데는 어순의 관계도 중요하지만 구성성분 사이에 엮어진 계층구조를 명확히 밝히는 것이 매우 중요하므로 이런 문법을 구조문법(strukturgrammatik)이라고 한다. 하나의 묶음으로 단위를 이루는 문장성분을 구성요소(영: constituent; konstituent)라 하고 구성요소를 이루는 성분을 직접 구성요소(immediate constituent/ IC)라고 한다. 예문에서 söta flickor och pojkar는 문장 전체의 구성 'Söta flickor och pojkar är snälla'에서 보면 그 자체가 구성요소이고, söta flickor och pojkar의 직접 구성성분은 söta flickor와 pojkar이다. 더 세분하면 söta flickor의 직접 구성성분은 söta 와 flickor이다. 반면에 söta flickor och pojkar와 är는 직접 구성성분을 구성하지 못한다. 그것들은 주부와 술부의 관계를 이루기 때문이다. 오히려 är snälla가 술부로서 주부에 대한 직접 구성성분이라 할 수 있다. 그러므로 어떤 문장이나 구의 구조적 차이는 그것을 구성하는 직접 구성요소를 어떻게 분석하는가에 따라 나타나는 결과이다. 결과적으로 구조문법은 화자의 자국어 문장에 대한 지식을 설명하는 모델로서 어순문법보다 한 걸음 더 앞선 것이다. 이 문법은 중의성을 가진 문장을 잘 설명해주며 다양한 문장을 도출하고 생성(generate)해 낸다.

(3) 동의이문(同義異文)

문장구조는 다르지만 의미상으로 동일한 문장을 동의이문(synonyma satser)이라고 한다.

(5.10) (a) i. Kvinnan tvättade golvet hela dagen.

ii. Golvet tvättades av kvinnan hela dagen.

ⓑ i. Olle träffade Lisa i Lund.

ii. I Lund träffade Olle Lisa.

ⓐ i. ii. 두 문장은 표면상으로 분명히 다른 구조이지만 화자의 직관으로는 동일한 의미를 지닌 구문으로 판단한다. 이들은 서로 능동문과 수동문의 관계에 있으나 그 차이를 수평적인 구성성분 분석(IC-träd)으로는 설명할 수 없다. ⓑ i. ii. 문장들도 부사의 위치가 문장 끝 위치에서 맨 앞으로 이동한 동의이문이지만 성분들 사이의 이동 관계를 규칙에 맞게 설명하지 못한다. 이 문제에 대해서는 곧 다루게 될 변형 이론에서 다시 논의한다.

2. 구절구조 문법

1) 단선적 구조와 계층적 구조

인간의 언어가 가진 특성 중의 하나는 이중적 구조로서 요소들 사이에 단선적(單線的) 구조와 계층적 구조를 이루고 있다는 점이다. 한 문장 내에서 단어들은 정해진 순서에 따라서 연결되어 있으며 동시에 지배와 종속 관계로 짜여 있다.

전통문법에서 스웨덴어 문장은 주어와 술부로 구성되고, 술부는 동사와 목적어 및 수식어로 구성된다. 그 틀 속에서 다음 문장의 구조를 분석해 본다.

(5.11) Din kompis lånade min bil.

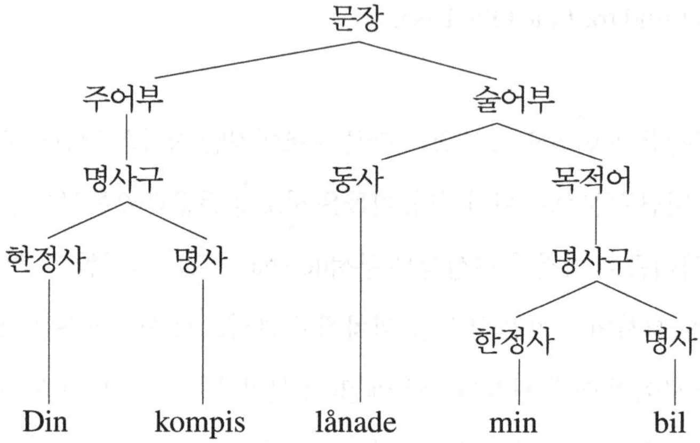

구절구조 문법의 술어에 따라서 문장을 S(영 sentence; sats), 명사구를 NP(noun phrase; substantivfras), 동사구를 VP(verb phrase; verbfras), 동사를 V(verb), 한정사를 D(determinativ; determinare), 명사를 N(noun; substantiv)으로 바꿔 놓으면 (5.11)을 아래와 같이 다시 그릴 수 있다.

(5.12)

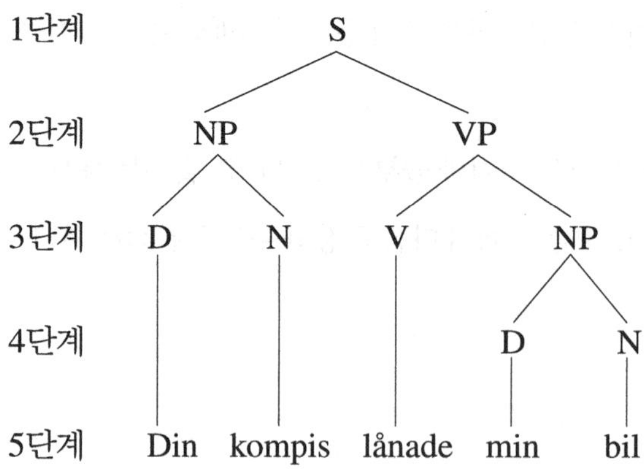

위 그림에서 분기점이 나뉘는 매듭(nod)마다 문법적 성분을 나타내는 명칭이 붙여지는데 이러한 도형은 나뭇가지를 거꾸로 세워 놓은 것 같아서 수형도(樹型圖 trädstruktur)라고 부른다. 문장의 구조는 어순과 계층구조로 이루어져 있다. 이 구조를 나타내는 방법은 수형도라는 이차원적 그림과 함께 괄호를 이용해 표시하기도 한다. 괄호형 표시는 성분들 간의 관계를 한 눈에 식별하기가 좀 어렵다.

[S [NP [D N]] [VP V [NP [D N]]]

수형도는 문장의 어순과 계층구조를 문장성분들 사이의 선후 관계와 지배 관계로써 표시한다. 이 수형도는 다시 아래와 같은 규칙(R)으로 바꾸어 표시할 수 있다.

(5.13)

R1 S → NP + VP

R2 VP → V + NP

R3 NP → D + NP

R4 V → lånade

R5 N → kompis, bil

R6 D → din, min

S(문장)는 NP(명사구)와 VP(동사구)로 구성되고, VP는 다시 V(동사)와 NP(명

사구)로 구성되며, NP는 다시 D(한정사)와 N(명사)으로 구성된다는 의미이다. 한정사(D)에는 형용사, 관사, 대명사가 포함된다. 화살표는 왼쪽 기호를 오른쪽 기호로 바꿔 쓰라는 지시이다. 분기도에서 갈라지는 위쪽 매듭은 아래쪽 매듭을 지배한다고 말한다. 따라서 S는 NP와 VP를 지배하고 VP는 V와 NP를 지배한다.

2) 구절구조 규칙

구절구조를 분석하는 수형도는 문장 구성요소들 사이의 기능적 관계를 명확하게 표시하기 때문에 전통문법에서 써오던 '주어'나 '목적어'라는 표지를 더 이상 붙일 필요가 없다. 이제부터는 문장을 단어들의 모임이 아닌 기능에 따른 구의 집합체로 보는 것이다. 위 규칙(5.13)은 구절을 단위로 삼아 만든 규칙이므로 구절구조규칙(frasstrukturregler)이라 하고 이러한 규칙을 바탕으로 만든 문법을 구절구조문법(frasstrukturgrammatik)이라고 부른다. 그 외로도 이 문법에 필수적인 요소는 어휘부(lexikondel)로서 여기서 어휘투사 규칙 (lexikal insättningsregel)에 따라 구절 규칙에 걸맞는 적격의 단어를 제공한다. 한 언어 공동체가 의사소통에 활용하는 단어들의 총체를 어휘론(lexikonet)이라 하며 그중에서 어느 특정 부분을 가리키는 말을 단어(ord)라고 한다. 적격의 단어란 형태상으로나 통사적으로 문맥에 제대로 맞아서 규칙에 어긋나는 비문법적 문장을 만들지 않는 단어를 의미한다. 이 조건에는 삽입될 어휘의 음운적, 의미적 자질까지 포함된다. (5.13)의 R4. R5. R6의 lånade, kompis, bil, din, min이 이에 해당하며 마치 공식에 대입하듯 이들을 대체할 수 있는 다른 단어들은 얼마든지 있을 수 있다. (5.13)은 스웨덴어 문장을 유도해내는 간단한 규칙이지만 이를 활용하여 아래와 같이 다양한 의미의 문장들을 생성(generera)해 낼 수 있다.

(5.14)

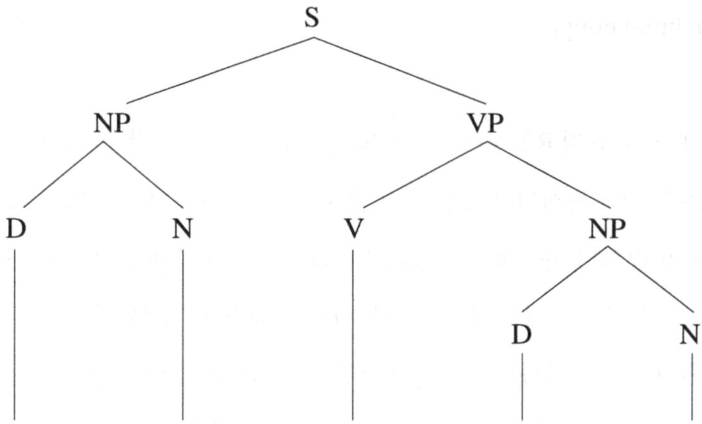

Min	son	gillade	din	dotter
Hans	hund	jagade	min	katt
Dessa	fåglar	äter	färska	mask
Få	elever	läser	många	böcker
Starka	pojkar	träffar	vackra	flickor

구절구조 문법은 많은 적격문을 생성해내면서 구조상의 중의성도 자연스럽게 설명하는 장점이 있다. 일련의 구절구조 규칙과 어휘투사 규칙의 지원으로 문법에 맞는 적격형 문장을 생성해내는 기능을 가진 문법을 생성문법(generativ grammatik)이라 한다. 따라서 구절구조 문법도 생성문법의 한 종류이다. 여기에 뒤에서 설명할 변형규칙의 장치가 더해지면서 변형생성문법(generativ transformationsgrammatik)이라는 이름도 등장한다.

그러면 앞에 나온 구절구조 규칙(5.13)으로 우리가 원하는 문장을 생성해내는 데 별문제가 없는지 검토해 보자.

(5.15) (a) En hund jagade en tupp.

(b) En hund hoppade.

위 두 문장에 (5.13) 규칙 R2: VP → V + NP를 적용하면 (a)문장은 '개가 수탉을 쫓았다'로 동사와 목적어가 있으니 잘 맞지만, (b)문장은 '개가 뛰었다'로 목적어가 필요치 않으니 규칙에 맞지 않는다. 그러므로 (a)와 (b)를 포괄하는 생성 규칙을 만들려면 목적어가 필요 없는 동사도 선택적으로 적용할 수 있는 규칙으로 보완해야 한다. 동사를 타동사와 자동사로 나누어 선택할 수 있도록 해야 한다. 따라서 규칙 R2는 VP → V + (NP)로 고치어 필요할 때에 NP를 사용하도록 한다. ( )는 선택 사항을 표시한다.

그런데 V 마디에는 자동사, 타동사뿐만 아니라 'ge'처럼 목적어를 두 개 취하는 동사, 'lägga'와 같이 목적어와 장소성분(부사구, 전치사구 PP)을 요구하는 동사, 'säga'처럼 보문(S)이 필요한 동사들까지 모두 올 수 있어야 한다. 그러므로 (5.13)의 규칙 R2의 VP를 아래와 같이 확장해야 한다.

R2(a) VP → V + (NP)	'talar (engelska)'
R2(b) VP → V + NP + NP	'ge Lisa en docka'
R2(c) VP → V + NP + PP	'lägger en bok på bordet'
R2(d) VP → V + S	'säger att Stig är duktig'

3) 하위범주화 규칙

위에서 VP에 포함된 각각의 동사는 문장의 다른 요소들과 정확히 들어맞는 V 구조를 갖추어야 그 자리에 들어갈 수 있다. 즉 어떤 동사가 R2(a) ~ R2(d) 규칙과 관련되는가를 명시하는 것인데 이러한 정보를 제공하는 것이 하위범주화 규칙(subkategoriregler)이다.

하나의 문장이 문법적으로 정확하려면 구절구조 규칙과 함께 하위범주화 규칙에 적합해야 한다. 전통적으로 단어들을 범주화하여 동사라는 품사 범주를 규정하고 동사를 다시 자동사와 타동사로 하위범주화(下位範疇化)한다. 예를 들어 위 (a)에서 '아이가 말을 한다'고 하면 자동사 V 하나로 충분하지만 중학생이 '영어'를 말한다고 하면 동사는 목적어를 동반하는 타동사이어야 한다. 또 (b)에서 쓰일 동사는 직접, 간접 목적어 2개가 필요한 ge, skänka, tilldela, beröva와 같은 이중목적어동사(ditransitiva verb)를 사용해야 한다. (d) 구문에서는 내포문 S(보문)를 이끌 수 있는 säga, veta, höra 등과 같은 동사만이 쓰일 수 있다.

뿐만 아니라 통사구조를 명확히 밝히려면 이보다 더 엄밀한 하위범주화를 요구한다. 그 예로 동사의 시제(tempus)가 있는데 현재 또는 과거 중에서 하나를 선택할 수 있고 선택된 대상에 형태음소 규칙까지 적용되어야 정확한 현재 또는 과거 어미의 형태가 갖춰진다. 이를 규칙화해 보면 동사는 동사 어간(Vst/ verbstam)에 시제형태소(TEMPUS)를 첨가하여 현재(PRES)와 과거(PRET) 중 하나를 선택한다. 마지막 단계로 동사별로 알맞은 형태음소규칙을 적용하

여 구체적인 동사형을 도출한다.[4]

R1 V → Vst +TEMPUS

R2 TEMPUS → PRES (PRET)

R3 arbetar(arbetade); åker(åkte)

앞서 사용된 각각의 문장성분(NP, VP, N. V 등)은 다른 요소와 관계없이 일정한 모양을 유지하였다. 그러나 주변 요소의 영향으로 형태상의 변화가 불가피할 때 이와 관련된 규칙을 문맥의존규칙(kontextkänsliga regler)이라고 한다. 스웨덴어 부정관사(obestämd artikel)의 경우를 보자.

R1 ART → en / __ (ADJ) + N +utrum 'en vacker bild'

R2 ART → ett / __ (ADJ) + N -utrum 'ett vackert skåp'

사선(/)은 관사(artikel)가 나타나는 환경을 표시하고 수평선(_)은 해당 단어(관사)의 위치를 알린다. R1 규칙은 통성명사(+utrum) 앞에서 형용사가 있거나 없거나 간에 부정관사는 en으로 정한다. R2 규칙은 중성명사(-utrum) 앞에서 형용사가 있거나 없거나 간에 부정관사는 ett으로 정한다. (ADJ)는 형용사가 선택사항임을 표시한다. 어느 특성의 유무 또는 상호반대 개념은 그 앞에 +와 -로 표시되는데 -utrum은 통성의 반대개념, 즉 중성(neutrum)을 표시한다.

4 Jörgensen/Svensson(1986:191) 참조.

풀어쓰면 스웨덴어 형용사는 중성명사 앞에서 중성어미 -t를 갖는다.

4) 귀환성(Rekursivitet)

지금까지는 단문(單文 sats)을 관찰해왔으나 문장 중에는 다른 문장을 내포하고 있는 좀 더 길고 복잡한 문장도 있다. 다른 문장 속에 끼어 있는 문을 전통적으로 종속문(underordnad sats/ bisats)이라고 하며 변형문법 용어로는 내포문(inbäddad sats; 영 embedded sentence)이라고 한다. 반대로 다른 문장을 끼고 있는 문장은 주절문(överordnad sat/ huvudsats)이다. 다음 문장을 보자.

Mamma sade att Lena hade åkt till stan.

이 문장에서 Lena hade åkt till stan은 서술문으로서 종속접속사 att로 연결되어 mamma로 시작된 문장의 일부를 구성한다. 하나의 문장이 다른 문장 속에 내포되는 종속절의 수효에는 원칙상으로 제한이 없다.

(5.16)

Eva hörde att Lisa sa att Emma lovade att hon och Sara skulle hjälpa henne att hitta ett par snygga byxor så att hon skulle ta på sig på festen för att hon ville se fin ut …

위와 같이 긴 문장은 내용을 선뜻 이해하는 데 어려움이 있지만 통사규칙은 하나의 메시지 속에 무한수의 종속절을 포함할 수 있음을 보여주는 사례이다. 이 점이 바로 언어가 가진 중요한 특성 중의 하나로 촘스키가 규정한 '유한수의 규칙으로 무한수의 문장을 생성해 내는 인간 언어의 능력' 이다.

그러면 이렇게 끝없이 긴 문장들이 구절구조 규칙으로 어떻게 생성될 수 있을까?

문장 (5.16)을 자세히 살펴보면 단문 Eva hörde … 에서 hörde의 목적어에 해당하는 NP 자리에 문장 Lisa sa att … 이 들어 있음을 알 수 있다. Lisa sa att …이 문장인 것은 그 자체 안에 주어 · 동사 · 목적어(NP V NP)가 있어서 그렇다. 이것을 아래와 같이 수형도(träddiagram)으로 표시해 본다.

(5.17)

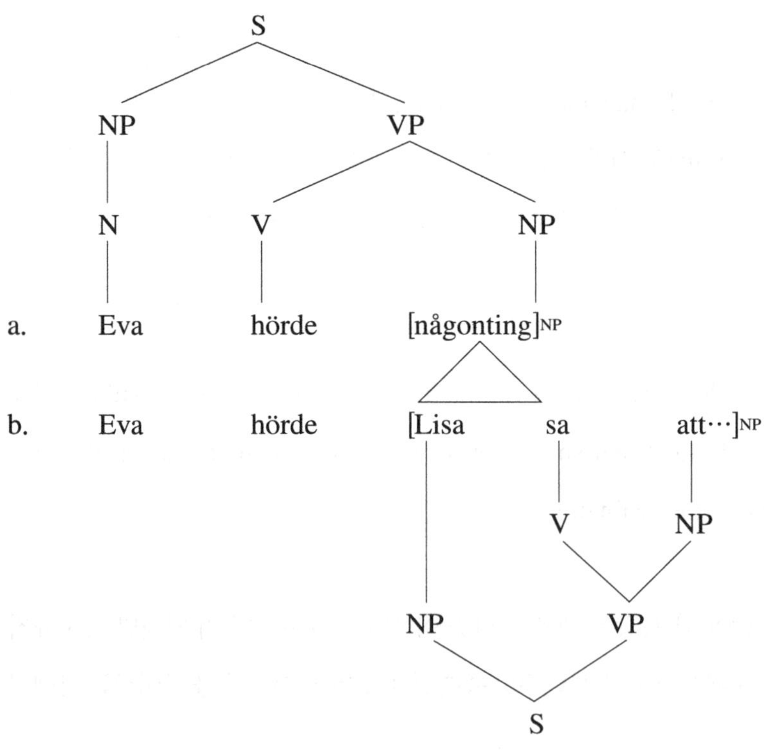

여기에서 Eva hörde와 Lisa sade …의 NP 자리 안에 S가 들어 있는 것을 알 수 있다. 곧 문장(S)이 목적어 NP의 기능을 하고 있는 것이다. 따라서 우리는 구절구조 규칙 NP → N에서 N 대신에 NP가 S로 환원될 수 있는 규칙을 만들어야 함을 깨닫게 된다. △는 모의 기호로서 명시되지 않은 문장 S를 나타낸다. 관련 규칙을 재정리하면

(5.18)

$$S \rightarrow NP + VP$$

$$NP + \begin{Bmatrix} N \\ S \end{Bmatrix}$$

$$VP \rightarrow V + NP$$

(괄호{ }은 N 아니면 S를 택하라는 선택의 자유를 표시한다. 수식어가 있는 경우는 N 대신에 D+N를 택한다.)

여기서 NP가 다시 S로 귀환된다는 것은 NP의 팽창 과정에서 S를 택하면 구절구조 규칙의 맨 위로 올라가 이 S가 다시 NP+VP로 확장된다는 의미이다. 따라서 확장 과정에서 NP가 나올 때마다 이것을 N으로서 확장을 끝내지 않고 계속 S를 선택하면 그 문장의 길이는 이론상으로 끝이 없는 것이다.

앞에서 우리는 규칙에 선택성을 도입하여 문법의 수용 능력을 확대하였는데 이번에는 규칙 체계에 귀환성(rekursivitet)을 추가하여 일단 사용한 규칙을 다시 쓰도록 허용함으로써 문법의 적용 능력을 더 확장한 것이다. 규칙 (5.18)처럼 앞에 나온 규칙을 반복적으로 사용할 때 이를 귀환규칙(rekursiva regler)이라고 한다. 이들 규칙을 이용하여 이론상으로 무한정한 구조를 수형도에 그려

본다. 간결을 위해 S를 유도하는 접속사 att는 생략한다.

(5.19) Eva hörde att Lisa visste att Emma gillade Lasse.

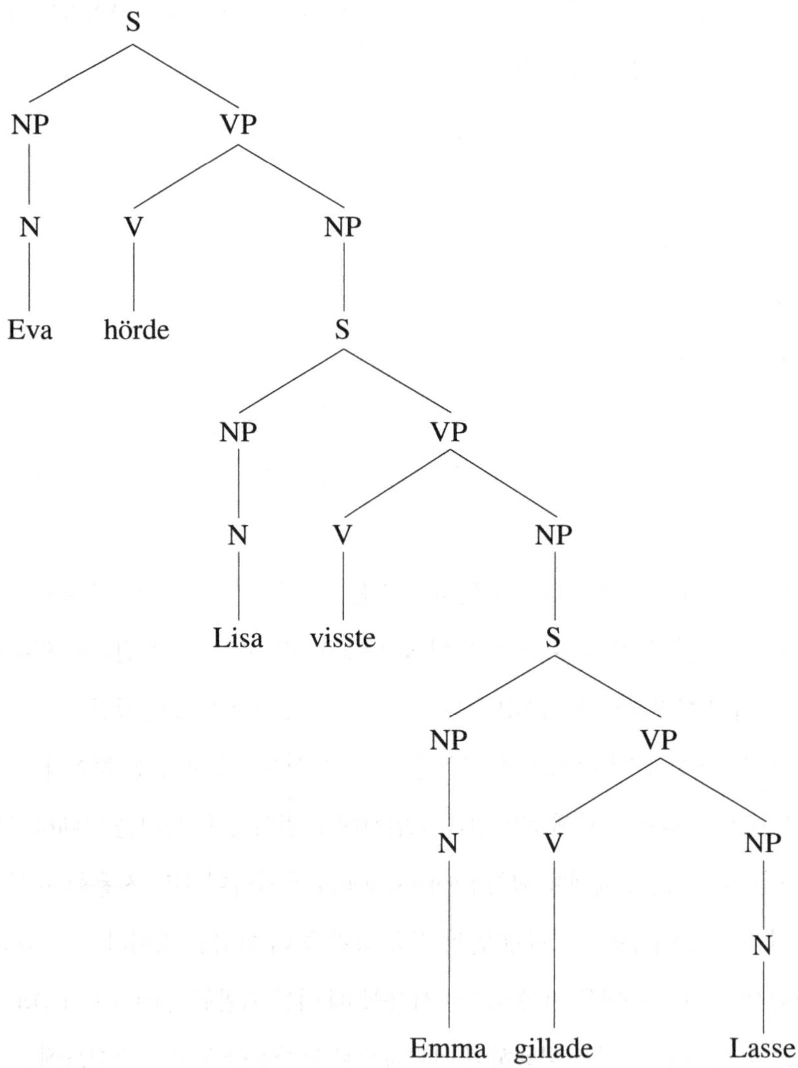

이러한 언어의 팽창성은 언어 구조를 설명하는 재미있는 예문에서도 찾아볼 수 있다.

'Morfem som bygger upp ord former som bygger upp fraser som bygger upp meningar som bygger upp texter.'[5]

'형태소는 단어를 만들고 단어는 구를 만들고 구는 문장을 만들고 문장은 텍스트를 만든다.'

그런데 귀환적 구절구조의 성격을 가진 것은 비단 S뿐만이 아니고 전치사구 PP(영)/ prepositionsfras도 같은 자질을 가지고 있다. 다음 예문을 보자.

(5.20) Huset på gatan vid stranden av floden från berget.
'산에서 (흐른) 강가의 거리(에 선) 집'

이 구문이 유도되는 과정은 어떻게 되는가? 이 문장은 4개의 전치사구로 연결되어 있으며 각 전치사구는 선행하는 명사를 수식하고 있다. 즉

(5.21) a. huset på gatan 'ㅡ거리(에 선) 집'
b. gatan vid stranden '강가의 거리'
c. stranden av floden '강가'
d. floden från berget '산에서 (흐른) 강'

5 Linell(1978:186)에서 인용.

주목할 것은 (5.21)의 구문 하나 하나는 모두가 명사구(NP)이며, 이 명사구의 내부 구조는 N+Det+PP임을 알 수 있다. 여기서 구절구조 규칙 (5.18) 중에서 NP →{ }를 아래와 같이 고쳐 쓴다.

(5.22) NP → N(+Det)+PP

PP → P+NP

Det가 ( ) 안에 든 것은 수의적 요소로 한정사(어말관사)가 필요할 때는 쓰고 그렇지 않을 때는 안 써도 된다는 것이다. 이때 다시 NP를 N+Det+PP로 확장하고, 이 PP를 다시 P+NP로 확장하고, 이 NP를 또다시 N+Det+PP로 확장하고… 그러면 결국 PP가 귀환적으로 계속 나타나게 된다. 따라서 예문 (5.20)을 수형도로 표시하면 (5.23)과 같다.

(5.23)

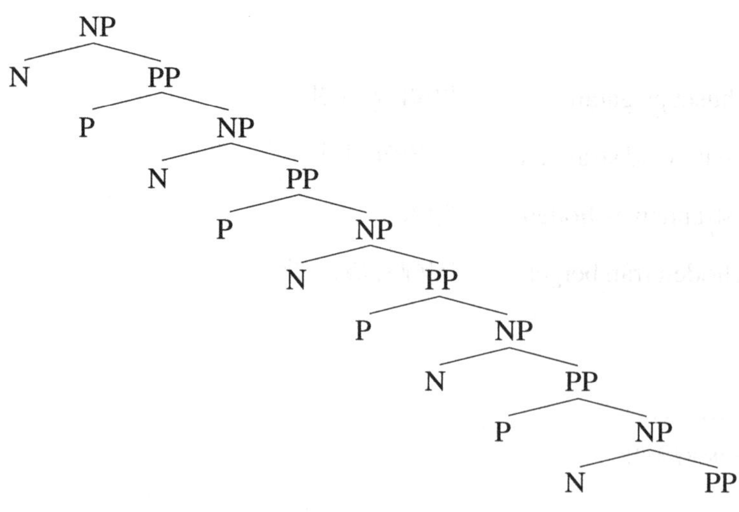

지금까지 우리는 문법 모델로서 구조문법의 기능을 살펴보았다. 구조문법은 그 이전의 어순문법이 설명할 수 없었던 언어 현상들, 말하자면 일정한 적격문의 생성, 구조상의 중의성, 귀환적 규칙의 현상들을 제대로 설명해 줄 수 있음을 알게 되었다. 이론적 성과를 요약하면

1) 몇 가지 규칙으로 문장을 구성하는 단어들의 선형적(線型的) 순서를 정해준다.

S → NP + VP

NP → N + Det

VP → V + NP

그러므로 VP + N 과 같은 문장은 성립되지 않는다.

2) 문장의 계층구조를 명시적으로 제시한다. 아래 예문을 구성하는 6개 형태소가 선형구조를 이루면서 동시에 계층적 단위를 형성한다. 말하자면 형태소들이 몇 개씩 결합하여 더 큰 구성성분을 만들어 낸다. (수형도에서 det는 한정사, Vst는 동사 어간, T(pres)는 시제(현재)를 표시한다.)

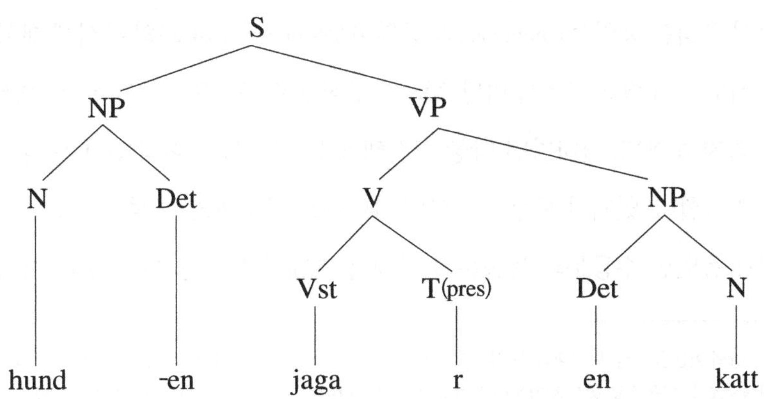

3) 구절구조를 분석하는 수형도는 한 문장의 구성요소들 간의 문법적 관계를 정밀하게 보여준다. 즉 문장의 주어는 S의 직접지배를 받는 NP로, 목적어는 VP의 직접지배를 받는 NP로 각각 정의할 수 있다. 그러므로 재래식 문법 용어 '주어'나 '목적어'라는 표지를 더 이상 붙일 필요가 없다.

4) 전통문법에서 통사구성의 기본 틀이 되었던 내심구조(endocentrisk)와 외심구조(exocentrisk)가 더 이상 유용하지 않게 되었다.[6] 문장 요소들 간의 관계를 체계적으로 분석하여 S라는 궁극적 단위로 통합하는 구문조직의 묘를 새롭게 보인 덕분이다.

그러면 구조문법은 언어능력을 기술하는 모델로서 충분하고 적절한 모델인가? 구조문법에서는 구조와 의미가 비례적 관계를 가지고 있기에 구조가 같은 문장은 의미도 같아야 하고 구조가 다르면 의미도 달라야 한다. 그러나 구조가 같은데도 의미가 다르게 나타나든가, 반대로 구조는 다른데도 의미는 같은 경우가 생기면 구조문법으로는 이런 현상을 설명하기 어려울 것이다.

앞서 우리는 중의성(ambiguitet)과 동의이문(synonyma satser)의 분석에 대해서 논의 하였는데 평면 구조를 바탕으로 한 구절구조 규칙으로는 만족할 만한 설명을 하지 못했다. 말하자면 항상 인접해 있는 요소들 사이의 관계는 명시적으로 기술할 수 있지만 문장구조 상의 차이에도 불구하고, 구성요소들 사이의 관계가 동일한 수동문과 능동문의 관계를 명쾌히 설명할 수 없었다. 이러한

6 통사상의 어군을 형성하는 '내심구조'는 주요어와 수식어의 결합 방식을 가리키며(명사구, 형용사구, 부사구) '외심구조'는 단독으로 통사적 기능이 불가능하여 여러 단어가 결합하는 방식이다(전치사구, 동사구).

문제를 해결하기 위해서 변형규칙(transformationsregler)이라는 새로운 방법론을 도입하여 구절구조 규칙으로 생성된 문장구조를 바꿔가는 또 다른 차원의 문법 규칙이 창안되었으니 이른바 변형생성문법의 출현이다.

3. 변형생성문법(Den generativa transformationsgrammatiken)

1) 심층구조와 표면구조

촘스키는 '통사구조'(Syntactic Structure 1957)에서 변형문법(transformations grammatik) 이론을 설계하고 대표작 '통사이론의 제 양상'(Aspects of the Theory of Syntax 1965)에서 그의 언어관과 문법이론 체계를 종합적으로 제시하였다. 이를 표준이론(Standard Theory)이라고 한다. 앞장에서 설명한 구조문법(PS grammatik)은 이론적으로 영어, 스웨덴어 및 다른 언어도 기술할 수 있을 만큼 완벽해 보이나 적어도 두 가지 측면에서 심각한 취약점이 있다. 첫째는 규칙 체계가 복잡하여 다양한 종류의 어순결합 형태를 일일이 자기 것에 맞는 구조 규칙으로 설명해야 한다. 둘째로 그와 같은 기술 방식은 그 언어가 가진 일련의 일반성(generalisering)을 간과해버린다. 아래 예문 a) b) 두 문장은 구조가 전혀 다르지만 의미상으로 해석이 동일하다는 것을 화자의 직관으로 판단할 수 있다. 그럼에도 불구하고 구절구조 규칙으로는 그들이 서로 가까이 연관되어 있다는 증거를 보여주지 못하는 한계가 있다. 바로 이런 문제점을 해결하고자 창안한 방법이 심층구조(djupstruktur)와 변형(transformation) 이론이다. 앞서 문장의 구조를 수형도로 나타내고 수형도를 생성하는 구절구조 규칙들을 소개하였다. 그는 생성문법을 구상하면서 구절구조 규칙들만 가지고는 언어 사용자의 통사적 지식을 제대로 나타낼 수 없기에 변형(transformation)이라는 기제가 문법 기술에 필요하다고 강조하였다. 예문 a) b)를 다시 생각해 보자,

a) Mannen målade hela huset förra året.

b) Hela huset målades av mannen förra året.

그는 문장이 겉으로 나타난 관찰 가능한 표면구조(ytstruktur)로만 구성되지 않고 내부에 담겨있는 다소간 추상적인 심층구조를 가지고 있어 여기에 변형 조작을 가하여 표면구조로 유도된다고 가정하였다. 즉 심층구조의 설정과 변형 조작을 가정하여 실현된 문장의 다양한 구조를 기술하고 해명하려고 하였다. 중의성을 논의할 때 표면구조에서 사라진 심층구조의 원모습을 되찾는 것을 복원가능성(recoverability)이라 하며 이것이 바로 자국어에 대한 청자와 독자의 언어능력이다.[7]

2) 변형규칙

이 규칙은 두 부분으로 구성되는데 먼저 변형규칙이 적용될 연결체에 대한 구조기술(strukturbeskrivning SB)을 해야 하고 다음에 규칙이 적용된 후에 일어나는 구조변경(strukturförändring SF)에 대한 기술이 뒤따라야 한다. 그러면 위 능동문 a)가 어떻게 수동문 b)로 도출되는지 변형규칙에 따라 분석해 본다. 먼저 문장 a)의 구조를 기술하고 규칙 적용 후 달라진 문장 b)의 구조를 기술해 본다.[8]

---

7 김진우 (2017:197) 참조.

8 분석 방법은 Jörgensen/ Svensson(1986:195-196)을 참고한다.

구조기술 (SB): $NP_1 + V \#TEMP + ADJ + NP_2 + ADV$ [심층구조] →

(mannen) (målade) (hela) (huset) (förra året)

구조변경 (SF): $ADJ + NP_2 + \#TEMP{+}s + av + NP_1 + ADV$ [표면구조]

(hela) (huset) (målades) (av) (mannen) (förra året)

구조기술(SB)의 연결체(성분 요소) 배열순서는 NP_1(명사구/주어), V #TEMP (시제형태소를 갖춘 정동사), ADJ (형용사), NP_2(명사구/목적어), ADV(부사)이다. 그다음 구조변경(SF) 후 배열순서는 ADJ (형용사), NP_2(명사구/목적어), # TEMP+s (수동형 정동사), av (행위자 표시), NP_1(명사구/주어), ADV(부사)이다.

한정형 명사는 N+Best Art, 한정형 부사는 ADV+Best Art(정관사)로 각각 한 단계 더 들어가야 하지만 분석 기술의 간결을 위해서 NP, ADV로 대체하였다. #은 동사와 시제형태소의 결합을 표시한다. 이들 분석사례는 능동문에 아래 다섯 가지 변형규칙을 단계적으로 적용하여 수동문을 유도해내는 과정이다.

1) 동사의 과거 어미 (첨가변형 tilläggstransformation)

2) 목적어(NP_2)가 주어(NP_1) 자리로 옮김 (이동변형 flyttningstransformation)

3) 수동형 표시 s-삽입 (첨가변형 tilläggstransformation)

4) 행위자 삽입 (av NP_1) (첨가변형 tilläggstransformation)

5) 주어가 동사 다음으로 이동 (이동변형 flyttningstransformation)

좀 더 간단한 문장의 변형사례를 들어본다.

(c) Man visade två filmer igår.

(d) Igår visade man två filmer.

구조기술(SB): NP_1 + V ♯TEMP + ADJ + NP_2 + ADV [심층구조]

(man) (visade) (två) (filmer) (igår)

구조변경(SF): ADV + V ♯TEMP + NP_1 + ADJ + NP_2 [표면구조]

(igår) (visade) (man) (två) (filmer)

여기서 구조변경에 적용된 규칙은 이동변형 중에서 주제화 규칙(topikalisering)으로 구조기술의 맨 끝에 있는 부사 igår가 문장의 맨 앞으로 이동한 것이다. 이에 따라 주어(NP_1)와 동사(V♯TEMP)의 위치가 바뀌는 어순도치(inversion)도 일어난다. 표준 이론에 의하면 구절구조 규칙으로 설계된 문장의 골격에 변형규칙이 적용되어 문장이 다양화되고 마지막으로 어휘부(lexikon)의 지원에 의한 개별 어휘에 음운(형태음소) 규칙이 적용되면서 표면구조 Igår visade man två filmer가 생성된다. 그 밖에도 흔히 사용되는 주요 변형규칙으로 삭제변형(strykningstransformation)과 교체변형(utbytestransformation)이 있다.

예

삭제변형(동일 NP): Per sjunger och Per spelar gitarr.

→Per sjunger och spelar gitarr.

삭제변형(관계대명사): Han gillade inte boken som han läste

→Han gillade inte boken han läste.

교체변형(NP-대명사화): Flickan[flickans plånbok hade blivit stulen] var ledsen

→Flickan vars plånbok hade blivit stulen var ledsen.

교체변형(종속절-대명사화): Johan sa att han ritade tavlan men jag tror inte det.

3) 변형생성문법의 얼개

지금까지 고찰한 바와 같이 구절구조 규칙과 변형규칙을 토대로 하는 변형생성문법의 구조는 좀 복잡하고 관련된 모든 규칙들 사이에는 엄격한 순서가 적용된다. Aspects에 의하면 문법은 세 개의 하위성분, 즉 통사부, 음운부, 의미부로 구성된다. 통사부의 중심인 기저부는 다시 구절구조 규칙과 어휘부로 나뉜다. 구절구조 규칙은 S → NP VP, VP → V NP 따위를 말하며 어휘부(lexikon)는 어휘의 의미정보와 통사적 범주 및 기능까지 결정하는 하위범주화 규칙(subkategoriregler)과 어휘규칙(lexikala regler)으로 구성되어 있다. (p.201 참조) 이 규칙들이 다 적용되면 여기에 어휘삽입을 통해 V 따위가 실제 동사로 대치된다. 이때 동사는 철자형 어휘 대신에 음성자질로 표시된다. 예를 들어 V 기호 대신에 ta라는 단어가 들어가지 않고 [-VOC] [+CON]와 같은 음성모형 자질이 들어간다.[9] 맨 마지막 단계인 음운부를 거쳐야 실제로 발음하는 음성 기호로 바뀐다. 기저부의 출력부(output)인 심층구조는 의미부로 넘어가 의미해석을 받는다. 한편 추상적인 심층구조는 변형규칙의 적용을 받게 되며 더 이상 변형규칙을 받을 수 없는 상태를 표면구조라고 한다. 따라서 변형부의 출력부가 되며 통사부의 최종 단계인 표면구조는 음운부의 입력부가 된다. 음운부는 표

9 전상범, '생성문법에서의 음운론'. 문양수 외 p.72-73 참조.

면구조를 받아 실제로 발음하는 모양으로 바꾼다. kurs의 발음을 /kurs/에서 다시[kɵʂ]로 바꾸는 것이 음운부의 일이다. 문법의 세 개 하위성분 중에서 생성적인 것은 통사부이고 의미부와 음운부는 해석 기능만 가지고 있다.

이 문법의 기술 방식은 서술형 설명 대신에 규칙의 형식화(formalisering)를 지향하기에 마치 수학의 공식 전개를 연상하게 한다. 더구나 한 언어의 모든 문법적 문장을 명시적(explicit) 규칙을 이용하여 생성해 냄으로써 화자의 언어 능력을 포괄적으로 기술하는 것을 변형생성문법의 목표로 삼고 있어서 더욱 철저한 기술이 요구된다. 특히 통사규칙은 문장의 의미를 체계적으로 나타낼 수 있도록 자세하고 정확해야 한다.

의미 부분과 관련해서 변형생성문법 초기의 표준이론은 심층구조가 문장의 의미를 기술하는 모든 정보를 포함하기에 변형규칙은 의미를 변화시키지 않는다고 하였다. 그러나 점차 변형 조작도 의미 변화에 영향을 끼치는 사례가 나타남으로써 모델의 수정이 불가피해졌다. 1970년대부터는 생성문법이론이 촘스키를 주축으로 확대표준이론, 수정확대표준이론으로 발전하였고, 1980년대의 지배결속이론(GB-Binding)에 이르기까지 이론의 변화와 함께 개별언어의 규칙 체계를 넘어서 언어 일반의 규칙 체계를 발견하려는 방향으로 나아갔다. 그러나 이 책에서는 개론서의 성격상 표준이론을 중심으로 주요 부분만 소개하였다. 변형(생성) 문법 체계를 도해를 통해 설명한다.

변형생성문법의 얼개

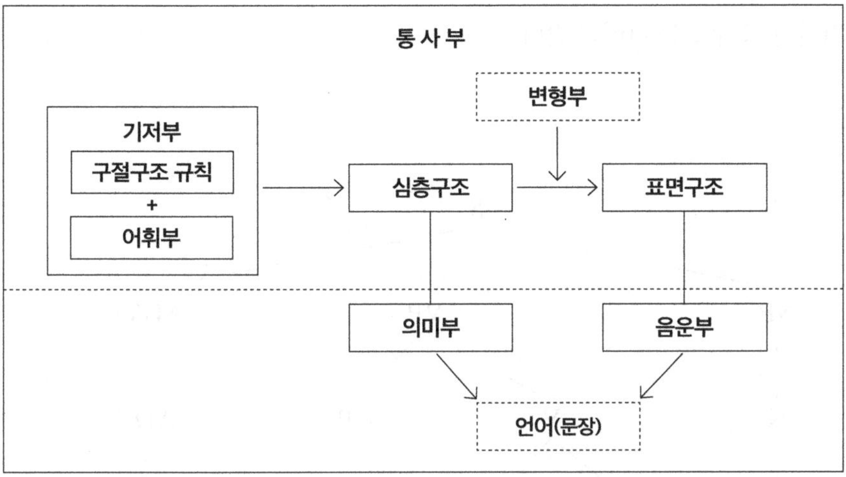

4) 변형문 생성 사례[10]

이상으로써 변형생성의 원리에 대한 설명을 마치고 마지막 단계로 하나의 문장이 어떻게 몇 개의 변형된 문장으로 도출되는지 그 유형을 분석해 본다. 표준이론에서 문법 모델은 구절구조 규칙으로 시작된다. 다음 예문들을 보자.

예문 ⑴ Lasse prisade Kalle ofta.

⑵ Ofta prisade Lasse Kalle.

⑶ Kalle prisade Lasse ofta.

세 문장들은 주어 Lasse로 시작하며 문체상의 뉘앙스를 도외시하면 이들은 같은 의미의 문장이라고 할 수 있다. 그러므로 ⑴~⑶ 문장들은 공동의 심층

10 분석 방법은 af Trampe/Viberg(1972:175-188)를 참조한다.

구조에서 유도되어야 한다. 어느 정도 추상적인 심층구조는 예문 (1)에 제일 가깝고 그 구조는 아래와 같다.

(1)

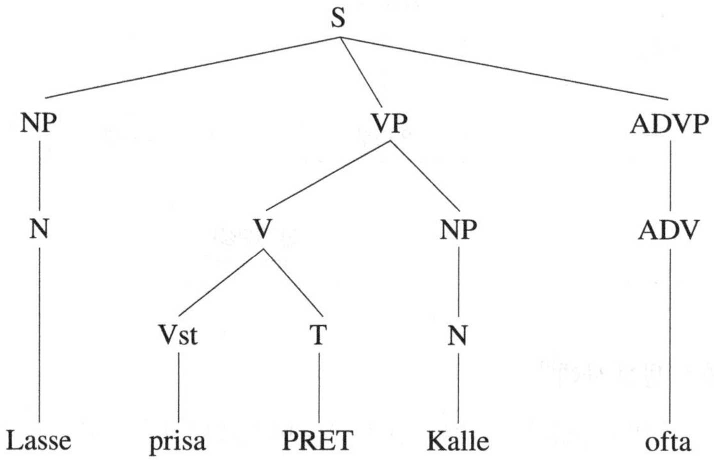

• 기저부(basen)의 구절구조 규칙

심층구조는 기저부의 구절구조 규칙과 어휘부(사전)의 지원으로 구성된다. 구절구조 규칙은 문맥의 영향을 받지 않는 다시쓰기 규칙으로 구성되며 위와 같은 수형도를 만들려면 다음 규칙들이 필요하다.

R1: S → NP + VP + ADVP (ADVP= adverbfras)

R2: VP → V +NP

R3: NP → N

R4: ADVP → ADV

R5: V → Vst + T (Vst= verbstam; T= tempus)

R6: T → PRET (PRET= preteritum)

• 어휘부(lexikon)

N {Lasse, Kalle}

Vst → prisa

ADV → ofta

위 예문 (1)은 아주 간단해서 추상적 심층구조에서 표면구조를 도출하는데 별도의 변형규칙이 필요치 않다. 다만 표면구조의 동사 과거형을 도출하기 위해서 단 한 가지 형태 규칙만 적용하면 된다.

M1: PRET → -de (M= morfem)

심층구조 수형도의 PRET 자리에 -de를 넣으면 예문 (1)이 완성된다.

(1) 주제화 변형(Topikalisering)

위 예문 (2) (3)은 심층구조에 주제화 변형규칙을 적용한 결과 도출된 문장으로 규칙 적용 과정을 보면,

구조기술: 주어 NP는 동사 앞에, 동사 뒤에는 NP 또는 ADVP 등 몇 가지 수식어가 온다.

구조변경: 1. 동사 뒤에 오는 NP 또는 ADVP를 문장의 맨 앞으로 이동한다.
2. 주어 자리의 NP를 동사 바로 뒤로 이동한다.

이와 같은 변형조치(구조변경)를 위 수형도에 적용하면 부사 ofta 또는 명사

구가 문장의 맨 앞으로 이동한다. 도출된 문장(2)와 (3)은 수형도에 아래와 같이 표시된다.

(2)

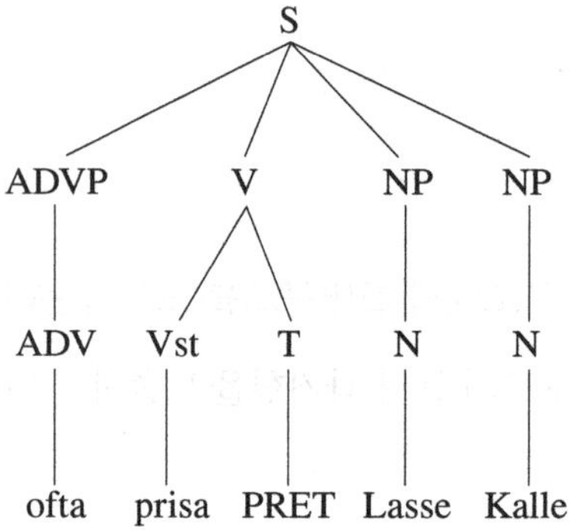

(3)

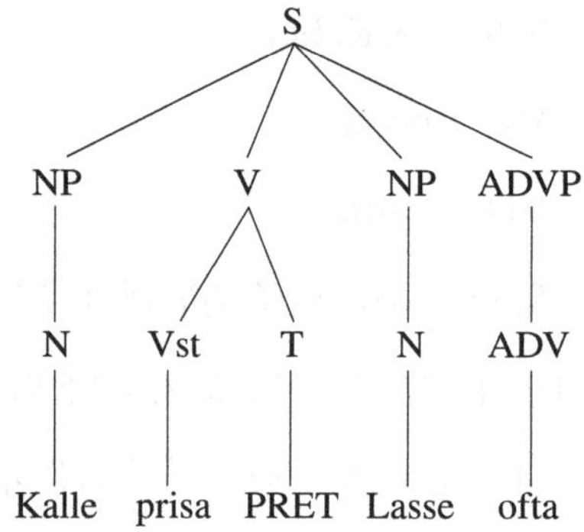

그런데 예문 (1)과 (3)은 그 자체로 뜻이 좀 애매하다. (1)에서는 Lasse가 화제화의 목적어로 해석될 수도 있고 (3)에서는 Kalle가 주어로 해석될 수도 있다. 이처럼 주제화 변형 방식을 통하여 심층구조에서 다양한 표면구조를 도출해낼 수 있다. 게다가 어휘부(lexikon)의 단어수를 확장하면 기저부(bas)의 간단한 규칙으로도 수많은 다양한 문장을 쉽게 생성해내게 된다. 여러 가지 유형의 변형규칙을 적용하는 것은 문법의 적용 능력을 그만큼 확장하는 결과를 가져온다.

(2) 부사 이동변형

한편 Lasse를 주어로 내세우면 다음 문장 (4) 역시 예문 (1)-(3)과 동일한 의미를 갖게 된다.

예문 (4) Lasse prisade ofta Kalle.

스웨덴어 구문에서는 몇몇 부사류, 특히 시간부사는 문두(예문 2)나 문미(예문3)가 아닌 동사 바로 뒤(예문 4)에 올 수 있다. 시간부사가 유일한 부사이면 이 위치를 선호한다. 만일에 시간 부사가 길어져서 부사구가 되면 (5) a)처럼 문장의 맨 뒤로 이동하거나, (5) b)처럼 동사 다음에 오게 되는데 문체상으로는 이런 구문형식을 관용어체(kanslispråk)라고 부른다.

예문 (5) a) Lasse prisade Kalle för en vecka sedan.

b) Lasse prisade för en vecka sedan Kalle.

하지만 이동변형으로 인한 의미상의 차이는 없기에 문체상의 변화를 제외하면 동일한 의미를 가진 문장들이 공동의 심층구조에서 도출되었다고 말할 수 있다. (6) b)와 같이 조동사가 포함된 문장에서 부사는 첫동사(정동사) 다음에 온다.

예문 (6) a) Lasse blev prisad av Kalle ofta.

b) Lasse blev ofta prisad av Kalle.

부사 전방 이동변형(Adverbialframflyttning)

구조기술: 부사구의 한 요소인 시간부사가 문장 끝에 있다.

구조변경: 시간부사를 정동사 다음 위치로 이동한다.

아래 수형도는 부사의 전방 이동을 통하여 동일한 심층구조에서 어떻게 위 예문(4)가 도출되는가를 보여준다.

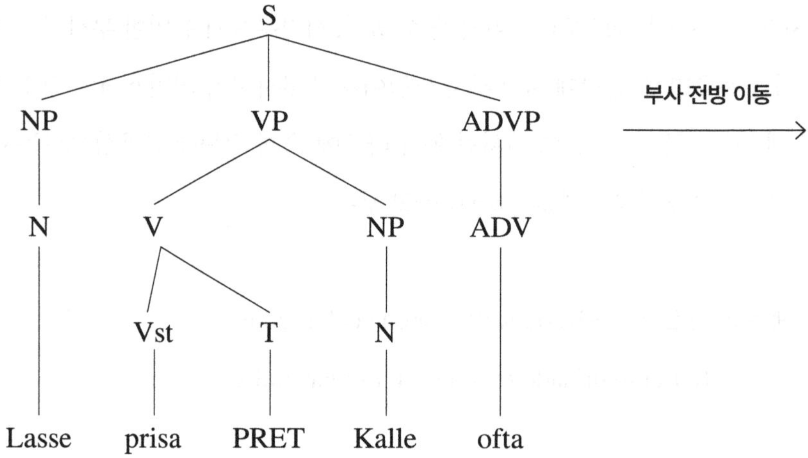

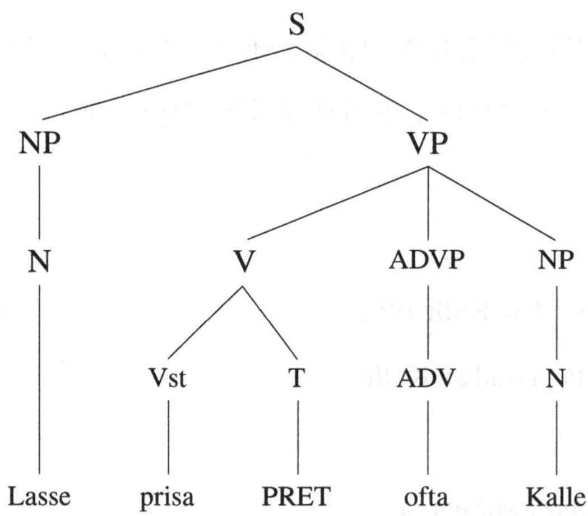

(3) 수동문 변형

다음에는 능동문이 수동문으로 변형되는 과정을 분석해 본다. 예문(7)의 변화 과정을 보자.

예문 ⑺ Lasse prisade Kalle.

⑻ Kalle prisades av Lasse.

⑼ Kalle blev prisad av Lasse.

구조기술: 문장은 VP 아래 최소한 한 개의 NP⑵로 구성된다.

구조변경

1단계 - S의 직접 지배를 받는 NP⑴를 VP의 맨 끝으로 이동한다.

2단계 - PP(전치사구)를 도입하여 이 NP⑴를 지배하게 한다. PP의 맨 앞에 av를 투입한다.

3단계 - VP의 지배를 받는 NP⑵를 문장의 맨 앞쪽으로 이동하여 S의 직접 지배하에 둔다.

4단계 - s-수동형: V의 시제(T)를 PRET(과거)로 바꾼다.

V 끝에 접사 첨가(affixhoppning)를 통하여 -s를 붙인다.

5단계 - bli-수동형: AUX 부분에 bli, V 부분에 과거분사형을 각각 투입한다.

1) s-수동형

본동사 끝에 직접 -s를 첨가하는 s-수동형은 예문 ⑺과 동일한 심층구조에서 s-수동화를 거쳐 예문⑻이 도출되는데 이 과정은 수형도에 아래와 같이 표시된다.

[심층구조]

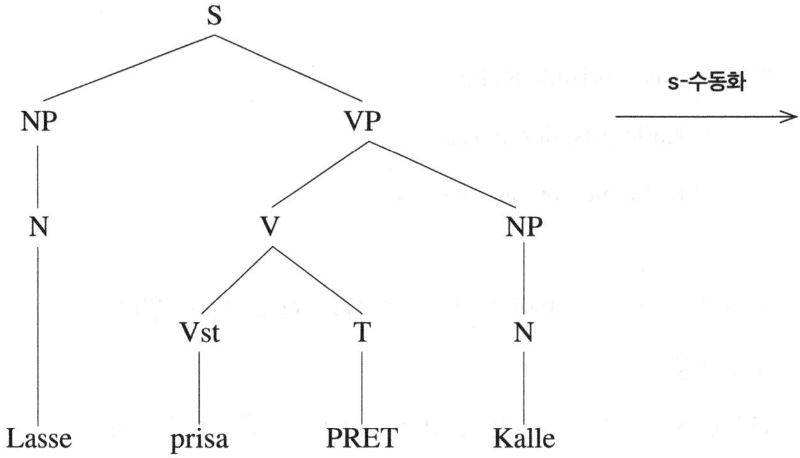
S
NP
VP
s-수동화
N
V
NP
Vst
T
N
Lasse
prisa
PRET
Kalle

[표면구조]

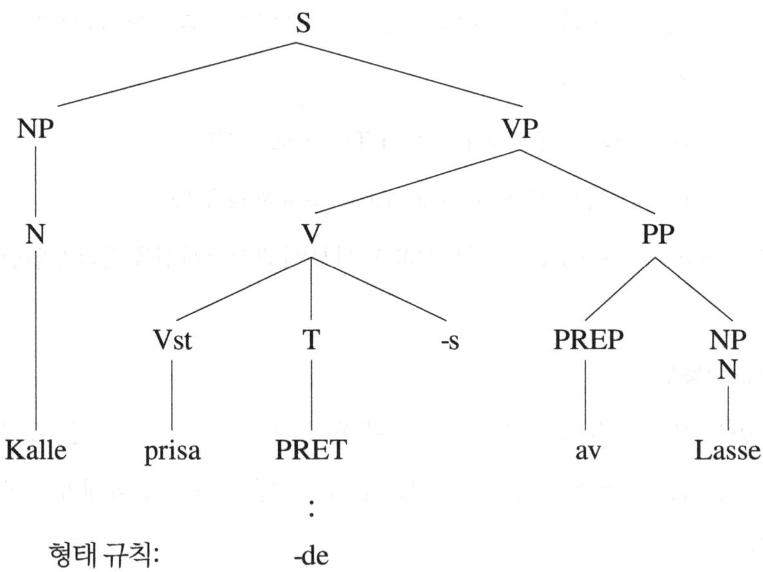
S
NP
VP
N
V
PP
Vst
T
-s
PREP
NP
N
Kalle
prisa
PRET
av
Lasse
:
형태 규칙:
-de

2) bli-수동형

예문 (8)의 s-수동문은 본동사 끝에 어미 -s만 붙이니 간단하다. 그러나 예문 (9)의 수동문은 조동사 bli의 과거형과 본동사 prisa의 과거분사형을 아울러 도출해야 하니 훨씬 더 복잡하다. 변형문법에서는 AUX라는 조동사 마디를 따로 설정하여 동사구에나 또는 독립적 요소로 배치하고 있다. 여기서는 AUX 밑에 bli가 PRET와 결합하여 blev로, 본동사 prisa는 VP 아래서 과거분사 어미와 결합하여 prisad로 각각 도출된다.

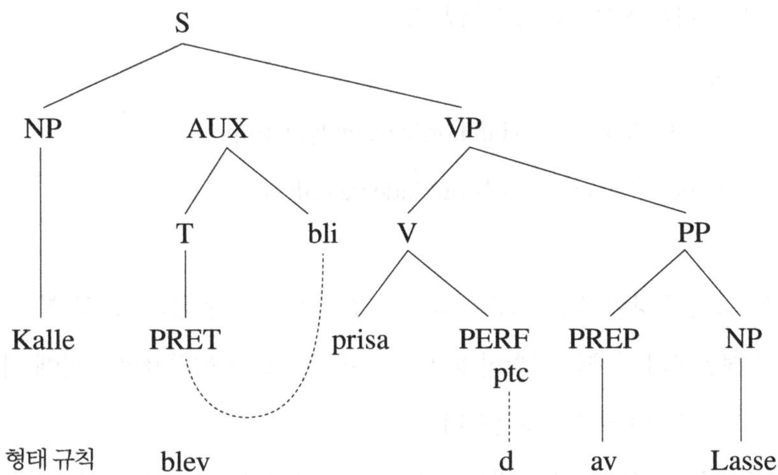

4. 심층 격문법

이제까지 문장을 분석하고 기술하는 과정에서 우리가 시도한 문장구조와 변형규칙만을 나열하는 문법 체계는 인간의 언어능력을 변형규칙의 조합체로 보게 하는 결과를 가져온다. 특히 언어마다 변형규칙의 내용이 달라지는 측면을 고려해 보면 이러한 경향은 바람직하지 않다. 표준이론 이후에 나온 여러 수정이론의 배경에는 변형규칙과 구구조규칙의 과도한 사용을 제한하려는 제약 조건들이 제안되었고 아울러 원리를 통한 일반화가 시도되었다. 그리하여 문법 연구는 여러 수정 이론을 통하여 보다 심층적인 문법 원리나 조건에 집중하게 되었다.[11]

그중에 하나가 심층 격문법(djupkasusgrammatik)이다. 표준이론은 통사 차원에서 다양한 방식으로 문장을 분석하고 기술하였으나 피상적 기술에 머문 측면도 있다. 다음 예문들을 생각해 보자.

Lars slog flickan.	Han körde på en lyktstolpe.
Bordet gick sönder.	Nils ramlade på golvet.

이들 4개 문장이 갖는 직관적 의미는 전혀 다르지만 심층구조로 본 주어 NP와 정동사의 관계는 정확히 동일하다. 동작주 또는 행위자의 역할에 대한 분석과 정보가 더 필요한 부분이다.

촘스키의 표준이론과는 다른 각도에서 필모어(Charles Fillmore)는 격문법(The Case for Case 1968) 이론을 제시하여 심층구조에 대한 기술을 단순히 통사적 측면에만 국한시키지 말고 문장 내의 동사와 여러 명사구 사이에 맺어지는 의미 관계를 더 철저히 포착해야 된다고 주장하였다. 그가 제시한 구절구조 규칙의 기본 틀은 다음과 같다.[12]

11 조문환(2004:111) 참조.

12 Jörgensen/ Svensson(1986: 202)에서 인용.

$$P \rightarrow V + C_1 + \cdots + C_n$$

한 개의 명제(proposition/ P)가 제시되면 동사(V)가 중심이 되어 여러 개의 구성소(constituent/ C= NP)와 연결되어 문장이 성립된다. 구성소(C)는 명사의 격 범주에 해당하는 것으로 행위자격(Agent), 도구격(Instrument), 여격(Dativ), 목적격(Objekt), 처격(Lokativ) 등이 있고 동사와 구성소(C) 사이의 관계는 직접 또는 전치사를 매개로 연결된다. 그 외로도 시제(tempus)와 서법(modal) 관계를 규정하려면 서법 요소(M)도 필요한데 이것은 명제(P)와 함께 직접 문장(S)의 지배를 받는다. 이 문법은 아래와 같은 심층구조를 생성한다.

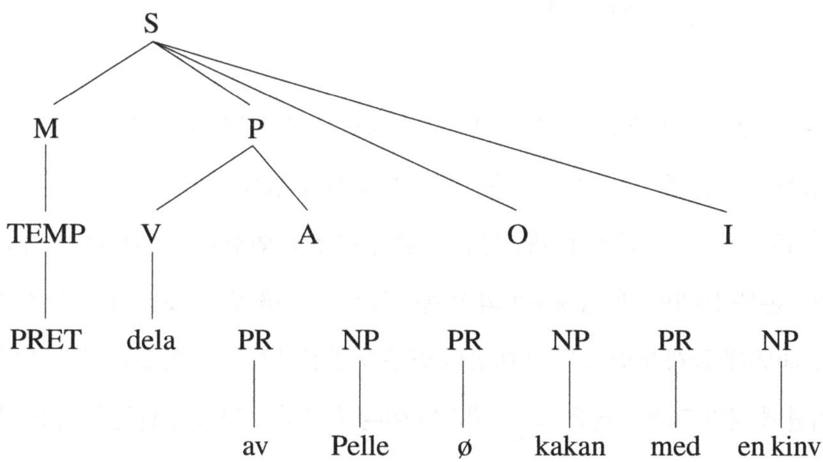

이 문장의 심층구조에도 표준이론의 변형규칙과 기술적으로 동일한 변형조작이 적용된다. 먼저 동사 어간과 시제형태소를 결합하는 접사첨가(affixhoppning) 변형이 적용되고, 명사구를 주어의 자리로 올리는 주어인상(subjektslyftning) 변형, 불필요한 전치사를 제거하는 삭제(strykning)변형 등이

적용된다. 그 결과 심층구조로부터 아래와 같은 표면구조가 생성된다.

Pelle delade kakan med en kniv.

Kakan delades av Pelle med en kniv.

Med en kniv delade Pelle kakan.

어휘부(lexikon)의 목록에는 심층격과 연결되는 동사의 유형에 대한 규칙이 정해져 있어 동사 dela에 대해서는 다음의 정보가 제시되어 있다.

dela +v [_ (A) (O) (I)]

동사 dela는 단독으로 쓰이기도 하고 행위자(A), 목적어(O), 도구(I)를 선택적으로도 사용할 수 있다. 구절구조 규칙에 따라 생성되는 구조는 어휘부가 제시하는 정보와 일치해야만 문법에 맞는 구조로 인정된다. 필모어의 격문법이론은 1970년대 생성문법의 변종으로서 각광을 받았으나 기술적 측면(tekniskt)에 한계가 있어서 더 이상의 연구가 진전되지 못했다. 그러나 의미의 역할에 대한 그의 원론은 그 후 계속된 이론적 분석과 경험적 관찰을 촉진 시킨 것이 사실이다.[13]

13 같은 책 202쪽 참조.

5. 맺음말

이 장에서는 전통문법에서 비롯된 어순문법, 계층 간의 관계를 다룬 구구조문법, 촘스키의 통사구조(Syntactic structure)와 표준이론(Aspects··· 1965)에서 나온 생성문법의 기초 이론을 바탕으로 스웨덴어의 통사구조를 설명해 보았다. 20세기 중반에 생성문법이 처음 등장한 이후 통사론이 이론언어학의 중심적 역할을 하였다. 그 영향으로 형태론이 독립되지 못했으며 형태소는 통사적 분석의 최소 단위로 취급되거나 일부는 음운론 부문에서 다루어지기도 하였다. 표준이론 이후 확대수정 이론에서 논쟁의 주제는 의미론의 위상을 둘러싼 해석의미론과 생성의미론의 대립이었다. 촘스키를 비롯한 해석의미론자들은 음운규칙이 표면구조에 적용되듯이 의미규칙이 심층구조에 적용되는 해석성분이라고 주장한다. 반면에 맥컬리, 레이코프 등 생성의미론자들은 본질적으로 통사론과 의미론은 분리될 수 없으며 변형규칙과 일반 도출규칙의 제약들이 의미표현과 표면구조를 연결한다는 주장을 펴고 있다. 그동안 여러 새로운 주제의 연구가 생기고 앞서 나온 이론도 수정 보완되기도 하였다. 그 이론들에 관해서는 촘스키의 지배결속 이론(Lectures on Government and Binding 1981)에 소개되었는데 조응어(anafor)와 대명어(pronomen), 접속과 내포문(보문과 관계절) 등, 중요한 주제들이 다루어져 있다. 좀 더 심도 있는 공부를 원하면 Jörgensen & Svensson(1986)과 Platzack(1982)를 참고 할 수 있다.

최근에는 통사구조 분석에서 표현이나 구문의 형식보다는 성분의 기능을 중시하는 문법이론도 나온다. 어순규정에 화제(tema)와 평언(rema)까지 포함하고 담화론에서 나온 정보이론까지 수용하여 언어의 본래 기능인 의미전달을 보다 정확하게 기술하고자 노력한다. 새 세기에 들어오면서 언어를 정적인 측면에서 구조와 체계의 학문으로 여겨오던 전통문법이나 구조주의 문법, 변형생성문법 같은 문법이론 틀에서 벗어나는 경향을 보인다. 즉 언어를 실제로 말하고 쓰는 사람들을 위한 동적 측면에서 연구하는 기능문법(funktionell grammatik)의 연구 추세로 바뀌어 가고 있다. 기능문법은 언어의 구조와 그것이 수행하는 다양한 의미 기능을 함께 연구하는 문법이라서 언어생활의 실천에도 기여한다. 이와 같은 연구의 새 방향은 세계적인 추세가 되어 국내에서도 '체계기능언어학'(이관규 외 2021)이 나왔고 우리 말에 대한 포괄적 연구 결과로는 북한의 '조선어 기능문법'(정순기 2013 사회과학출판사)이 출간되었다.[14] 스웨덴에서는 Sjöström (2006)의 'Språkets struktur, betydelse och användning'과 Bolander(2012)의 'Funktionell svensk grammatik'이 나왔다.

14 권재일, 정순기 선생의 '조선어 기능문법'(한글새소식 2015:509호).

제6장
의미론

1. 의미와 의미론

의미론을 일컫는 semantik(영 semantics)이란 명칭은 그리스어 sema '기호'에서 유래한 것으로 언어를 통해 전달되는 의미(betydelse)를 다루는 분야이다. 의미부분에 대한 문제는 철학, 심리학, 논리학, 문학 등 다양한 학문 분야에서 중요하게 인식되어왔다. 그런데 막상 의미가 무엇인가를 명확하게 규명해 보려면 간단치가 않다. 그것은 사물에 대한 의미가 모호하고 포착하기 어려우며 사람마다 의미에 대한 이해가 일정하지 않기 때문이다. 그럼에도 불구하고 우리가 문장의 문법성에 대한 직관(intuition)을 가지고 있듯이 의미에 대한 직관을 가진 것은 확실하다. 아래 문장에서 단어들의 의미나 문장의 의미를 이해하지 못하는 스웨덴 사람은 거의 없다.

Det står en vas på bordet. '책상 위에 꽃병이 하나 있다.'

Himmeln är ovanligt blå idag. '오늘은 하늘이 유난히 파랗다.'

Livet är kort men konsten är lång. '인생은 짧고 예술은 길다.'

정상적인 모국어 사용자는 일상에서 사용하는 단어와 문장의 의미를 직관에 의해 이해하고 있으며 적절한 문맥과 대화 상황에서 그들을 올바르게 사용하고 있는 것이다. 동시에 어떤 언어 표현이 의미상으로 올바르지 못한지도 알고 있다. 의미론은 이와 같이 화자가 단어나 문장의 의미에 대해서 알고 있는 지식을 체계적이며 학술적인 방법으로 규명해내려는 것이다.

언어의 구조체계를 형태와 의미 두 부분으로 크게 나눈다면 음성, 음운론, 형태론, 통사론은 모두 언어의 형태 면 또는 형식 면에 속하는 연구 분야이고 의미에 대한 연구는 의미론이라고 하는 별도의 분야에서 수행된다. 의미론은 단어의 의미를 다루는 어휘론과 문장의 의미를 다루는 분야로 나뉜다. 한걸음 더 나아가 일정한 문맥이나 상황 속에서 사용되는 발화를 연구하는 화용론(pragmatik)도 주로 의미를 연구한다. 전통적으로는 어휘의 연구가 주요 관심 대상이었고 문장의 의미는 언어학의 관심 영역에서 벗어나 있었고 주로 논리학에서 많이 연구되었다. 문장의미론과 화용론은 근래에 와서 언어학계의 새로운 조명을 받게 되었다.

2. 의미와 지시물

의미(betydelse)에 대한 관심은 원래 철학자와 논리학자들에게서 시작되었다. 그들은 단어나 문장의 '의미'는 그것이 지시하는 '대상'이라고 생각했던 것이다. '대상'이나 '지시물'은 실제 또는 가상적 세계에 있을 수 있다. 'Stockholm'의 의미는 이 단어가 지시하는 스웨덴의 수도 스톡홀름이며 'säng'의 의미는 이 단어가 가리키는 가구 '침대'라는 것이다. 하지만 이러한 언어표현들이 지시하는 대상이 곧 의미가 될 수는 없다. 다만 이 단어들에 지시적 표현을 더하여 '이 침대' '그 책상'처럼 문장과 지시 대상물 사이의 관계를 보다 구체적으로 가리킬 수는 있다. 그렇다 하여도 이런 지시론적 언어표현들이 곧 의미는 될 수 없다. 문제점은 동일한 언어 표현이 상황에 따라서 서로 다른 지시 대상을 가리킬 수도 있기 때문이다. 현재 서울에 살면서 '우리가 사는 이 도시'라고 하면 그것은 '서울'이란 도시를 가리키지만 화자가 스톡홀름에서 똑같은 표현을 쓰면 그 지시 대상은 Stockholm이 되는 것이다. 또 한 가지는 전혀 다른 언어표현이 동일한 지시 대상을 가리키는 경우도 있다. '스웨덴의 수도'와 '노벨상의 도시'는 대체로 동일한 지시 대상이 되는 Stockholm을 가리키지만 이 두 가지 표현의 의미는 동일한 것이 아니다. 또 다른 문제는 여러 종류의 명사를 포함하여 형용사, 동사, 접속사, 관사, 조사에 속하는 단어들은 지시 대상이 없다는 점이다. 다음과 같은 표현들은 일상적 의미에서 비지시적 표현들이다.

och '그런데', många '많은', skön '아름다운', tänka '생각하다', ganska '아주', på '-에서', 또 frihet '자유', kärlek '사랑', försoning '속죄' 같은 추상적 의미를 갖는 단어들도 지시적 이미지가 무엇인지 알 수 없다. 그렇다고 이 단어들에 의미가 없는 것은 아니다. 지시적 의미 이론의 과제는 이와 같은 비지시적 표현의 의미를 어떻게 지시체를 바탕으로 기술하고 설명할 것인가 하는 것이다. 이러한 사유로 인하여 지난날의 언어학자들이 의미를 연구하는데 있어서 언어 자체만을 탐구 대상으로 삼고 언어 외적인 외부 세계와 관련된 문제는 도외시하였던 것이다.

3. 의미와 심적 표상

언어의 의미에 대한 또 하나의 관점은 심적 표상(mental representation)이다. 언어 사용자가 세상의 갖가지 사물이나 현상에 대해서 말 할 수 있는 것은 언어표현이 직접 사물을 가리키는 것이 아니고 화자가 가지고 있는 세상에 대한 심적 모형을 통해서 간접적으로 연결시켜 주는 것이다. 아래 예문에서 보듯이 똑같은 한 가지 상황을 화자는 다른 관점에서 보고 이것을 다르게 표현한다.

Mona sover. 모나는 잠잔다.

Mona är sovande.(?) 모나는 잠을 자고 있다.

동일한 상황을 다르게 표현하는 것은 심적 표상이 다르기 때문이며 이를 가리켜 표상적 의미론이라고 한다. 표상적 관점에 의하면 다른 방식의 개념화가 세계의 상황 인식과 기술에 영향을 미치게 한다. 말하자면 심적 표상을 시각적 이미지와 동일시하는 것이다. '늑대'라는 말에 대한 심적 표상은 우리 머릿속에 떠오르는 늑대의 모습이라는 주장이다. 이 견해의 문제점은 '우정, 진리, 친절' 같은 추상적 의미를 가진 단어들의 시각적 이미지가 무엇인지 알 수 없다는 점이다. 이런 문제를 해결하는 방법은 심적 표상을 시각적 이미지가 아닌 개념(begrepp)으로 파악하는 것이다.

1) 의미 삼각도

20세기 전반에 오그든(Ogden)과 리차즈(Richards)는 언어는 인간이 사용하는 가장 중요한 기호체계라고 규정하고, 기호에는 그것이 가리키는 대상물(지시물)과 그것의 내용인 개념이 있다고 주장하였다.

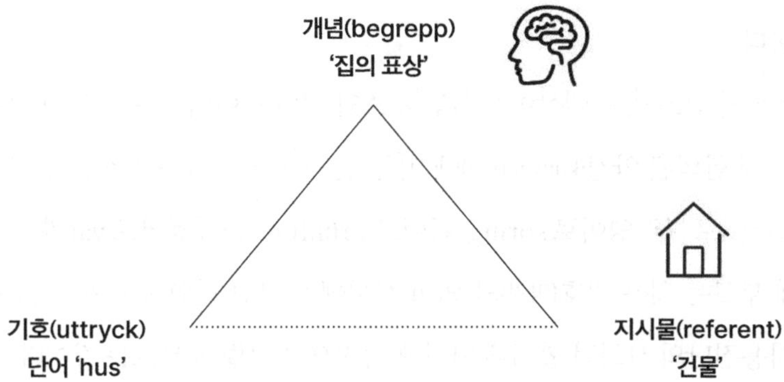

기호(uttryck)와 개념(begrepp)이 결합하여 단어(ord)가 성립되며 개념에 상응하는 지시물도 있는데 이와 같은 세 요소 사이의 관계를 기호학적 의미삼각도(semiotiska triangeln)라고 부른다. 개념은 의미이며 기호가 세상의 어떤 사물을 표의하는 것은 인간의 정신 속의 개념을 통해서 이뤄진다. 기호와 단어를 구별한 이유는 한 가지 개념에 부합하는 유사한 단어들이 여럿이 있을 수 있기 때문이다. 위 그림에 제시된 기호의 표의 작용에서 기호와 개념의 관계, 개념과 지시물의 관계는 기본적이고 직접적이지만 기호와 지시물의 관계는 점선으로 표시한 대로 간접적이다. 외부 세계의 어떤 지시물이 화자의 마음에 생각(개념)을 불러일으키고 그것이 그에게서 기호를 이끌어 낸다. 여기서 개념(의미)은 소쉬르의 시니피에(signifié), 기호는 시니피앙(signifiant)에 해당한다.

의미는 실제세계와 허위세계에도 있을 수 있다. 많은 단어들이 실제의 지시 대상이 없어도 의미를 가지고 있다. 스웨덴어의 troll, spöke, själ, godhet 같은 단어들은 현실에 있는 실상을 지시하는 것이 아니지만 이런 단어들이 의미하는 상황에 대한 인식 또는 심적 표상을 화자는 가지고 있다. 반면에 어느 단어들은 지시 대상은 있으나 의미가 없는 것들도 있다. 여러 대명사가 이 부류에 속한다.

의미론의 최초 연구 대상이 되었던 기호와 의미 사이의 관계는 언어 사용자들 사이에 합의된 약정(konvention)에 따른 결과이다. 꽃피는 계절을 한국어로 '봄', 중국어로 '春', 영어로 spring, 독어로 Frühling, 스웨덴어로 vår라고 각각 다르게 부르는 것은 기호(명칭)와 의미 사이에 아무런 필연적 관계가 없이 그 언어 사용집단의 사회적 합의에 따라 인습적으로 그렇게 부르는 것이다. 이와 비슷하게 빨간 신호등이 자동차의 멈춤을 지시하는 것도 사회적 약정으로서 언어기호와 같지만 신호 체계는 언어기호의 특징인 구조체계가 없다는 점이 크게 다르다. 언어체계를 기호론적 관점에서 아래와 같이 분류하기도 한다.

기호론(semiotics)
- 통사론(semiotics) - 기호들 사이의 형식적 관계
- 의미론(semantics) - 기호와 그 지시대상물 사이의 관계
- 화용론(pragmatics) - 기호와 그것의 사용자와의 관계

이 세 분야는 완전히 독립되어 있지 않고 서로 연관되고 겹치는 데도 있다.

한편 단어와 지시물 사이의 관계가 항상 일치하는 것도 아니다. 단어가 사용되는 문맥에 의해서 지시물이 다르게 결정되는 사례도 있다. ge mig skruvmejseln '드라이버(나사돌리개)를 내게 다오'라는 문장에서 지시물

skruvmejsel은 그것이 쓰이는 상황에 따라서 그 종류가 모양(-자 또는 +자)과 크기에 따라 아주 많이 있을 수 있다. 아니면 수식어를 이용하여 특정한 지시물 'den röda skruvmejslen 붉은색 드라이버'로 지정할 수도 있다. 때로는 의미 내용을 세분화하려고 다른 명칭(단어)을 만들어 쓰기도 한다. '나무'라는 일반적 의미의 단어 träd 이외에 tall '키 큰 소나무', ek '참나무', gran '전나무' 등으로 구별해서 쓴다. 또한 언어마다 문화적 영향으로 기호(명칭)가 지시하는 의미의 장(fält)이 다르다. 아래 그림에서 세 개 언어의 의미장을 비교해 본다.

<table>
<tr><th>한국어</th><th>스웨덴어</th><th>영어</th></tr>
<tr><td rowspan="2">나무</td><td>träd</td><td>tree</td></tr>
<tr><td>trä</td><td rowspan="2">wood</td></tr>
<tr><td rowspan="2">숲</td><td rowspan="2">skog</td></tr>
<tr><td>forest</td></tr>
</table>

한국어 '나무'의 의미장은 스웨덴어 'träd, trä'를 포함하고 영어의 'tree와 wood의 일부까지 포함한다. 반면에 한국어 '숲'의 의미장은 스웨덴어 skog와 영어의 forest는 물론 wood의 일부까지를 포함한다.

지시물과 명칭의 관계는 자연환경과 문화 풍속의 영향으로 다양하게 나타난다. 에스키모어는 snö '눈'을 가리키는 명칭이 농도에 따라 다른 언어권보다 훨씬 더 많다고 한다. 한국어는 분설, 습설, 굳은 눈, 진눈깨비 정도이다. 스웨덴어로는 snö, blötsnö, skarsnö, pudersnö 정도이다. 한편 친족 관계 명칭을 보면 스웨덴어는 영어, 독어에 비하여 한국어처럼, 할아버지, 삼촌, 고모 계열의 명칭이 세분화되어 있다.

친족 명칭 비교

한국어	스웨덴어	영어	독어
할아버지	farfar	grandfather	Groβvater
할머니	farmor	grandmother	Groβmutter
외할아버지	morfar	maternal grandfather	Groβvater müterlicherseits
외할머니	mormor	maternal grandmother	Groβmutter müterlicherseits
고모	faster	paternal aunt	Schwester des Vaters
삼촌	farbror	uncle	Onkel väterlichseits
이모	moster	maternal aunt	Schwester der Mutter
외삼촌	morbror	maternal uncle	Onkel müterlicherseits

위 도표에 나타난 8가지 친족 명칭의 특징은 첫째로, 한국어와 스웨덴어는 모든 명칭이 단일어 형태로 대응하고 있다는 점이다; '할아버지 farfar, '할머니 farmor, '외할아버지 morfar, '외할머니 mormor, 고모 faster, '삼촌 farbror, '이모 moster, '외삼촌 morbror. 둘째로 영어와 독어의 경우는 친가 쪽의 할아버지(grandfather, Groβvater), 할머니(grandmother, Groβmuter) 명칭은 단일어로 되어있으나, 외가 쪽의 할아버지와 할머니(maternal grandfather,

Groβmutter müterlicherseits)와 고모, 삼촌(영어 제외), 이모, 외삼촌이 다 두 개 이상의 단어 연결체로 구성되어 있다는 점이다. 즉 외할아버지를 '어머니계 할아버지, 이모를 '어머니계 자매' 식으로 풀어쓰기(parafras) 형식으로 표현한다는 점이다. 특히 한국어와 스웨덴어는 어족이 전혀 다른 언어인데도 불구하고 유독 친족어 구성 방식이 동일한 점은 우연을 넘어 신기롭기까지 하다. 반면에 영어와 독어는 같은 서게르만어파에 속하지만 할아버지, 할머니 명칭만 단일어 형태이고 나머지 6가지 친족 명칭은 영어의 uncle을 제외하고 고모(paternal aunt(영); Schwester des Vaters(독)처럼 모두 두 개 이상의 단어 연결체로 구성되어 있다.

2) 개념과 원형(Prototyp)

심적 표상으로서 개념은 어떤 단어의 개념을 해당 사물에 적용할 수 있는 필요충분조건이라고 보는 것이다. 예를 들어 fröken '…양', '미혼 여성 성명 앞에 붙이는 경칭'이라는 단어의 개념에 대해서 다음과 같은 조건을 적용할 수 있다.

1) x는 사람이다.

2) x는 어른이다.

3) x는 여자이다.

4) x는 미혼이다.

위에 제시한 네 가지 조건이 충족될 경우에만 fröken '…양'이란 말을 사용할 수 있는데 이 네 가지 조건이 바로 '…양'의 심적 표상인 개념이라는 것이다. 하지만 위 조건들을 대체로 만족하면서 그중 한 가지라도 이견을 제기할 수 있다면 '…양'이란 말을 쓰는 데 문제가 제기될 수 있다. 1960년대 스웨덴 유학 시절 체류 기간 연장 신청을 하러 Uppsala시 경찰서에 들렸는데 60세가 넘어 보이는 여성 직원 가슴에 Fröken M. Lundberg란 명찰이 보이는 순간 어쩐지 부자연스러움을 느꼈다. 영어의 미스(Miss)에 해당하는 fröken이라는 존칭은 20대 전후 미혼 여성에게 붙이는 것이 상식화되어 있었기에 비록 60대의 할머니라도 미혼일 수 있으나 원형에서 한참 멀어져 있다고 생각했던 것이다.

일찍이 심리학자와 언어학자들은 단어의 개념(의미)에 대해서 언어 사용자들의 직관(intuition)에 부응하는 좀 더 엄격한 이론을 요구하였다. 개념에 대한 정의가 애매하다는 것이었다. 이러한 문제점에 대처하여 '개념'을 원형(prototyp)이라는 기준으로 이해하는 이론을 내놓았다. 원형은 어떤 범주의 가장 중심적이며 전형적인 의미 구성소를 말한다. 범주의 이름이 주어지면 가장 먼저 떠오르는 원형의 표상(prototypföreställningar)을 말한다. 자주 논의되는 fågel '새'의 개념 문제가 그렇다. 보통 fågel이라고 하면 gråsparvar '참새', talgoxar '박새', koltrastar '지빠귀'와 같은 종류를 포함하고 때로는 pingviner '펭귄', strutsar '타조'까지 이 부류에 넣는다. 그런데 막상 '펭귄'과 '타조'는 날지 못한다는 사실에 직면해서는 이 기준이 흔들린다. 우리는 '새'라는 범주에 속하는 동물 중에서 가장 대표적인 것으로 참새를 든다. 다시 말해 '새'라는 단어의 심적 표상은 '참새'의 심적 표상이 되며 '참새'의 심적 표상은 아주 전형적인 '참새'의 이미지가 되는 것이다. 그것은 날개를 달고 하늘을 날 수 있으며 몸집은 비교적 작은 적당한 크기이다. 날지 못하는 펭귄이나 타조는 새가 아니다. 일단 원형을 정해 놓으면 필요충분조건이라는 엄격한 제약 때문에 개념의 애매성으로 생기는 문제는 없어진다.

개념에 대한 이해는 언어 사용자마다 조금씩 다르기 때문에 각 단어에 대한 개념의 원형에 대한 정의는 전문가들에게 의뢰하는 수밖에 없다. 그들의 단어에 대한 개념 정의와 사용법을 모아 놓은 것이 언어사전(lexicon/dictionary)이다(6 참조).

4. 의미장과 성분분석

20세기에 들어와서 언어는 모든 요소들이 서로 관련성을 맺고 있는 총체적 구조라는 인식을 갖게 되고 한 언어의 어휘 전체도 각 어휘의 의미가 서로 연관된 체계라는 생각을 하게 되었는데 이 분야의 연구를 구조의미론이라고 한다. 맨 처음으로 소쉬르가 제시한 심리적 연상(association) 작용에 의해서 환기되는 모든 어휘들이 갖는 관계를 그 후 언어학자들은 연상장(associative field)으로 부르면서 어휘의 의미적 측면이 연구되기 시작하였다. 그들은 의미장을 각각의 개별 어휘와 한 언어 전체 사이에 존재하는 동질적 어휘들의 의미 부류로 가정하고 그 의미장(semantiska fält) 내에서 어휘들은 서로 유기적인 연관성을 맺고 있다고 규정하였다. 이러한 의미장들은 또다시 언어 전체의 어휘 구조를 결정한다는 것이다.

'의미'란 매우 다양하고 애매성까지 곁들여 있어서 의미 관계를 더 체계적이고 간결하게 기술하기 위해서 음운론의 방법론을 의미 연구에 도입하고 있다. 성분분석(komponentanalysis)이란 음운론에서 음운을 그것을 구성하고 있는 변별자질로 분석하듯이 의미를 일련의 보다 작은 일반적 의미자질(semantisk komponent)로 분석하는 방법이다. tal의 /t/와 dal의 /d/는 유성(tonande)과 무성(tonlös)에서 구별되듯이 pojke와 flicka의 의미상의 차이는 성(sex)의 차이에서 기인한다. 그러므로 '남성'과 '여성'의 성은 의미소성(意☒素性)이 된다.

좀 더 구체적인 분석사례를 보자. 두 가지 명사를 맨 먼저 성(genus)이란 의미자질로 분석해 본다.

A: far; (생물), (사람), ((남성)), (어른), (기혼), (자녀 있음)

B: mor; (생물), (사람), ((여성)), (어른), (기혼), (자녀 있음)

이들 6개 자질 중에서 '아버지'와 '어머니'의 뜻을 구별해주는 결정적인 의미자질은 '남성'과 '여성'이다. 또한 'man' 과 'kvinna'의 의미 차이도 성에 의해 분화되며 다른 자질들은 두 단어에 공통된 것들이다.

두 번째로 ANIMAT '생명체'와 INANIMAT '무생물'을 기준으로 분석해 본다.

A: ANIMAT '생명체'; murare, kock, hund, ko, björn, tupp, mes, uggla, haj.

B: INANIMAT '무생물'; pengar, kärlek, å, flod, älv, berg, backe, stol, kastrull.

의미자질은 순수한 형식적 잣대로서 그 자체로는 의미가 없다.

세 번째로 '생명체'로 분류된 위 단어들을 더 세분해 본다.

A1: murare '미장이', kock '요리사' (+MÄNSKLIG '인간')

A2: hund '개', ko '암소', björn '곰' (+DÄGGDJUR '포유류')

A3: tupp '수탉', gråsparvar '참새', uggla '부엉이' (+FÅGEL '조류')

A4: haj '상어', gädda '강 꼬치고기' (+FISK '어류')

이로써 생명체는 다시 '인간', '포유류', '조류', '어류'로 더 분류된다.

네 번째로 위에 든 동물들을 다시 TAM '길들이기'와 VILD '야생'이란 의미자질로 한 단계 더 분류할 수 있다(Jörgensen/ Svensson 1986:59 인용).

1) hund, ko ANIMAT 생명체, DÄGGDJUR 포유류, TAM 길들이기
2) tupp ANIMAT 생명체, FÅGEL 조류, TAM 길들이기
3) björn ANIMAT 생명체, DÄGGDJUR 포유류, VILD 야생
4) mes, uggla ANIMAT 생명체, FÅGEL 조류, VILD 야생

1) 부류에 적용되는 의미자질은 får, häst 등에도, 2) 부류의 의미자질은 höna, gås, kalkon 등에도 적용된다. 이 부류에 속하는 단어들에는 몇 가지 자질들이 공유되어 있지만 이들 단어들이 동의어(synonym)는 아니고 각기 다른 인식적(kognitiv) 의미를 지니고 있다. 그 차이를 표시하기 위해 ko '암소'에는 NÖT '축우', får '양'에는 FÅR 종류라는 자질을 추가한다.

이제까지 검토한 바와 같이 어휘의 의미를 일련의 의미자질의 총합체로 간주하고 이 자질들에 의해서 단어 사이의 관계를 기술하려는 것이 성분분석 방법이다. 의미자질을 이용한 의미기술은 유럽에서는 하나의 의미장을 구성하는 어휘들의 계열적 관계(paradigmatic)를 분석하는 데 이용되었다. 한편 미국에서는 변형문법의 체계 안에서 통사론과 관련하여 문장에서 사용된 어휘들의 의미가 선택제한 규칙/하위범주화 규칙(subkategoriregler)에 따라 서로 조직을 이뤄 문장의 의미를 구성하는 방식을 기술하는 데 사용되었다(p.201, 215).

다른 유형의 의미 분석 사례로 운송 수단을 표시하는 어휘의 뜻을 구별하

는 의미 자질을 제시해 본다.

운송 수단의 의미자질 모형도

	수송 수단	사람	동력	통행로 제한	승객수(다소)
cykel	+	+	-	+	-
bil	+	+	+	-	-
buss	+	+	+	-	+
lastbil	+	-	+	-	0
tåg	+	±	+	+	+

위와 같은 의미자질에 의한 분석 방법의 문제점은 의미자질의 수를 얼마만큼 더 확장해 나가는가에 달려있다. 음운론에서 쓰이는 변별적 자질은 대략 20~30개로 한정되어 있다.

5. 구조의미론

전통문법에서는 단어를 의미의 최소 단위로 보았다. 하지만 아래와 같은 문장들을 비교 분석하려면 단어보다 더 작은 낮은 단계의 의미 구성소를 설정할 필요가 있다.

1) Karin älskar sin mamma.

2) Karin älskade sina leksaker.

1)과 2)에서 älskar와 älskade는 '사랑한다'는 뜻을 가졌으나 앞의 것은 현

재의 상태를, 뒤의 것은 과거의 상태를 가리킨다. 이러한 의미 차이는 어미 -r와 -de로써 표시된다. 2)의 leksaker의 경우에도 leksak과 그 의미의 차이를 드러내는데 앞의 것은 복수이고 뒤의 것은 단수이다. älskade는 älska와 -de로, leksaker는 leksak과 -er로 구성된, 즉 두 개의 의미소로 만들어진 단어들이다. 구조주의 언어학자들은 이들을 형태소(morfem)라 불렀고, älska, leksak과 같이 홀로 쓰일 수 있는 것은 자립형태소(fritt morfem), -r나 -de와 같이 다른 형태소에 접속되어 있는 것을 의존형태소(bundet morfem)라고 불렀다.

이른바 단어는 최소 자립형태소 하나만으로도 완전한 의사 표시가 가능하다.

3) Gå!

4) a. Vem slog Gunnar?

b. Johan

3)의 명령문이나 4)b 답변은 단어 하나로 구성된 문장이다. 이들은 단 하나의 단어로 화자의 뜻을 충분히 반영하고 있다. 구조주의 형태 분석이 도입되기 이전에는 이러한 단어의 자립성 때문에 형태소보다는 단어가 우선적으로 의미 분석의 대상이 되었던 것이다. 그런데 단어도 크게 보면 두 가지 부류로 나눠진다. 예컨대

5) Gunnar öppnade dörren med en nyckel.

문장 5)를 구성하는 단어들은 Gunnar, öppnade, dörren, nyckel 부류와

med, en과 같은 부류로 크게 양분할 수 있다. 이들의 차이 역시 자립성의 정도에서 온다. 앞에 단어들은 자립 형태로 쓰일 수 있고 뒤의 것들 med, en은 그렇지 못하다. 전자는 단어 그 자체로 어떤 내용을 가지고 있으나, 후자는 다른 단어와 연결될 때에 비로소 의미를 띠게 된다. 그래서 전자를 내용어(innehållsord), 후자를 형식어(formord)라고 부른다. 일반적으로 명사, 동사, 형용사, 부사에 속하는 단어들은 내용어이며, 전치사, 접속사 등은 형식어이다. 의미론은 내용어의 의미 분석에 역점을 두고 있다.

단어의 의미는 또한 맥락(kontext)과 상황 속에서 밝혀진다. 예컨대 3)의 명령문은 누가 누구에게 명령을 하고 있는지 정황이 밝혀지고 갈 방향이 제시되어야만 비로소 그 의미가 분명해진다. 4)b의 경우도 4)a와 같은 문맥 속에서 그 의미가 밝혀지는 것이다. 그렇다고 단어의 의미가 맥락에 의해서만 좌우되는, 독자성이 결여된 성질의 것은 아니다. 4)의 문맥 속에서 Johan이란 사람이 Gunnar를 때린 것이 밝혀진다. 그러나 Johan이란 표현 하나를 독립시켜도 그것이 남자의 이름을 가리키는 스웨덴어 고유명사임을 우리는 안다. 따라서 단어들의 독자적인 의미를 밝혀주는 사전이 가능하고 또 필요하다.

1) 양립가능성과 양립불가능성

우리들이 일상생활에서 말하는 문장들은 뜻이 제대로 갖춰진 문장들이다. 그것은 문장 내에서 사용된 단어들의 의미 관계가 서로 잘 결합된 덕분이다. 만일에 단어들의 의미 관계가 적절하지 못하면 문장이 비록 문법적으로 잘 짜여 있더라도 의미상으로 비정상적인 문장이 된다.

1) * Han är manlig och kvinnlig. '그는 남성이고 여성이다.'

2) * Johan gifte sig med sin dotter. '요한은 딸과 결혼했다.'

위에 든 스웨덴어 예문은 문법적 측면에서는 결함이 없다. 주어와 동사의 위치가 올바르며 1)문의 주어가 단수이므로 서술형용사의 어미도 단수 어미로 맞다. 2)문도 주어, 동사, 목적어가 갖추어 있으니 문법상으로는 올바르다. 그러나 의미 측면에서는 두 문장 모두 이상하다. 1)문은 한 문장 내에서 주어의 서술어가 '남성'과 '여성'으로 양립할 수 없기에 부적절하고 2)문은 의미상 내용이 현실적으로 불가능하니 옳지 못한 문장이다. 반면에

3) Elefant har en lång näsa. '코끼리는 코가 길다.'

4) Olle och Britta lever som gifta. '울레와 브릿타는 기혼 부부로 산다.'

5) Jan läser i skolan. '얀은 학교에서 공부한다.'

3)의 '코끼리'와 '긴 코', (4)의 '울레와 브릿타', '기혼 부부' 따위는 서로 모순 없이 양립할 수 있어서 의미상으로 올바른 문장이 된다.

한편 논리적 판단으로 보면 3) '코끼리는 코가 길다'라는 문장은 항상 진실을 표현하는데 이렇게 진(眞)을 표현하는 의미 속성을 분석적(analytisk)이라고 한다. 5) '얀은 학교에서 공부한다'는 상황에 따라서 진실일 수도 있고 허위일 수도 있어서 이런 유형의 문장을 종합적(syntetisk)이라고 한다.

이처럼 의미도 언어체계 내에서 서로 연관을 맺으며 구조를 이루고 있다는 전제하에서 구조의미론이 성립하였고 많은 의미장들이 연구되었다. 특기할 만한 영역으로 색채어, 친족어휘, 종교어휘, 주거 용어, 가축 등 비교적 의미장

의 구조화가 분명하고 경계가 불명확하다고 생각되는 어휘들이 연구 대상이 된다.

2) 의미 조직과 언어상대성 이론

앞서 의미에 대한 정의를 놓고 몇 가지 이론을 설명한 바 있는데 언어의 의미를 심적 표상으로 보는 대표적 견해가 언어상대주의(linguistic relativism)이다. 사람들은 각자가 사용하는 언어를 통하여 세상을 바라보기 때문에 언어가 사고를 지배한다는 것이다. 일찍이 19세기에 독일의 훔볼트(Humboldt)가 처음으로 그런 생각을 하였고 20세기 초 미국의 사피어(E. Sapir)와 워프(B. Whorf)가 동일한 주장을 내세워 사피어-워프 가설이라고 부른다. 다시 말해 경험의 특정 영역에 속하는 어휘들을 조직하는 방식이 언어 사용자의 사고 체계나 세계관을 반영한다는 가설이다. 예를 들면 색채어 조직에서 우리가 경험하는 세계에서 빛의 스펙트럼은 동일하다. 그렇지만 언어에 따라서 이를 분석하는 방식은 다르다. 그것은 언어에 따라서 경험의 세계를 조직하는 색채어 사용이 다르기 때문이다. 라틴어는 '갈색', '회색'을 구별하는 어휘가 없고 미국 인디언의 나바호어에는 white, red, yellow는 있지만 black, grey, brown, blue를 가리키는 단어가 없다고 한다. 이와는 대조적으로 한국어는 노란색 하나를 가지고도 '누렇다, 노르스름하다, 노르께하다, 누르께하다, 노르죽죽하다'처럼 다양하다.

6. 사전과 어휘 목록

한 단어의 의미(betydelse)는 간단히 꼭 집어서 명확히 제시하기가 어려운 상태로 어휘 목록 속에 내포되어 있다. 특정 단어의 사용법은 언어 사용자들의 관습의 문제로서 발화된 문장 속에 나타나 있다. 사전은 쓰인 단어의 의미를 알려주는 것이 아니라 단어가 쓰이는 방식을 단순히 지시해준다. 사전 편집자의 임무는 한 단어를 뽑아서 그것이 무엇을 의미하는지를 알려주는 데 그치지 않는다. 대신에 해당 언어의 문학에서 그 단어가 쓰인 문장들을 수집하여 그 단어가 똑같은 방식으로 사용되어 나타난 문장들을 집단으로 분류한다. 그다음 단계로 각 용법의 특성을 기술하고자 가장 좋은 의역을 선택한다. 말하자면 기록된 문장에서 일종의 의도된 의미가 뽑힌다. 한 걸음 더 나아가 그 의미조차도 의역을 통해서 더 자세히 기술된다. 그리하여 좋은 사전은 단어의 갖가지 의미를 좀 더 정확히 알려주고자 최소한 한 가지 이상의 사용 예를 제공한다. 발췌된 예는 의도된 '의미'를 설정하는 데 도움이 되는 많은 사례 중에서 대표적인 것들이다. 한국어 '보다'와 스웨덴어 'fatta'를 사전에서 찾아 그것이 갖는 여러 가지 용례와 뜻을 살펴본다.

<table>
<tr><th>스웨덴어 ['fatta']</th><th>한국어 국어대사전 ['보다']</th></tr>
<tr><td>
1. ~r ~de ~t[타동사] [자동사]
a. ~r ~de ~t / 붙잡다, 꽉 쥐다
~ngns hand / …의 손을 꽉 잡다
han ~de tag i repet / 그는 밧줄을 움켜잡았다
~om ngt / …을 쥐다.

b. ~r ~de ~t(생각·의견·원한 따위를) 마음에 품다, (계획 따위를) 생각해내다
~agg mot(tillgivenhet för) / …에게 원한(애착)을 품다
~ett beslut / 결정하다
~hat mot ngn / …에게 증오심을 품다
hon ~de nytt hopp / 그녀는 새 희망을 품게 되었다
~medlidande med ngn / …에 대한 연민에 사로잡히다
~mod / 용기를 가지다
~smak för / …에 취미를 가지다

c. ~r ~de ~t이해하다, 파악하다(förstå)
jag ~r inte varför han är så sur / 그가 왜 그렇게 불만에 차 있는지 나는 이해하지 못 하겠어
ha lätt (svårt) att~ / 이해가 빠르다(느리다)
det är mer än jag kan~ / 나로선 알 수 없는 일이다
jag ~r inte hur … / 나로서 어쩐 일인지 알 수가 없다
om jag ~r saken rätt / 내가 이해하기로는
~r du vad jag menar? / 내가 뜻하는 바를 이해하느냐?

2. ~r ~de ~t[재귀동사]
för att ~ mig kort / 간단히, 요약해서 말하면.
</td><td>
동사
I. 「…을」
1. 눈으로 대상의 존재나 형태적 특징을 알다.
잡지에서 난생처음 보는 단어를 발견하였다.
교차로를 건널 때에는 신호등을 잘 보고 건너야 한다.
수상한 사람을 보면 신고하시오.

2. 눈으로 대상을 즐기거나 감상하다.
영화를 보다.
그는 텔레비전을 보다가 잠이 들었다.
그는 연극을 보는 재미로 극장에서 일한다.

3. 책이나 신문 따위를 읽다.
신문을 보다.
여가 시간에는 책을 보는 습관을 들이는 것이 좋다.

4. 대상의 내용이나 상태를 알기 위하여 살피다.
시계를 보다.
현미경을 보다.
거울을 보다.

5. 일정한 목적 아래 만나다.
맞선을 보다.
나 좀 잠깐 볼 수 있을까?

6. 맡아서 보살피거나 지키다.
그녀는 아이를 봐 줄 사람을 구하였다.
소년은 집을 보다가 잠이 들었다.

7. 상대편의 형편 따위를 헤아리다.
너를 보아 내가 참아야지.
그의 사정을 보니 딱하게 되었다.
</td></tr>
</table>

7. 단어들 사이의 의미 관계

문장의 구성성분으로서 단어와 단어 사이의 의미 관계를 보면 크게 계열적(paradigmatisk) 관계와 통합적(syntagmatisk) 관계로 나누어 볼 수 있다. 언어 표현들은 어떤 환경에서는 계열적으로 대치되기도 하고 서로 통합하기도 한다.

예를 들어, 'Barnet åt ett rött äpple'에서 'barnet'은 'flickan', 'hunden'으로 대치될 수 있고 rött는 grönt, gott으로 대치될 수 있다. 한편 äpple는 åt와 통합할 수 있지만 'gick', 'föll' 등과는 통합할 수 없다. 계열적 관계는 품사나 더 하위의 단어 부류와 관련되어 있고, 통합적 관계는 통사적, 의미적으로 올바른 표현을 구성하는 것과 관련되어 있다. 문법은 계열 관계와 통합적 연결 관계의 종합적 기술이라고 볼 수 있지만 이들 연결 관계의 성격은 구분해서 이해해야 한다.

1) 계열적 관계

Sjöström(2006:80-81)은 한 문장을 구성하는 동종 부류, 즉 명사, 동사, 전치사의 계열 관계를 아래와 같이 예시하였다.

mannen	ställde	väskan	vid	dörren
kvinnan				
pojken				
flickan				

mannen	ställde	väskan	vid	dörren
	placerade			
	lade			
	satte			

mannen	ställde	väskan	vid	dörren
			brevid	
			framför	
			intill	

① 동의 관계(同意關係 Synonymi)

동의 관계는 두 단어가 유사한 의미를 가지고 있어 문장의 의미를 바꾸지 않으면서 상호교체가 가능한 관계를 말하며 이러한 관계에 있는 단어를 동의어(synonym)라 한다. 다음 각 예문에서 himmeln / luften과 slog sönder / krossade는 각각 동의어이다.

Flygplan flyger i himmeln / luften. '비행기가 하늘을 날아간다.'

Lasse slog sönder / krossade tallriken. '랏세'는 접시를 깼다'

동의어는 또한 hund, jycke에서처럼 동일한 의미자질, 즉 animat '생명체', däggdjur '포유류'를 가진 단어라고 말할 수 있으며 hus와 kåk, pojke와 gosse, pappa와 far 등도 동의어에 속한다. 다만 단어들이 동의어라는 뜻은 모든 상황에서 그들이 자유롭게 교체될 수 있다는 의미는 아니다. 동의어들은 흔히 다른 문체상의 가치를 지니고 그 외로도 정서적(emotiv) 의미를 달리할 때도 자주 있다.

② 반의 관계(Antonymi)

한 쌍의 단어가 서로 반대되는 의미를 지닐 때 이 어휘는 반의 관계(反意關係)에 있다고 한다.

아래와 같은 것이 흔히 떠오르는 예이다.

gammal / ung　smal / bred　stor / liten　köpa/ sälja　vuxna / barn man / kvinna   död / levande   pojke / flicka

그러나 반의 관계가 위 예들이 보여주는 것처럼 단순하지는 않다. 우선 무엇이 반대되는 개념인가를 명확히 규명해야 한다. 두 단어는 단 하나의 의미자질(매개변수)을 제외하고 공통된 요소가 있어야 한다. 위 예에서 man과 kvinna는 같은 사람이고 어른이면서 성(sex)이 반대되는 경우이고, vuxna와 barn은 성에 관계없이 연령이 반대되는 경우이다. 그러니까 성과 연령의 두 변수가 한꺼번에 다른 man과 flicka, 혹은 kvinna와 pojke는 반의어 관계에 있다고 할 수 없다.

③ 하의 관계(Hyponymi)

개념들 사이에는 그들을 원형(prototyp)으로 파악하든 다른 방식으로 파악하든 여러 가지 관계가 성립한다. 그것은 어휘화된 개념들이 독자적으로 존재하는 것이 아니고 의미의 망을 형성하고 있다는 증거이다. 즉, 의미들 사이에는 상하 관계가 성립하며 한 가지 개념이 다른 개념을 포함할 때 전자가 후자보다 상위에 있다고 한다. 예를 들면 '양심'의 의미장은 '도덕', '정직', '윤리', '겸손' 등의 부분 장으로 구성되어 있다. 이때 상위의 개념을 가진 '양심'을 상의어(上意語 hypernym), 하위의 개념을 가진 '도덕, '정직', '윤리', '겸손' 등을 하의어(下意語 hyponym)라고 하며 '도덕, '정직', '윤리', '겸손'은 동위 관계에 있다고 하겠다. 이와 같은 방식으로 여러 가지 개념들 사이에 계층 관계가 성립한다.

개념의 상하 관계

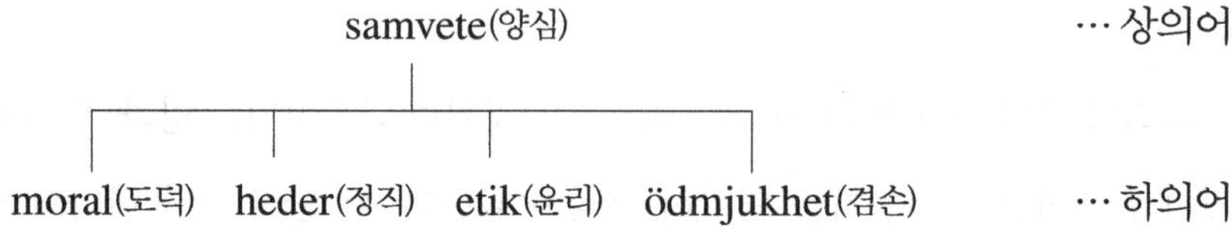

또 다른 예를 한 가지 더 들어본다.

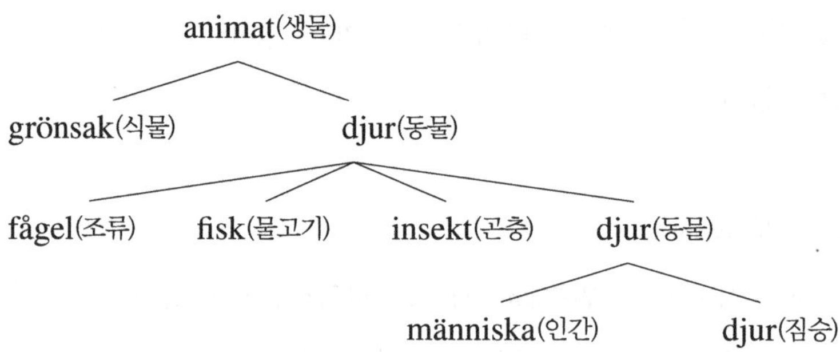

djur가 grönsak과 대조될 때는 서로 동위어인 동시에 fågel, fisk, insekt 등의 상위어이다. 한편 포유류(däggdjur)란 뜻으로는 fågel, fisk …와 동위어인 동시에, människa와 '짐승'이란 뜻을 가진 djur의 상위어이다. 이들은 전체적으로 하나의 계층구조를 이루고 있다. 그들의 상하 관계를 표시한 것이 위 그림이다.

이와 같은 관계를 달리 표시하면 두 단어가 동일한 의미자질들을 갖추고 있으나 어느 단어가 한 가지 자질을 더 가지고 있을 때 이들은 하의 관계에 있다고 말한다.

hund: animat '생명체', däggdjur '포유류', tam '길들이기', hund '개'

tax: animat '생명체', däggdjur '포유류', tam '길들이기', hund '개', tax '독일산 사냥개'

두 단어 사이의 개념 관계를 말할 때 보통 모든 tax 종류는 '개'라고 말한다. 그러나 모든 '개'가 'tax' 종은 아니다. 이들 개념 사이에는 상하 관계가 성립한다. 그러므로 대다수 의미자질을 갖춘 단어는 가장 세분화된 의미를 지닌다.

이제까지의 사례에서 볼 수 있는 것은 하위어가 상위어의 의미를 포함하고 있다는 것이다. 따라서 최하위에 있는 단어들의 의미는 상위어들을 함의(含意)하고 있다. 함의 관계는 ⊃로 표시한다. '동물'과 '암소', '꽃'과 '장미', '가구'와 '식탁', '가다'와 '기어가다' 등의 관계가 상위/하위 관계이다. 상하 관계와 부분 관계가 개념들 사이의 관계라면, 동의 관계와 반의 관계는 단어들 사이의 관계이다. 상위/하위 포함 관계를 아래와 같이 표시하기도 한다.

djur(동물) ⊃ ko(암소) / blomma(꽃) ⊃ ros(장미) / gå(가다) ⊃ krypa(기어가다)

2) 통합적 관계

한 언어의 올바른 문장은 단어들이 그 언어의 문법 규칙에 맞도록 결합한 것이어야 한다. 형식에 맞게 결합된 문장을 문법적(grammatisk) 문장이라고 한다. 다음은 스웨덴어와 한국어의 문법적 문장들이다.

1) Läraren sa att han måste läsa flitigt.

2) 선생님은 그가 열심히 공부해야 된다고 말씀하셨다.

반면에 문장 속의 단어들을 다른 순서로 결합시킨 아래 표현들은 문법에 맞지 않는 비문법적(ogrammatisk) 문장들이다. 문장의 구성 형식이 옳고 그름을 가려내는 판단은 언어 사용자의 직관에서 나온다.

3) * Läraren läsa att sa han måste flitigt.

4) * 그에게 열심히 선생님은 된다고 공부해야 말씀하셨다.

앞서 5.1(p.250)의 예문에서 문장이 문법형식에 맞아도 의미적으로 이상하면 정상적 문장이 못 되는 예를 소개하였다. 비문법성은 규칙을 어긴 결합에서 발생하는 반면에 의미의 일탈성은 선택제한을 어기는 데서 발생한다. 선택제한(subkategoriregler)은 단어의 결합 과정에서 문법 규칙이 아닌 의미 측면의 제약을 말한다. 아래와 같은 예들도 마찬가지이다.

* hammaren går för fort '망치가 너무 빨리 걸어간다'
* fullmånen är spetsig '보름달이 뾰족하다'
* de drack stenar '그들은 돌을 마셨다'

언어 표현의 단위들은 상호 간에 계열적으로 대치되기도 하고 통합되기도 한다. 망치는 '때리다, 무겁다'와는 결합할 수 있지만 '가다, 자다' 등과는 결합하지 못한다. 보름달은 '밝다, 아름답다'와는 자연스럽게 어울리지만 '뾰족하다'와는 함께 하지 못한다. 이와 같이 의미 요소들 간에 서로 대치되지 못하고 반드시 횡적으로 연결되는 관계를 통합적 관계라고 한다.

언어 구성요소들 간의 결합 방식을 계열 관계와 통합 관계로 구별한 것은 소쉬르였다.

8. 의미 변화

언어의 의미 변화는 크게 언어적, 사회적, 심리적 원인에 의해서 일어난다. 여기서는 언어적 원인에 의한 변화 사례를 살펴본다.

1) 은유(Metafor)

의미가 유사함으로써 이름이 전이되는 현상으로 일상적으로 사용하는 단어를 비유적으로 써서 의미를 좀 더 구체화하려는 의도로 쓰인다. 신체의 일부 이름을 빌려 쓴다. foten av berg '산기슭', kungens högra hand '왕의 오른팔'

때로는 상징적 표현이 유사성이나 근접 관계를 나타내는 데 이용되기도 한다. 우리가 '그 사람 여우야'라고 하면 그 사람은 은유적으로 보면 여우와 같은 점, 즉 교활함이 있다는 것이다.

2) 환유(Metonymi)

어떤 사물을 표현할 때 그 이름을 직접 말하지 않고 그 사물과 관련된 다른 단어로 대체하는 것이다. 미국행정부를 가리켜 'Washington'이라 부르고 한국의 대통령을 가리켜 '청와대'라고 부르는 것과 같다. Rosenbad는 스웨덴의 정부청사(Regeringskansliet)가 들어선 스톡홀름 시내의 대형 건물의 명칭인데 어느 관공서를 대신 가리키기도 한다.

Läkaren ville operera '의사가 수술을 하려고 한다' 대신에 Läkaren ville ta kniven '의사가 메스를 잡으려 한다'라는 표현도 환유의 사례라 할 수 있는데 '수술의 칼'과 '수술 과정'의 근접성에 기인한다.

3) 유추(Analogi)

일찍이 스트린드베리는 viljan är själens ryggrad '의지는 영혼의 척추이다'라고 표현한 적이 있다(Sjöström 2006:26). 그 배경에는 viljan '의지'와 ryggraden'척추' 사이에 유사성이 있는 것으로 설정하였기 때문일 것이다. '의지'는 '영혼'에 일정한 규약 같은 것을 제공하고 '척추'는 '신체'(kropp)에 안정성을 제공하는 측면이 서로 유사하다는 것이다. 이 두 가지 경우 ryggrad - kropp, vilja - själ의 대응 관계를 유추라고 한다.

9. 어휘적 다의성(Mångtydighet)

한 단어가 여러 의미를 띠어 그것이 무엇을 의미하는지 애매할(ambiguös) 때가 있다. 언어학에서는 모호성을 가진 단어의 유형을 두 가지로 분류한다. 첫째는, 두 가지 다른 단어들이 동일하게 발음되거나 똑같은 철자로 쓰였을 때 이를 동음어(同音語)라고 한다. 둘째는, 한 단어가 여러 가지 의미를 갖는 경우로 이를 다의어(多意語)라고 한다.

1) 동음어(Homonymi)

두 개의 다른 단어가 음운상(fonematiskt)으로 또는 철자상(skriftmässigt)으로 일치할 때 동음어가 발생한다. 단어의 형태는 동일하지만 그 의미가 서로 관련성이 없는 단어들의 관계를 동음어(同音語)라 한다. 앞서 설명한 대로 기호(표현)와 의미의 관계는 자의적이라서 동일한 표현이 우연히 의미가 다를 수 있다.

예: bank '은행'/ '둑' får '양(羊)'/ '할 수 있다'
ben '다리'(사람)/ '뼈' / '가시' / '가르마'(머리)
jag läste hela boken '나는 그 책을 다 읽었다.'
boken har mist sina löv '너도밤나무 잎이 모두 떨어졌다.'

다음 예문에서 철자 s+k+ä+r의 결합은 하나의 형태에 '자르다, 암초, 연분홍색'의 세 가지 의미가 담긴 동음어들을 구성하지만 이들 사이의 관계는 문법 규칙에 의해 의미상의 애매성이 해소된다. 1)문에서 skär는 주어 다음에 왔으니 동사이지 명사는 아니다. 2)문에서는 그 앞에 부정관사가 있으니 명사가 확실하다. 3)에서는 그것이 명사 앞에 왔으니 형용사이다.

1) Eva skär brödet. '에바는 빵을 자른다.'
2) Han strandade på ett skär. '그는 암초에 좌초하였다.'
3) Kalle har en skär slips. '칼레는 연분홍색 넥타이를 매고 있다.'

2) 다의어(Polysemi)

의사소통을 하다 보면 상황에 따라서 옛 단어들을 새로운 뜻으로 사용하는 일이 종종 일어난다. 때로는 이런 것들이 언어 사용자들의 기억에 남아서 다시 쓰여 의미 변화를 일으키고 그런 일이 반복되면서 차츰 언어체계 속에 자리 잡게 된다. 말하자면 그런 것들이 어휘화되면서 그 언어의 어휘 목록에 저장된다. 그리하여 다양하게 관련된 의미가 속출하게 되는데 이런 것들을 다의어(polysemi/ flertydighet)라고 한다. 다의어는 한 가지 표현(uttryck)이 여러 개의 다른 의미를 나타내는 점에서 9절 1항의 동음어(homonymi)와 같다.

다의어의 예로 ben이 가진 의미를 살펴보자.

a) 사람의 '다리'로 arm '팔'과 대비된다.

b) 네발짐승의 '다리'로 그들의 '팔' (armar) 역시 ben이라고 부른다.

c) '뼈'(해부학)

d) 가구의 '다리' (그 외로 은유적, 추상적인 '사랑의 다리')

다른 다의어 예를 들면,

färg '색깔 / 물감' ord '단어 / 약속' land '국가 / 육지'

krona 왕관 / 화폐(스웨덴 크로나)

일상적으로 자주 쓰이는 내용어(innehållsord)의 대다수는 어느 정도 다의어적 의미 구조를 지닌다. 아래 단어들은 각각의 단어에 두 가지 문법적 해석이 적용되어 항상 두 가지 다른 품사나 굴곡형과 마주치게 된다.

bok: böcker '책' / bokar '너도밤나무' (의미가 다른 복수 굴곡형)

såg: 두 가지 품사 (명사 '톱' / 동사 se의 과거형)

koppar: 두 개의 다른 명사(kopp '잔'의 복수 / koppar '구리')

var: 세 개의 다른 품사(동사 vara의 과거 / 부사 var / 명사 '고름')

다의어의 또 다른 측면을 보자. 한 단어의 의미 영역이 확장되면서 그것과 관련되는 여러 가지 새로운 뜻을 가지게 된다. 다의어가 생긴 배경에는 한 가지 표현이 전이된 의미, 특히 은유적으로 사용되는 언어적 습관이 있기 때문이다. 신체의 일부 명칭인 huvud '머리', öga '눈', öra '귀', tand '이', arm '팔', ben '다리', fot '발' 등이 다른 단어와 연계되어 사용되는 사례가 흔하다 (Sjöström 2006:39 인용).

huvudet på spik '못대가리', huvudet på en skruv '나사 대가리', ögat på en synål '바늘귀', örat på en kopp '찻잔 귀', tänderna på en kram '빗살', armen på en lyftkran '기중기팔', ryggen på en stol '의자 등받이', benen på ett bord '책상다리', foten på en lampa '램프의 발'

다의어는 비단 물건의 이름에만 국한되어 있지 않다. 동사 se는 시력과 관련되지 않은 분야에서도 쓰인다. inser något, bortser från något, avser något, ser tillbaka till barnaåren, ser fram mot jul och nyår 등에서 'se'는 '이해, 기억, 기대, 의도'와 같은 다양한 의미로 사용된다. 한 단어가 다의적으로 사용되는 일은 아주 흔하지만 그로 인해 오해가 발생하는 일이 별로 없기에 언어생활에서 이런 것에 별로 관심을 두지 않는다. 우리가 의도하는 표현이 의도된 해석으로 연결되는 충분한 상황적 실마리가 있는 덕분이다.

10. 의미의 다양성

언어 표현은 일반 대중의 인식과는 다르게 흔히 의미상으로 모호하고 명시적이지 못하며 때로는 다의적이며 가변성이 있어 불완전하기까지 하다. 자주 드는 예로 flintskallig '대머리'의 정의는 정확히 무엇인가? 해묵은 이 질문은 머리털이 얼마만큼 적어야 대머리의 범주에 들 수 있느냐이다. 머리카락의 수효를 잣대로 대머리와 비대머리를 구별하기는 실제로 불가능한 일이다.

지구상에 기후 변화가 일어나기 이전에는 스웨덴은 눈이 많이 오는 나라에 속하여 눈(snö)을 가리키는 단어도 여럿이 있다; blötsnö, skarsnö, pudersnö 등. 이 단어들의 미세한 의미의 차이를 나타내려면 좀 더 자세한 추가적 설명을 덧붙여야 한다. 동사 fatta는 '손으로 잡는다'와 '이해하다'라는 두 가지 전혀 다른 뜻을 가지는 데 보통 한 가지 단어라고 생각한다.

1) 단의어(單意語 Monosemi)

보통 사람들은 한 가지 표현은 하나의 의미만 있다고 생각한다. 이런 태도는 의미론자들이 가진 인식과는 다른 것이다. 자주 쓰이는 대다수 단어들은 사용되는 문맥에 따라서 그 의미가 크게 달라진다. 아래 예에서 land의 의미는 아주 다르다.

land och folk: '국토와 국민'

land och vatten: '육지와 바다'

land och stad: '지방과 도시'

그러므로 한 가지 표현이 갖는 의미는 고정되어 있지 않고 그것이 쓰이는 주변 환경과 문맥에 따라서 의미를 달리 하는 것이 정상이다. röd라는 단어도 ros와 함께 쓰이면 '붉은' 장미가 되고 kind와 함께 쓰이면 '볼그스레한' 뺨이 된다.

2) 인식적, 연상적, 정서적 의미

단어와 그것이 가리키는 지시 대상은 분명치가 않아서 사용하는 개인마다 특정 단어와 연관시키는 의미에 다소간의 차이가 있을 수 있다. 그럼에도 불구하고 각 단어마다 항상 그것의 의미가 일정하고 변하지 않는 핵심적 부분이 있는데 이를 가리켜 인식적 의미(kognitiv betydelse)라고 한다. skog '숲'이라는 단어는 나무가 울창한 넓은 지역이라는 인식적 의미를 가진 단어인데 이 skog가 스웨덴 북쪽의 노를란드 지방에서는 주로 barrskog '침엽수림'을 뜻하고, 남쪽의 스코네 지방에서는 lövskog '낙엽수림'을 뜻한다. 이러한 사정은 skog란 단어의 의미를 놓고 노를란드 지방과 스코네 지방 주민들이 부분적으로 서로 다른 인식을 하고 있다는 증거이다. 즉 스코네 사람들은 skog '숲'이라는 단어가 떠오르면 계절에 따라 잎이 피고 지는 활엽수(lövskog)를 연상하는 반면에 북쪽 지방 사람들은 잎이 떨어지지 않는 침엽수(barrskog)를 각각 연상한다. 이렇게 한 단어를 놓고 두 지방민들이 갖는 각각 다른 의미를 연상적 의미(associativ betydelse)라고 한다. 반면에 화자에 따라서 지시물에 대해 특별한 감성을 가지고 자신의 심적 태도를 드러내는 단어들도 많이 있다. 화자의 긍정적 자세를 표시하는 jycke '개', gumma '할멈'과 부정적 감성을 담은 hundfan '개새끼', kärring '할망구'가 있다. 이와 같은 단어들은 여러 가지 정서적 의미(emotiv betydelse)를 담고 있다고 말한다.

지금까지 이 장에서 살펴본 언어의 의미는 다분히 심리적, 주관적 판단에 좌우되는 측면이 많아서 모호성, 다의성, 가변성, 불완전성을 배제할 수가 없다. 그러므로 관찰, 분석, 명시성, 객관성과 형식을 언어 연구의 기본 잣대로 삼았던 미국의 구조주의 언어학에서는 타 분야에 비해서 의미 분야에 깊이 있게 접근하지 못한 것으로 평가된다. 의미를 추상적이고 정적(statistik)인 측면에서 연구하는 것이 의미론(semantik)이라면, 단어들 사이의 의미 소통을 역동적으로 다루는 것이 화행론(pragmatik)이다. 그리하여 의미론을 지시적 의미론과 심리적 의미론, 맥락과 상황을 고려한 화행적 의미론으로 크게 3가지로 분류하기도 한다. 화행적 분야에 대해서는 따로 다음 7장에서 더 자세히 다룬다.

제7장
화용론

언어는 말소리와 의미가 결합된 체계이다. 언어에 대한 연구는 시대에 따라 강조된 부분이 조금씩 달라져 왔다. 1930년대에는 프라그학파를 중심으로 소리의 단위에 대한 관심이 집중되어 음운론이 성했고 1940년대에는 낱말의 내부 구조에 관한 형태론이 발전하고 1950년대 후기에서 1960년대 전반기에는 미국의 언어학자 촘스키의 영향으로 문장의 구조를 다루는 통사론이 크게 발달하였다. 그 뒤 1960년대 후기에 의미론의 연구가 활발해지다가 1970년대 들어와서 화용론(話用論)에 대한 관심이 집중 되었다.

낱말의 뜻에 기초한 문장의 의미를 다루는 종래의 의미론과 이 장에서 다루는 화용론은 엄밀히 구별되지만 학자에 따라서는 넓은 의미의 의미론 속에 포함하여 함께 다루기도 한다. 의미론(semantik)이 언어표현이 무엇을 뜻하는가를 다룬다면 화용론(pragmatik)은 화자가 발화 속에서 의미하는 바를 과학적으로 밝혀보려는 것이다(Dahllöf 2009:138).

1. 화용론의 대상

흔히 듣는 푸념으로 '말이면 다 말이냐, 말 같은 소리를 해야 말이지'라는 넋

두리가 있다. 우리의 일상적 언어생활 속에서 발화되는 모든 말은 누가, 누구에게, 언제, 어디서, 무엇을, 어떻게 전달하느냐에 따라서 의밋값 또는 진리치(眞理値)가 달라진다. 화자나 필자가 자기의 생각과 의도를 알리고자 음소, 형태소, 어휘소, 구, 문장과 같은 언어 구성 단위를 이용하여 음성이나 문자로써 표현할 때 이를 가리켜 발화(yttrande)라고 한다(Sjöström 2006:200).

실제의 발화는 특정한 상황에서 일정한 맥락을 가지고 언어 단위들을 유기적으로 이어 가도록 되어 있지 결코 공허한 상태에서 낱말들만 모아 가지고는 성립되지 않는다. 화용론은 화자, 청자, 시간, 장소로 구성된 상황 속에서 일어나는 언어 사용을 다루는 이론이라고 할 수 있다. 발화가 일어나는 환경을 통틀어 맥락(kontext)이라고 하며 이에는 언어적인 환경과 언어외적인 환경이 모두 포함된다.

2. 맥락과 의미

언어 표현이 드러내는 최종적인 의미는 언어를 사용하는 상황에서 결정되며 화용론(pragmatik)은 발화상의 의미뿐만 아니라 의사소통 중에 발생하는 부수적 의미와 그 작용 원리까지 파악하려고 한다. 이제 화용론의 주요 주제인 직시(直視 deixis)에 대해서 살펴본다.

a) Titta på det här. '이것 좀 봐.'

b) Jag tycker om honom. '난 그 사람 좋아해.'

c) Saknar du henne? '자네는 그녀가 그리운가?'

위 예문 중 a) det här b) honom c) henne는 어떤 것인가 또는 누구를 가리키는 것인가는 화자와 청자가 처해 있는 맥락을 고려하지 않으면 알 수가 없다. 이와 같이 발화 상황에 따라 지시 관계가 달라지며 그 해석을 위해서 반드시 맥락이 필요한 표현들을 직시적(deiktisk) 표현이라고 한다. 이 부류에는 '이, 그, 저'와 같은 지시관형사와 '이것, 저것, 그것'과 같은 지시대명사들이 있다. 스웨덴어의 직시어로 쉐스트룀(Sjöström 2006:201-204)은 5가지를 제시하고 있다.

1) 장소 직시어

서점에서 책을 한 권 사가지고 나오려는데 점원이 '책 잊지 마세요'하고 소리치면 그것은 그 안에 수천 권의 책 중에서 당신이 산 물리적으로 가장 가까이 있는 책을 가리킨다.

'boken' = den bok som är mest aktuell och fysiskt mest närliggande

의사소통의 대부분은 이런 방식을 취하는데 이를 가리켜 직시어(deixis) 표현이라고 한다.

누군가가 kom hit '이리 오시오' 하면 hit는 화자가 있는 쪽을 가리킨다. 이때 동사 komma까지도 직시적 의미를 띠게 되어 '화자가 있는 쪽으로 오라'는 뜻으로 해석할 수 있다. 반면에 동사 gå '가다'는 반대 방향을 가리키기에 gå hit라는 표현은 쓸 수가 없다. 그러므로 직시적 표현은 다양한 지시물(referens)을 가리킬 수 있다. 장소직시어(rumsdeixis)로는 그 밖에 här, där, dit가 있다. 동일한 단어 här도 괄호 속의 추가 정보에 따라서 직시적 의미를 더 세밀하게 표현할 수 있다.

här (där jag sitter) '내가 앉은 여기'

här (i Uppsala) '웁살라 이곳에'

här (i Västerlandet) '여기 서방국가에서'

2) 시간 직시어

시간직시어(tidsdeiktiska uttryck)로는 nu, nyss, nyligen, då 등이 있는데 이들은 대화 상황과 관련된 특정 시점을 가리킨다. nu는 앞에 나온 här와 같은 변수로 쓰인다.

nu i detta ögonblick (이 순간에),

nu 2019 (2019년 현재),

nu i vår postindustriella tid (우리들의 후기 산업 시대에)

대화의 시점과 관련해서 nu, nyss, nyligen, 세 가지 직시어들은 흥미로운 관계로 연계되어 있다. 먼저 nu는 대화가 일어나는 시점 '지금'을, nyss는 대화의 시점 바로 직전 '이제 막', nyligen은 대화의 시점이 상당히 지난 '최근, 요즈음'을 각각 가리킨다.

대화상의 시점이 언어표현의 의미와 해석에 어떻게 영향을 끼치는가를 스웨덴어 시제(tempus)와 관련해서 검토해 본다. 동사의 동작과 관련된 예문을 보자.

a) 1950 startade Koreakriget. '1950년에 한국전쟁이 일어났다.'

b) Koreakriget varade i tre år. '한국전쟁은 3년간 지속되었다.'

예문 a)에서는 절대불변의 시점을 말하고 있는데 그것은 발화의 시점에 상관없이 한국전쟁이 일어난 시기는 정해져 있기 때문이다. 예문 b)의 시간상의 길이도 3년의 의미를 알고 있는 한 확정된 기간임을 알 수 있다. 하지만 다음 예문에서는 동사의 시제가 다른 방식으로 작동한다. 스포츠 중계방송에서 종종 듣는 표현이다.

Olle tar bollen! '울레가 볼을 잡네요.'

Han mister den igen! '그가 볼을 다시 놓치는군요.'

여기서 화자는 자신이 중계하는 Olle의 행위가 중계 보도와 동시에 일어나고 있는 행위임을 알리고자 현재형 tar를 쓰고 있다. 현재형은 발화의 시점 'nutid'와 연계되어 이리저리 옮겨 다니며 쓰인다. 그다음 순간에도 '볼을 놓치네요' 하며 mister라는 현재형을 유지한다. 조금 더 뒤에는

Det var synd att Olle miste bollen där, '울레가 저쪽에서 볼을 놓쳐 아쉽네요,

det kunde ha blivit farligt. 위험했어요.'

이렇게 시제형태가 현재에서 과거로 바뀌게 된 것은 화자의 발화 시점과

직접 연계되어 있기 때문이다. 발화 시점에 맞추어 동사 시제를 분류해 본다.

발화 이전 시점	발화 시점	발화 후 시점
과거 han reste (då)	현재 han reser (nu)	현재(미래) han reser (i morgon)

다만 스웨덴어 동사는 형태상으로 미래형을 표시할 수 없어서 대신에 미래 표시 부사와 함께 현재형을 쓴다. 아니면 의향을 나타내는 조동사와 함께 미래를 표시하기도 한다; jag skall resa 또는 jag tänker resa.

이미 설명한 대로 시제형태의 의미는 발화의 순간을 떠나서는 이해할 수 없다. 시제를 직시적(deiktisk) 범주에 포함할 때 직시적이란 곧 '가리키는 것, 지적하는 것 'utpekande'를 뜻한다. 즉 직시적 표현이란 대화 상황과 관련된 것을 가리킨다는 의미이다. 직시적 표현이 대두되면서 의미론과 화용론이 경계가 명확히 구분되지 않고 있다.

3) 인칭 직시어

대화 과정에서 청자 또는 해설자의 입장 차이는 화자가 누구냐에 달려있다. 화자와 청자가 대화 당사자로서 각기 다른 역할 담당자임을 알리는 표현이 다르기 때문이다. 화자로서 자기 자신을 가리킬 때는 대명사 jag, 상대방은 du, 화제의 대상이 된 사람이나 물건은, han, hon, den, det를 사용한다. 이들 대명사가 구체적으로 지시하는 것이 무엇인가는 대화 상황 속에서만 결정된다. 여기서 대명사의 직시적(deitisk) 사용과 조응적(anaforisk) 사용의 차이를 구별해야 한다.

a) Jag är kaffesugen.

b) Kjell sade att han hade slagit sig.

c) Gustav sade att han hade varit förkyld.

누군가가 발화체 a)를 말했다면 화자 jag가 직시적으로 누구를 가리키는지 알 때에만 올바른 해석이 가능하다. b)에서는 재귀대명사 sig가 앞에 나온 Kjell을 가리키니 조응적으로 쓰였다고 말한다. c)에서는 두 가지 해석이 가능하다. 하나는 han이 Gustav 자신을 지목하는 것(조응적)이고, 또 다른 해석은 대화의 맥락에서 관련된 제3자 han을 가리키는 것, 즉 인칭직시어(persondeixis)로 보는 것이다. 이러한 상황에서 직시사가 구체적으로 누구를 가리키는가를 바로 집는 능력이 화용적 임무라 하겠다. 조응어로는 대명사와 대동사가 있다. 대명사가 조응적, 재귀적으로 쓰이면 강세가 없고 직시적으로 쓰이면 강세가 있다.

4) 대화 직시어

대화 중에 우리의 이해를 돕는 결정적 요인은 대명사로 표현된 일부에 대해서 그것이 무엇을 가리키는지 우리가 바로 해석할 수 있다는 데 있다. 이것을 대화직시어(samtalsdeixis)라고 부른다.

a) Han har glömt att skriva sitt namn.

b) Det var ju inte bra.

c) Det där du sa fick mig att tänka om.

d) Det jag säger nu får du inte föra vidare.

발화체 b)에서 det는 a) 전체를 되짚어 가리킨다고 풀이할 수 있다. '그가 자기 이름 쓰기를 잊다'니 그것이 잘 못 되었다는 것이다. 때로는 앞에서 말한 것을 다시 환기시킬 목적으로 추가적으로 더 보태기도 한다. c)에서는 대명사 det där가 앞서 나온 du sa와 연결되어 '자네가 말한 그것이 나에게 재고를 하도록 하였네'가 성립되었다. 또 한 가지 방식은 직시어가 뒤 따르는 다른 요소들과 연관을 짓는 경우로 d)에서 det의 역할을 들 수 있다; '내가 지금 하는 말을 더 이상 전하지 말아라.'

5) 사회적 직시어

스웨덴에서는 1960년대에 이른바 '2인칭 호칭 개혁안'(du-reformen)이 시행되기 시작했는데, 그 이전까지는 대화 상황에서 상대방의 사회적 위치를 고려하여 du와 ni 중에서 하나를 선택해야만 했다. 민주사회의 언어적 평준화를 위한 새로운 개혁정책이었다. 그 이전에는 젊은이들은 가족이 아닌 나이 든 어르신에게는 ni를 사용하는 것이 사회적 관행이었다. 뿐만 아니라 낯모르는 젊은 여성에게는 fröken '양'이란 호칭도 자주 쓰였다. 그런데 서로 모르는 사이에서 비슷한 사회적 위치의 사람들끼리는 직시어(socialt deixis)를 순간적으로 정하기가 어려웠다. 따라서 어정쩡한 상황에서는 인칭이 빠진 다양한 비인칭구문(opersonlig konstruktion)을 쓰는 것이 일상적 언어 습관이었다. 이를테면 두 사람이 기차 객실에서 마주 앉았을 때 대화의 처음은 이렇게 시작된다.

Röks det? 또는 Är det till att röka? '담배 피워도 될까요?'

이와 같은 발화 형식으로 du와 ni 중에서 선뜻 결정하기 어려운 상대방 호칭을 피해갈 수 있다. 오늘날은 대명사 du의 사용이 보편화되어서 수상(statsminister)에게까지도 거리낌 없이 쓸 수 있게 되었으니 민주사회의 평등을 상징하는 호칭어(tilltalsord)라고 하겠다. 예외적으로 왕실 가족에게는 전통적 관례에 따라 별도의 호칭이 정해져 있다. 국왕을 호칭할 때는 ni 대신에 Ers Majestät '폐하'를 사용해야 한다. 한데 세월이 흐르면서 언어 사용법도 변하기 시작하여 오늘날은 다시 1960년대로 회귀하는 징후가 있다. 백화점에 가면 젊은 판매원이 할아버지 할머니 고객에게 ni라는 호칭을 다시 쓰는 경향이 나타난다.

6) 정신적 맥락

직시적 표현은 아니지만 대화의 맥락에 속하는 요인이 또 한 가지 있다. 화자와 청자는 담화 행위 내내 대화 내용을 자신의 정신적 맥락(den mentala kontexten)에 적응시키는데 이것은 대화 당사자들이 공유하고 있는 지식의 전부를 의사소통을 위해 다 함께 동원하는 현상을 말한다. 정신적 맥락에는 우리가 일반적으로 지니고 있는 현실 세계에 관한 각종 지식과 상식이 총 망라되어 있다.

어느 스웨덴인이 Det går dåligt för Blåvitt '청백팀이 불리하겠는데'라고 말하면 그 사람의 정신적 맥락에는 Blåvitt은 예테보리 축구구단 IFK Göteborg의 표지로 자리 잡고 있으며, går dåligt '불리해지는데'는 그 팀이 경기시합에서 승리하기 어렵다'는 상황을 예단하고 있는 것이다.

3. 화행적 발화

인간은 여럿이 함께 살아가면서 많은 활동을 한다. 잠자고 밥 먹고 운동하며 직장에서 일 하고 친구와 교제도 한다. 나아가 사고하고, 추론하며 판단하는 인지적 활동도 한다. 그뿐 아니라 말을 도구로 활용하면서 다양한 행위를 한다. 일찍이 1920년대에 인류학자 말리놉스키(B. Malinowski)는 언어소통 행위를 일종의 행동양식(ett sätt att handla)으로 고찰할 것을 주장하였다. 그 후 영국의 언어철학자 오스틴(Austin)과 비트겐슈타인(Wittgenstein)도 같은 견해를 발표하였다. 오스틴의 용어로 'speech act는 스웨덴어로 talakter/talhandlingar, 한국어로는 언어행위/ 화행론(話行論)에 해당한다. 그가 말하는 언어행위는 세상만사를 기술하는 언어활동이 아니고 의사소통을 하는 행위 자체임을 강조하였다. 말하자면 모든 발화는 행위를 수반한다는 뜻이다.

화행은 말로써 이루어지기에 말이 없으면 할 수 없는 행위이다. 어떤 것에 대해서 단언, 선언, 진술, 응답, 명령, 요청, 약속, 제안 등을 하는 것은 모두 언어로 실행하는 행위에 속한다. 그것이 바로 화행(talakter)이다. 예를 들면,

a) 주례 선언 härmed förklarar jag er för man och hustru
'이에 본인은 당신들을 남편과 아내로 선언합니다.'

b) 판결문 härmed dömer jag er två års fängelsestraff
'이에 본인은 당신들에게 2년 징역형을 언도합니다.'

c) 학위 수여 härmed promoverar jag er till hedersdoktor
'이에 본인은 당신에게 명예박사를 수여합니다.'

a)는 지정된 주례나 목사가 정해진 결혼식장에서 적어도 2인 이상의 증인이 참석한 가운데 실시되는 선언 행위이다. 친구 몇 명이 술자리에서 이렇게 선언해 보았자 농담거리밖에 안 된다. b)에서도 담당 판사가 재판정에서 피고인이 출석한 가운데 시행되어야 한다. c)의 경우도 대학 총장이 학위 수여식장이라는 지정된 장소에서 총장에게 부여된 권위로써 이행하는 언어행위이다. 이와 같이 특정한 환경에서 선언, 명령, 명명에 쓰이는 동사를 수행동사(performativa verb)라고 하며 반드시 1인칭 주어의 현재형으로 써야 한다.

어떤 사람이 marken var fukt av regn '대지가 비로 인해 축축했다'라고 말하면 이것은 단순히 객관적 사실을 말하는 비이행문이며 내용은 참일 수도 있고 거짓일 수도 있다. 위 a) b) c)의 경우는 문장의 주동사가 기술하는 행동을 주어가 그대로 이행하는 제도화된 화행(話行)이다. 그 밖에도 좀 더 확대된 화행의 기능으로서 명시적으로나 또는 넌지시 말하는 방식도 있는데 그런 것은 확장된 화행 행위로 볼 수 있다.

a) Jag skall komma imorgon. '나는 내일 오겠다'.

b) Det finns en tjur på åkern. '농장에 황소가 나타났다.'

문장 a)는 이중적 의미가 있는데 하나는 순수한 예상의 표현이고 다른 하나는 약속이다. 문장 b)도 두 가지 의미가 있어서 하나는 단순한 서술문이고 또 다른 의미는 akta dig! 와 같은 일종의 경고문이다.

오스틴은 언어행위에 세 가지 측면이 있다고 주장했는데, 첫째는 발화 행위 자체가 언어의 구조적 측면에서 단어 형태, 문법, 운율이 의미에 적절하게 구성되었는가 하는 점이다. 둘째로는 발화 속에 담긴 화자의 의도가 화자 본래의 뜻대로 어느 상황을 제대로 기술하고 있느냐는 점이다. 예문 b)는 단순히 농장의 상황을 청자에게 알려 그의 상식에 보탬을 주려는 것일 수도 있고, 아니면 '농장에 황소가 있으니 주의하라'는 경고가 담긴 발화일 수도 있다.

만일에 큰뿔사슴(älg)을 사냥할 때 이런 말을 했다면 '농장에 수컷 한 마리가 나타났으니 쏴 버려'라는 의미로도 해석할 수 있다. 셋째 번 측면은 언급된 발화에 대한 청자의 실제 반응이다. 이 부분은 화자가 의도한 의미와 청자의 이해 부분이 무조건 일치해야 한다는 것은 아니다. 때로는 청자는 화자가 기대하지 않은 반응을 선택하기도 한다. 우리가 서로의 말을 오해하는 것은 바로 이런 때문이다.

4. 지시와 지시체

의사소통 중에 흔히 일어나는 주요 행위는 청자의 관심을 우리가 전달하려는 대상에 집중시키는 일이다. 그렇게 하는 이유는 언어표현의 의미를 그것이 가리키는 지시물과 동일한 것으로 보는 시각 때문이다. 그렇게 가리키는 대상을 지시체(referent)라고 부른다. 다음 예를 보자.

Tränaren har fått sparken. '코치가 해고되었다.'

여기서 지시체는 Erik Svensson이라는 특정인을 가리키는데 이 개인은 여러 가지 특성을 지니고 있다. 이를테면 Torun의 남편, Gustav의 아빠, 스포츠 어부 등등. 화자가 그를 가리켜 tränaren '코치'라는 호칭을 선택한 이유는 청자가 그를 쉽게 확인할 수 있게 하려는 의도에서이다. 더욱이 그가 해고를 당한 상황은 코치 자격으로서이지 스포츠 어부나 누구의 남편으로서가 아닌 까닭이다. 어느 것을 지시한다 'referera'는 것은 일정한 상황 속에서 개인, 그룹, 대상물, 사건 들 중에 한가지 것에 주의를 환기시키는 것을 말한다.

어느 대상물을 지시하는 행위는 간단히 손가락질로도 대신하지만 보통은 화자가 언어를 수단으로 청자에게 지목된 사람이나 사물에 대해 집중하도록 돕고 있다. 지시체를 가리키는 문법적 수단으로 명사구의 정관사와 부정관사의 사용법이 있다.

a) Olle har köpt en bil i Stockholm.

b) Bilen är ganska dålig har det visat sig.

위에 든 두 가지 발화를 통하여 화자는 청자에게 무언가를 알리려고 문법적 구성 문장을 활용하고 있다. a)에서 화자는 청자에게 새로운 지시체를 소개하는데 이것을 처음으로 알리기 위해서는 일반적으로 부정관사(obestämd artikel) 사용한다. 이어지는 대화 b)에서 앞서 나온 지시체를 다시 언급할 때는 어말정관사(bestämd artikel)를 사용함으로써 동일한 지시체임을 확인해 준다. 하지만 지시체를 처음 소개할 때도 정관사를 사용하는 경우도 있다.

c) Vad månen är vacker ikväll! '오늘 밤은 달이 참 아름답군요.'

d) Toaletten i Svens nya lägenhet är för liten. '스벤의 새 아파트는 화장실이 너무 작아요.'

그 이유로 c)의 månen은 유일한 존재라서, d)의 toaletten은 당연히 있어야 하는 (아파트)구성물이라서 어말관사를 붙인다고 설명한다.

Linell(1979)은 지시체를 특정하는 수단으로 문법 규칙을 활용하였다. 유의해야 할 점은 동일한 표현이 여러 가지 다른 기능을 수행할 수 있다는 점이다. 예를 들면 아래 2)에서 부정관사가 사실상 두 가지 다른 의미를 지니고 있다 (Sjöström 210-212 참조).

1) 명사구 + 후치 정관사 (NP-en/ett)

화자가 청자에게 이미 알려진 것으로 여겨지는 특정 지시체를 가리킬 때, 또는 이 세상에 유일한 존재를 가리킬 때 어말관사를 사용한다.

Ska vi flytta på bordet (som står där borta)?

Mamma är i köket.

Solen skinner även idag.

2) 전치 부정관사 + 명사구 (en/ett -NP)

화자가 청자에게 알려지지 않거나 불분명한 특정 지시체를 가리킬 때 명사구 앞에 부정관사를 붙인다.

Jag köpte en ny skjorta i morse.

Karin läser en bok om fjärilar.

Det sitter en uggla i trädet.

화자의 지시체가 특정된 것은 아니지만 예상된 개별적 지시체를 가리킬 때도 명사구 앞에 부정관사를 붙인다.

Jag vill ha en ny mössa.

Kan jag få en ask John Silver?

3) 관사 없는 명사구 (NP)

화자가 가리키는 지시체가 특정된 것이 아니거나 일부분을 표시할 때, 즉 모든 지시체의 일부를 가리킬 때는 스웨덴어 명사는 무관사형을 사용한다.

De är ute i skogen och jagar älg.

Tycker du om banana?

Han gillar tjejer.

4) 지시체가 없는 명사구

화자가 때로는 어떤 지시 대상이 없이 말을 하기도 한다. 말하자면 지시체의 존재 자체를 부정하는 경우이다.

Han har inte några barn.

그렇지 않으면 명사구를 서술적으로 사용하는 경우가 이에 해당한다.

Han är en konstnär.

Han är konstnär.

Solen är en planet.

5) 총체적 지시(Generisk referens)

화자가 특정 부류나 범주의 모든 종류를 가리킬 때 스웨덴어에는 다양한 문법적 표현 방식이 있다. "gädda '강꼬치 고기'는 이빨이 날카롭다" 예를 들어본다.

En gädda
Gäddan
Gäddor — har vassa tänder
Gäddorna
Alla gäddor

이제까지 제시한 예문들을 통해서 지시체를 알리려는 화자의 의도와 청자의 인지도를 감안한 다양한 문법적 표현 방식이 있음을 알게 되었다.

5. 화행과 협력

문법적 단위를 논하는 통사구성과 화행의 근본적 차이는 화행에서는 문법성 여부를 따지지 않는다는 점에 있다. 그 대신에 화행 자체가 성공적이었나 아니었나를 판단의 기준으로 삼는다. 다음의 간단한 대화를 보자.

Lisa: Vet du vad klockan är nu? '지금 몇 신지 아니?'

Kalle: Ja. '그래 알아'

Lisa의 발화는 문법적으로는 확실히 정확하다. 그러나 Kalle가 그녀의 의도를 이해하지 못해 시간을 알리지 못했기에 정상적 상황으로는 그녀의 화행(talhandling)은 실패한 것이다. 20세기 구조언어학을 태동시킨 소쉬르는 언어란 무엇보다도 상호이해라는 목적을 달성하는 사회 현상이라고 하였다.

우리들이 대화를 시작할 때는 서로 협력한다는 기본 자세를 전제로 한다. 그래서 대화 시간 내내 거짓말을 하지 않고 상대방의 말을 경청하고 이해하려는 태도를 취한다. 그라이스(Grice)는 대화에 이런 협동의 원리가 작동한다고 주장하고 대화의 격률(maxim)로 4가지를 제시하였다. '격률'이란 행위의 규범이나 윤리의 원칙을 뜻하는 철학 용어이다.

대화의 격률 4가지

1. 대화의 질(Kvalitet)

   i) 대화에 보탬이 되는 진실된 것만 말해라.

   ii) 거짓이나 근거가 없는 것은 말하지 말다.

2. 대화의 양(Kvantitet)

   i) 대화가 요구하는 만큼의 충분한 정보를 제공하라.

   ii) 대화에 필요한 것 이상의 정보를 제공하지 말라.

3. 대화의 관련성(Relevans)

   대화와 관련된 말, 곧 대화에 도움이 되는 말을 골라서 해라.

4. 대화의 양태(Sätt)

   i) 명료하게 말하라.

   ii) 모호성을 피하라.

   iii) 간결하게 말하라.

iv) 순서 있게 말하라.

그라이스가 정립한 대화의 원칙에 대한 반응은 대체로 이 조항들이 일반 언어 대중들에게 미치기 어려운 이상적 기준이라는 것이다. 보통 사람들은 대화 중에 때로는 거짓말도 하고 과장도 한다. 게다가 대화와 상관없는 군더더기 말을 늘어놓아 정돈되지 않은 잡담이 된다. 그라이스 자신도 이런 점을 인식하고 있지만 보다 깊은 안목에서 보면 위 원칙들이 대체로 지켜지고 있다고 본다. 역설적인 현상은 우리가 원칙을 분명히 위반하는데도 불구하고 대화는 서로 통한다는 사실이다. 즉 대화에 동원되는 표현들이 문자적 의미 이상의 뜻을 담고 있음을 우리는 이해한다. 이렇게 내포된 의미를 대화상의 함축(implikatur)이라고 한다. 이제 구체적 사례를 들어 격률의 내용을 살펴본다(예문은 Sjöström 2006: 215-220에서 인용).

1) 격률 1 - 대화의 '질'

A: Tore Svensson är ett lejon.

B: Han är en ulv i fårakläder.

누군가가 A처럼 주장한다면 Tore Svensson이 사람인 이상 이 발화는 분명히 거짓이다. 인간이 사자가 될 수는 없으니까 말이다. 그라이스의 첫 번째 격률, 거짓말을 해서는 안 된다는 원칙을 위반한 사례이다. 그럼에도 불구하고 우리가 이 문장을 거짓이라고 보지 않는 것은 흥미로운 일이다. 따라서 격률 1에 맞는 해석을 강구하지 않으면 안 된다.

화자는 Tore Svensson에 관해서 어떤 사실을 알리고자 그를 '사자'로 표현했는데 이것이 어떻게 사실과 부합할 수 있는가를 설명해야 한다. 사자는 보통 강하고 공격적이고 용맹한 동물로 묘사된다. Tore Svensson도 이와 비슷한 기질을 지니고 있기에 화자는 그를 사자에 빗대어 말한 것이다. B의 '그는 양의 탈을 쓴 늑대'라는 표현도 마찬가지이다. 바로 이런 사례가 '은유(metafor)'에 해당한다고 그라이스는 설명한다. 비유가 실제 사실과는 다르지만 한 단계 더 심층적 차원에서는 사용이 가능하다는 것이다. 마침내 우리는 A와 B의 두 가지 표현에서 청자를 속이거나 당황하게 만들려는 의도가 아니었음을 이해하게 된다.

또 다른 예는 신문에 어떤 사람이 거대한 재산을 모았다는 기사를 읽고 다음과 같은 대화를 나눴다고 하자.

A: Hur kan man få ihop så mycket pengar?

B: Genom att spara förstås.

A가 '그렇게 큰돈을 어떻게 모을 수가 있지?'라고 물으니 B가 '물론 저축을 해서 그랬겠지'라고 대답했다면 은행 이자율로 보아 그것은 사실이 아니라는 것을 이내 알 수 있다. 저축으로 막대한 재산을 모으는 것이 불가능함을 알고 있지만 이런 희귀한 사건을 풍자적으로 표현한 것이다. 이 경우에도 우리는 B의 대답을 거짓으로 보지 않고 풍자(ironi)라고 해석한다.

2) 격률 2 - 대화의 '정보량'

A: Hur är den nya sekreteraren?

B: Hon är duktig på att koka kaffe.

대화를 할 때 정보량은 너무 많거나 적지 않게 적절히 조절해야 한다. A가 '새로 온 비서는 어떤가?'라고 물으니 B가 '커피는 잘 끓이지'라고 대답하면 비서의 업무 능력을 물은 데 대한 답변으로는 적절치 않다. B는 '새 비서가 업무 능력은 별로 없지만 커피는 잘 끓인다'라고까지 말하고 싶지 않은 것으로 보인다. B는 좀 더 심층적 차원에서 정보를 제공했다고 할 수 있다. B 입장에서는 '비서가 능력이 좀 떨어진다'는 판단을 A 자신이 내리도록 유보한 것이다.

스웨덴의 일부 엄마들이 흔히 잘 쓰는 말투로 아래와 같은 대담이 있다.

C: Pojkar är pojkar.

D: Vi vet ju hur pojkar är, dom gör sånt där ibland.

엄마 C가 '사내애들은 사내애들이야'라고 하면 얼핏 별다른 정보가 없는 발화인 것 같다. 하지만 실제 의미는 D가 말한 것처럼 '사내애들이 어떤지 우리가 알잖아요, 걔네들은 가끔씩 그런 짓을 한단 말이에요.' 이런 식으로 사내애들의 못마땅한 짓을 장황하게 말하지 않고 적당한 선에서 조정해야 한다는 것이다.

3) 격률 3 - 대화의 '관련성'

A: Är Kalle hemma?

B: Det står en vit volvo utanför hans hus.

대화의 참여자는 오직 대화와 관련된 것만을 이야기해야 한다는 것이다. 위 예문과 같은 상황을 상상해 보자. B의 반응은 질문에 대한 직접적인 대답이 아니다. 그렇다면 관련이 전혀 없는 답변이란 말인가? '칼레가 집에 있느냐'라는 A의 물음에 B는 '그의 집 앞에 흰색 볼보가 한 대 있기는 한데'라고 답한다. 조금이라도 직관적 감각이 있는 사람이면 B의 대답이 전혀 무관한 것이라 단정하기 어려울 것 같다. '볼보 한 대가 칼레의 집 앞에 서 있다'는 것은 무엇을 암시하는가? 그 차가 칼레의 것이니까 아마도 그가 집에 있을 것이라는 점을 암묵적으로 시사하는 것으로 우리는 예단할 수 있다. 주차된 볼보가 칼레의 것이라면 이것은 그가 집에 있다는 사실을 암시하는 것이다.

4) 격률 4 - 대화의 '양태'

마지막 격률은 우리의 언어 수단을 가장 풍부하게 잘 짜인 방식으로 활용하여 대화에 아주 협조적인 자세를 갖추어야 한다는 것이다. 말하자면 단어들을 문법 규칙과 관습적 의미에 맞게 사용하는 것은 물론, 발음도 보통 사람들의 수준에 맞게 평이해야 한다는 것이다. Levinson의 저서 Pragmatics에 나오는 예로서 좀 특별한 의미를 드러내고자 '양태'의 격률을 위반한 사례를 들어 본다.

a) Fröken Singer producerade en serie ljud som nära motsvarade en aria ur Rigoletto.
b) Fröken Singer sjöng en aria ur Rigoletto.

문장 a)를 우리말로 옮기면 'Singer 양은 오페라 리골레토 중에서 아리아에 해당하는 일련의 소리를 자아냈다'이다. 정상적인 발화라면 b)처럼 'Singer 양은 오페라 리골레토 중에서 아리아를 한 곡 불렀다'라고 표현했어야 마땅하다. 그럼에도 불구하고 대화의 격률 '양태'를 거스르는 a)와 같은 발화의 배경에는 Singer양의 노래 수준이 아주 낮았다는 것을 알리려는 의도가 있었다. 여기서 우리는 '풍자'(ironi)라는 새로운 용어를 등장시켜 격률 위반을 무마시키려는 대안을 내놓았다. 화자는 Singer양의 노래가 아주 저질이었다고 곧바로 말하는 대신에 우회적 표현을 통해 청자의 판단에 맡겨 놓은 것이다.

지금까지 고찰한 바를 종합해 보면 첫째로, 그라이스의 원칙들은 너무 강력해서 우리가 무심코 규칙을 위반해도 바로 드러난다. 둘째로, 대화 중에 누가 하는 말을 잘 이해하려면 대화의 내용에는 발화상으로 표현된 의미 이상의 것이 더 담겨 있다고 보아야 한다. 대화의 격률은 한마디로 품위 있는 말씨와 어법을 가리킨다. 결국 의미론(semantik)은 표현에 대한 관습적 의미를 밝히는 데 주안점을 두고 있으며, 화용론(pragmatik)은 화자가 의도하는 의미와 해석자의 이해 방식에 초점을 맞추는 점에서 있어서 그 차이가 있다고 하겠다.

일상생활에서 사람들이 대화의 격률을 적용하는 데도 민도와 문화적 요인이 곁들여져 차이가 많이 드러난다. 준법 정신이 철저하고 도덕적 관념이 강한 스웨덴 사람들은 언어 사용에서도 대체로 격률이 잘 지켜지고 있다. 구체적인 사례를 들어보면, 그들은 거짓말하는 것을 거의 금기시한다(격률 1). 쓸데없는 말을 별로 하지 않으니 말수가 적다(격률 2). 화제와 관련된 것만 말하지 군더더기를 덧붙이지 않는다(격률 3). 말을 요점 중심으로 간결하게 한다(격률 4). 그래서 정서적으로 농담과 잡담을 즐기는 한국인들은 그들의 대화 방식이 무미건조하게 느껴진다.

반면에 한국인들은 격률에 어긋나는 어법을 너무 많이 쓰고 있다. 특히 정치인들 중 국회의원과 재벌 기업인들의 언어생활은 밑바닥 수준이다. 국회의원 전원에게 해당되는 것은 아니지만 국민의 대표로 금배지 달고 200여 가지 특권을 누리는 선량들의 언어가 왜곡, 거짓, 과장, 비논리 억지 주장, 학식과 교양을 의심케 하는 저질 언어표현 등이라는 사실은 가히 국민적 수치거리에 속한다. 몇 년 전까지만 해도 뇌물죄로 기소된 기업계 수장들이 바친 수억 원이 명절 떡값이라는 억지 변명은 잠 자던 소도 웃을 일이다.

6. 전제

앞서 우리는 대화 중 어느 한 부분이 논리적으로 일관성이 없어도 결론으로 이끌어지는 예를 보았다. 다음 예문을 보자.

1) Har du slutat studera svenska?

2) Har Pelle slutat röka?

a. Ja, det har han.

b. Nej, det har han inte.

3) Även Kalle klarade sig i skrivningen.

문1)의 '스웨덴어 공부를 그만두었느냐?'라는 물음은 질문을 받은 이가 전에 스웨덴어를 공부했다는 가정을 전제로 한 것이다. 문2)의 '펠레가 담배를 끊었느냐?'라는 질문에는 a) '그래, 그랬지' 또는 b) '아니, 그렇게 안 했어'와 같은 긍정이나 부정적 답변에 상관없이 '펠레는 이전에 담배를 피운 적이 있다'라는 뜻이 함축되어 있다. 문3)에서 '칼레까지 시험에 합격했다'는 진술은

'칼레가 평소 공부를 못했다거나 시험이 쉬웠거나 또는 양쪽 다였다는 의미가 내포되어 있다. 이렇게 문장 중의 어느 한 단어에도 명시되어 있지 않은 함의를 전제(前題 presuppsosition)라고 한다.

다시 말하면, 발화 중의 일부 표현이나 통사구성의 한 요소(konstituent)에서 예견된 정보를 판단의 근거로 삼을 때 이것을 전제라고 한다. 비록 주장된 정보가 부정되더라도 전제로 나온 정보가 그대로 유효한 것으로 미루어 보아 그 당위성이 인정된다. 전제에 관한 다른 예를 Allwood/Andersson(1986)에서 인용 소개한다.

1) Stalin mördade Trotskij i Mexiko. '스탈린은 트로츠키를 멕시코에서 살해했다.'
2) Stalin mördade inte Trotskij i Mexiko. '스탈린은 멕시코에서 트로츠키를 살해하지 않았다.'

위 두 문장은 스탈린이 어디선가 트로츠키를 살해한 것을 전제로 한다. 다만 여기서 부정된 사실은 살해 행위가 멕시코에서 일어나지 않았다는 것이다. 이것을 배경적 전제(bakgrundspresupposition)라고 한다.

또 다른 경우는 존재적 전제(existentiell presupposition)이다.

3) Presidenten i Guatemala äter banana.
4) Presidenten i Guatemala äter inte banana.

예문 3) 4)는 모두 Guatemala에 대통령이 존재하는 것을 전제로 한다. 그가 바나나를 먹고 안 먹고는 존재 이후의 문제인 것이다.

이른바 몇몇 사실동사(faktiva verb)들은 전제를 구성해주는 중요한 구실을 한다. 다음 예문에서 이 동사들은 어떤 사건이 마치 사실인 것처럼 표현하는 데 도움을 준다. 전제의 내용은 att-절로 유도된다.

Gustav insåg att han hade köpt en dålig bil.

'구스타브는 차를 잘못 구입한 것을 인지했다.'

Gustav insåg inte att han hade köpt en dålig bil.

'구스타브는 차를 잘못 구입한 것을 인지하지 못했다.'

Gustav ångrade att han hade köpt en dålig bil.

'구스타브는 차를 잘못 구입한 것을 후회하였다.'

Gustav ångrade inte att han hade köpt en dålig bil.

'구스타브는 차를 잘못 구입한 것을 후회하지 않았다.'

위 예문에서 동사 inse 와 ångra는 '차를 샀다'는 전제를 구성한다. 무엇인가를 인지하거나 후회하려면 어떤 사실에 근거해야 하는 것은 당연한 이치이다. 그러나 어찌 보면 동사 inse, ångra 자체가 이미 어떤 행위를 수행한 것을 전제하고 있기에 구태여 이러한 논리적 결론이 필요치 않다고 본다. 이 사실을 아래와 같이 달리 표현해 본다.

Gustav ångrade inte att han hade köpt en dålig bil för den var faktiskt riktigt bra.

'구스타브는 그 차가 실제로 아주 좋기 때문에 차를 잘못 산 것을 후회하지 않았다.'

이 경우에 ångrade inte '후회하지 않았다'는 'behövde inte ångra '후회할 필요가 없었다'라는 뜻이 되어 논리적으로 모순이 없는 문장이 된다. 동사 sluta, stoppa, börja 등은 시점 표시 전제어로 쓰인다.

전제의 내용을 담은 att-절을 이끄는 사실동사에는 begripa, beklaga, förlåta, kritisera, uppskatta 등이 있다.

7. 소통 진행 신호 '피드백'

대화가 일정한 속도로 진행되어 나갈 때 화자는 청자가 담화 내용을 제대로 이해해 나가는지 확인할 필요가 있다. 동시에 청자는 자기 자신이 잘 알아듣고 있다는 신호를 보내어 대화가 계속 잘 진행되도록 호응해야 한다. 그리하여 대화 중간 중간에 mhm '으음', jaha '그래', jasså '그랬어', aha '아하' 등의 감탄사를 끼워 넣어 화자의 발화에 응수한다. 좀 더 적극적인 반응을 보이려면 hördu '근데 말이야', nähä '아니, 약간 놀라서', jajamen '그렇지만' 따위를 끼워 넣어 화자의 이야기에 다소간 의사를 달리하는 듯한 태도를 나타내기도 한다. 서사언어체계를 중시했던 전통문법에서는 이와 같은 언어의 중요한 한 측면을 간과하였다. 현대언어학에서는 대화의 이런 측면을 가리켜 표현의 '되먹임(återkoppling) 또는 피드백(feedback)'이라고 한다(Sjöström 2006:219). 아래와 같은 두 사람 사이의 대화 진행 상황을 보자.

a) Killen som vi såg igår V han verkar ha flyttat in

b) .... mhm ....

c) Killen som vi V såg igår han verkar ha flyttat in

d) .... mhm ....

a)가 '어제 우리가 본 그 남자 말이야' 하고 운을 떼니까 b)가 '으음'하며 a)가 누구를 가리키는지 안다는 반응을 보이면 대화는 다음 단계 '이사를 온 것 같아'로 연결된다.

그러나 대화가 c)와 d)처럼 이어진다면 순조롭게 진행되기 어렵다. 그것은 c)에서 수식절의 주어와 동사 사이에 휴지를 두어 발화가 부적절한 곳에서 잠시 멈춰 의미의 흐름을 혼란스럽게 한 탓이다. 즉 d)에서 피드백이 c)의 잘못으로 부적절한 곳에서 나타나 두 사람 간의 정상적 소통이 어렵게 되었다.

그렇다면 피드백/되먹임을 알리는 신호는 무엇인가? Allwood, Ahlsén, Nivre(1991)는 그것에 관하여 4가지 기본 기능을 분리 설정하였다.

1) 접촉(kontakt): 대화자 간에 상호 반응을 지속할 의향과 자세를 취하고 있는가.

2) 감지(perception): 대화자 간에 주고받는 말을 감지하려는 의지와 태도가 갖춰져 있는가.

3) 이해(förståelse): 대화자 간에 주고받는 말을 이해하려는 의지와 마음의 준비가 되어 있는가.

4) 대응 태도(attitydreaktion): 대화자 간에 전하는 내용에 대해서 수용 여부를 판단할 자세가 취해져 있는가.

재래식 언어 관습에서는 오늘의 피드백 표현이 감탄사의 임무에 속했다. 스웨덴어에 쓰이는 몇 가지 피드백 신호를 보면, ja, jɑ:, jaha, nej, nä, nää, nähä, jasså, m, mhm, okey 등이 있다. 한 가지 유의해야 할 점은 이들 표현의 대다수가 앞선 발화의 의미가 어떤 것이냐에 따라서 그 기능이 달라진다는 것이다. 아래 사례 중에는 하나의 피드백 단어 nej가 상황에 따라 다른 의미를 전달한다.

a) Det regnar. '비가 오네'
b) Ja '그러네' (주장을 받아들인다)

a) Det regnar. '비가 오네'
b) Nej '아니야' (주장을 인정하지 않는다)
a) Det regnar inte. '비가 안 오네'
b) Ja '글쎄'

a) Det regnar inte. '비가 안 오네'
b) Nej '그래' (주장을 받아들인다)

외견상으로도 nej가 간단히 거절이나 수용을 의미한다고 말하기 어렵다. 대화상의 의미는 그것이 쓰이는 상황과 맥락에 따라 결정되며 이 기준이 의미론과 화용론을 구분하는 경계가 된다. 위에서 보인 피드백의 짧은 일면은 정상적 대화의 역동적 성격을 잘 보여 준다. 정보는 단 한 번으로 정해져 그대로 유지 되는 것이 아니라 갖가지 새로운 변수들이 다른 조건을 조성해간다. 그리하여 계속 이어지는 대화의 의미는 대화 참가자들의 반작용으로 변화한다.

이 장을 끝내면서 문장의 의미를 되짚어 보면 그것은 어휘, 문법을 토대로 지시, 논리, 화용과 같은 내적, 외적 여러 요인들이 복합적으로 결합하여 도출되는 부문이라서 앞으로도 지속적인 연구가 필요하다.

제8장
스웨덴어 방언 개관

1. 방언과 표준어

한 나라의 표준어(riksspråket)는 전 국민이 사용하는 공용어인 반면에, 방언은 일정한 지방(landsdel), 지역(landskap), 도시, 부락마을(socken)에서 사용하는 고유의 토속어라고 할 수 있다. 표준어는 대체로 그 나라의 수도가 위치한 지역의 언어를 토대로 다듬어진 언어로서 스웨덴의 표준어는 스톡홀름을 껴안은 맬라렌 호수 주변 지방의 대중어(folkmål)라고 하겠다. 이것은 덴마크의 표준어가 그 나라 수도가 자리 잡은 셸란스카 방언을 토대로 한 것과 똑같은 사정이다. 이와 같은 주요 지역 언어들은 문어체의 기본이 되었고 교양 있는 말씨의 표본이 되었다. 표준어는 차츰 모체가 된 지역방언으로부터 독립하여 개별 단어와 단어 형태들을 다른 지방과 외국어에서도 도입하게 되었다. 아울러 국가 운영과 행정, 과학 기술에 관련된 많은 용어들을 채택하여 표준어의 어휘 수는 증가해 간다. 한편 색채가 뚜렷한 방언들은 대체로 농촌지방에서 나왔는데 지리적으로 고립되어 있거나 부락민의 자존의식이 강하여 쉽사리 외부의 영향을 받아들이지 않으며 마을 공동체가 보존해 온 말씨들이다. 주민들이 자기들 고유의 문화와 언어를 유지해온 것이다. 이런 유형의 언어를 방언

(dialekt/mål)이라고 부르며 이른바 방언지역은 문법, 발음, 어휘에서 서로 간에 유사한 특징을 보이는 지역어를 가리킨다. 이들 지역어 사이에는 경계가 확연하지 못한 취약점이 있으나 방언지역의 구별은 교육적 기능면에서 의미가 크다고 하겠다. 대체로 방언 또는 지방사투리라고 하면 좀 촌스럽다는 선입견을 갖기 쉽지만 방언에는 지역 고유의 색깔과 풍속, 문화를 간직한 특성이 있다. 아 분야의 연구를 방언지리학(dialektgeografi)라고 한다.[1]

2. 방언 분류

스웨덴어 전체를 크게 2대 방언 부류로 구분하면 스베아방언과 예타방언으로 나뉜다. 가장 오래된 고풍의 방언으로는 실랸호 북쪽(Ovan Siljan)의 달라나 방언(dalmålet), 북쪽 국경선 부근의 외베르칼릭스(Överkalix) 방언과 고틀란드 방언을 지적하게 된다. 방언을 논의할 때는 보통 발음, 굴절, 조어법, 통사, 어휘를 기준으로 삼는다. 이들 기준에 따라서 좀 더 세분하면 스베아방언, 예타방언, 남부스웨덴어 방언, 노를란드 방언, 고틀란드 및 동부 스웨덴 방언의 5대 방언구역으로 구분한다. 맨 마지막 방언집단에는 핀란드-스웨덴어 방언과 에스토니아-스웨덴어 방언이 포함된다. 이제 각 방언지역별로 그 특색을 살펴본다(Bergman 1972: 219-224 참조).

방언 분포 지역을 대강 파악하려면 25개 란드스캅 지도부터 참고해야 한다. 란드스캅(landskap)은 역사적 문화적으로 구분된 전통적인 지방 단위로 방

---

1 최근에는 국내에서도 지역방언에 대한 가치 인식과 보존 필요성이 높아져 영호남 방언을 시작으로 남북한 14개 도의 방언 분포 상황을 72장의 언어지도에 담은 '팔도 말모이'(위평량 2022)가 출간되었다.

언지역 분류의 기준이 된다. 먼저 스웨덴 전체를 남부지방 예탈란드(Götaland), 중부지방 스베아란드(Svealand), 북부지방 노를란드(Norrland)로 크게 나누고 다시 란드스캅별로 세분한다. 이들 지방 단위는 한국의 경상도, 전라도, 충청도 등에 대비된다.

25개 란드스캅 지도

스웨덴어 방언 분포도

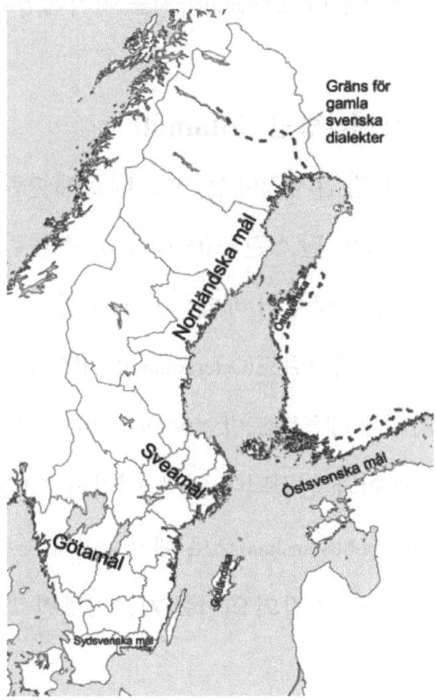

© Koyos

1) 스베아방언(Sveamålen)

스베아방언은 북부스웨덴어(uppsvensk) 영역과 중부스웨덴어(mellansvensk) 영역으로 세분된다. 북부스웨덴어에는 우플란드(Uppland), 예스트리클란드(Gästrikland), 핼싱란드 남부(Södra Hälsingland), 달라나 동남부(Sydöstra

Dalarna), 배스트만란드(Västmanland) 동부, 쇠데르만란드 북동부(norra och östra Södermanland), 동부 및 서부 달라나(Öster-och Västerdalarna) 방언까지 포함된다. 한편 중부스웨덴어 방언(mellansvenska målen) 영역에는 쇠데르만란드(Södermanland)와 배스트만란드의 나머지 지역과 내르케(Närke)와 외스테르예틀란드(Östergötland) 지역도 포함된다. 심지어 스몰란드(Småland)의 동북부(칼마르랜)와 욀란드(Öland)까지도 여기에 부속시킨다.

2) 예타방언(Götamål)

이 방언지역에는 배스테르예틀란드(Västergötland), 할란드 북부(norra Halland), 달스란드(Dalsland), 스몰란드 북부(norra Småland), 바드스테나(Vadstena)로부터 배테른(Vättern) 호수를 따라 솜멘(Sommen) 호수에 이르는 외스테르예틀란드(Östergötland) 지역이 속한다. 스베아방언과 예타방언의 중간지대에 배름란드방언(Värmlandskan)이 자리 잡고 있으며 그 서쪽 구역은 노르웨이어와 연결되어 있다. 여기서 특별한 위치를 차지하고 있는 것이 부휘스방언(bohuslänskan)으로 예타방언과 노르웨이-덴마크어 색깔을 지니고 있는데 부휘스란스캅의 역사를 거슬러보면 그렇게 생소한 현상은 아니다.

3) 남부스웨덴 방언(Sydsvenska mål)

스코네(Skåne), 블레킹에(Blekinge), 할란드 남부(södra Halland), 스몰란드 남부(södra Småland) 지역을 차지하는 방언 그룹으로 스웨덴 최남단의 방언 스콘스카(Skånska)가 핵심을 이룬다. 스코네 방언과 인근 덴마크어와의 관계는 정치사적으로도 밀접하다.

4) 노를란드 방언(Norrländska mål)

역사적으로 보면 스베아방언의 한 갈래인 이 방언은 헬싱란드 북부와 칼릭스(Kalix) 지역에까지 사용된다. 맨 북쪽 끝에 있는 광산 지역 주민들은 일종의 표준어 형태의 노를랜스카를 사용하며 그 외로 핀란드어와 라프어도 쓰인다. 반면에 해르예달렌과 옘틀란드 방언들은 노르웨이어의 동부 방언과도 연관성을 보이는데 이러한 현상은 달라나 지방의 새르나(Särna)와 이드레(Idre)에도 나타난다.

5) 고틀란드 방언(Gotländska mål)

발트해상의 스웨덴 최대의 섬 고틀란드 방언은 달라나의 북쪽 지방 방언과 유사한 고어형을 유지하며 육지의 다른 지역 방언과는 다른 비교적 독자적인 위치에 있다. 동시에 동부 스웨덴 방언(östsvenska mål)과 유사한 점도 있다.

6) 동부 스웨덴 방언(Östsvenska mål)

핀란드 내의 스웨덴계 부락마을과 에스토니아(Estonia)에서 쓰이는 동부 스웨덴어는 노를란드 해안 지방과 우플란드에서 쓰이는 표준 스웨덴어와 상당히 유사하다. 그 이유는 중세 이래 이들 지방 간에 있었던 잦은 교류 덕분이다. 1944년 러시아가 에스틀란드(Estland)를 점령했을 때 스웨덴어 사용 주민들 중 상당수(약 7,000명)가 스웨덴으로 이주하였다.

3. 각 지역 방언의 특징[2]

1) 목젖떨음 소리 r (후구개음 r)

중부와 북부 스웨덴 표준발음의 [r]는 혀끝떨음 소리인데 남부스웨덴에서는 목젖떨음 소리 [R]로 대체하고 있다.

예 〉 här의 발음: 표준어, 혀끝떨음 [hæ:r]/ 남부, 목젖떨음 [hæ:R]

발성법과 듣기에도 매우 특이한 자음 [R]은 남쪽 스웨덴 전역은 물론 팔켄베리(Falkenberg) 북쪽에까지 퍼져있다. 그리고 경계는 Västergötland와 Småland와도 일치한다. 일부에서는 약화된 목젖 마찰음 [ʁ]으로 내기도 한다.

이 [R]음의 기원을 살펴보면 16세기까지만 하더라도 모든 인구어의 r은 현대의 이탈리아어나 스페인어처럼 치경음(alveolar)이었다. 그러던 것이 17세기에 들어와 무슨 이유로인지 프랑스 파리의 상류 귀족 계급에서 이 치경음 r을 목젖소리로 내기 시작하였다. 이것이 "고귀한" 발음으로 착각되면서, 점점 프랑스 전국에 퍼지게 되었고, 나중엔 국경을 넘어 독일어와 덴마크어 및 남부 스웨덴어에까지 미치게 되었다. 이 r음의 목젖음 전파는 아직도 진행 중이어서 이미 일부 네덜란드인과 노르웨이인이 이 r음[R]을 쓰고 있다. 일설에 의하면 언어장애증이 있는 왕이 [r]을 목구멍에서 발음한 데서 비롯되었다 한다.[3]

2 이 절에서 사용된 방언지도는 Bregman 1972: 221 / 1973: 104, 108에서 인용한 것임

3 김진우(2017:288)에서 인용.

2) 권설음 l

설측음 l은 치음과 권설음 두 가지가 있는데 남쪽 지방을 제외하고는 모두 권설음 [ɭ]로 소리낸다. kalv[kɑ:ɭv], mala[mɑ:ɭa], gål[go:ɭ], i fjol[fjo:ɭ]을 발음할 때 혀끝을 입천장을 향해 치켜올린다. 이런 소리를 보통 어두운(tjockt) l이라고 부른다. 남부 방언과 핀란드-스웨덴어 방언에는 권설음화가 일어나지 않아서 rd, rl, rn, rs를 각각 독립된 두 자음으로 발음한다.

3) k p t > g b d 약화 현상

무성파열음 k p t가 모음 사이에서 또는 모음 다음에 종성(끝소리) 위치에 올 때는 덴마크어처럼 유성화한다. 스코네 지방과 블레킹에 서부 지역, 스몰란드 끝 지역 일부, 그리고 할란드, 부휴스랜 지역의 방언에 나타난다. 심지어 노르웨이 남쪽 해안가 방언에도 이러한 약화 현상이 있다.

예: tak> tag, gapa> gaba, gata> gada, äta> eda, skomakare> skomagare

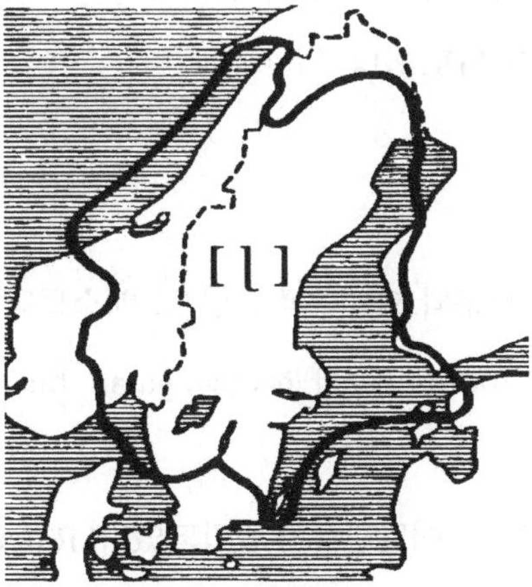

권설음 1 [ɭ] 지역(검은 선 안)

허끝떨음 r와 목젖떨음 R의 경계선.
아래 점선은 약강세음절의 어말음 -n이 유지된 북부 경계선, e,g. solen, husen

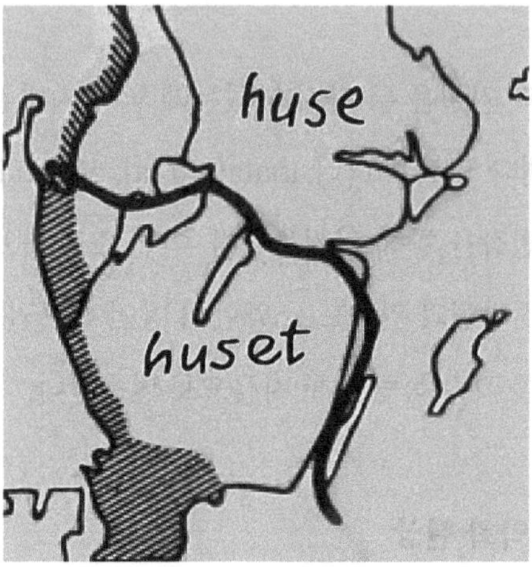

huset에서 어말 t의 탈락과 유지 지역.
빗금 부분은 k, t, p가 g, d, b로 유성화한 지역.

4) 여성 명사 한정형의 어미변화

스웨덴어 방언 가운데 여러 곳에서 여성 명사 한정형 어미 -en이 -a로 바뀐 현상을 가리킨다: boken> boka, solen> sola

그러나 남부스웨덴과 북부 스웨덴 방언의 일부에는 어미 -n이 그대로 남아 있다. 또 다른 어미의 변종으로 boke와 boki도 있다.

5) 어말관사 유지와 탈락

명사 끝의 어말정관사가 우플란드 서부와 예스트리크란드, 배스트만란드 남동부에는 그대로 유지되어 있다: föttren(표준어 fötterna), gatan, husen, solen, boken.

하지만 스베아 남부 방언과 예타방언에는 어말관사가 탈락되었다: föttera, gata, husa, sola. 또한 이 방언 선을 기준으로 häst의 복수형 hästar와 r가 탈

복수형 hästar와 hästa(-r 탈락),
fisk와 fesk 분계선.

구개음화 경계선 / 검정색 지역은
본래의 이중모음 보존지역

락된 hästa가 분리되고 fisk와 fesk의 발음이 나눠지기도 한다.

6) 구개음화

한 단어 내에서 전설모음(구개모음) 앞에서 후설자음 g, k와 sk가 구개음으로 바뀌는 현상으로 스웨덴의 허리를 가로지르는 우플란드, 배스트만란드, 배름란드 지방에 걸쳐 나타나고 있다.

예: länge> länje, skogen> skojin, väggen> väddjen, diket> ditje, fisken> fisjin

7) 고모음의 이중모음화

스코네 남쪽 지역을 제외한 남부 방언에 새로운 이중모음이 등장한 반면에 옛 이중모음 au, öy, ei는 옘틀란드, 배스테르보텐, 노르보텐, 고틀란드 섬에 그대로 남아 있다. 특히 고틀란드 섬의 방언은 달라나 방언과 유사한 고어형이 많으며 육지의 다른 방언들과는 다른 독보적인 위치에 있다. 남부 방언의 새 이중모음의 사례로 sten> stain, gå> gau, lång> laung, Skåne> Skɛone 등이 있다.

그뿐 아니라 중부스웨덴을 중심으로 여러 지역에서 폐모음 계열의 장모음이 이중모음화하였는데 특히 어말 위치에서 그러하였다. 예: fri[frij], sy[syɥ], bo[bɷβ], fru[frʉβ]. Elert는 이런 현상을 고모음을 길게 발음할 때 일어나는 '고모음의 자음화'(konsonantefterslag i höga vokaler)로 규정하고 아래와 같은 예를 들었다(Elert 1997:44).

/iː/ [bij] 'bi' [tija] 'tia' [bijl] 'bil'

/y/ [byɥ] 'by' [lyɥa] 'lya' [byɥta] 'byta'

/uː//buɷ] 'bo' [ruβa] 'roa' [buβk] 'bok'

/ʉː/ [dʉβ] 'du' [ʉβet] 'u-et' [dʉβva] 'duva'

8) tl, tn의 변화

남부스웨덴 지방과 서부 해안 지역에서는 덴마크어의 경우와 같이 tl, tn이 각각 till, nn으로 변하였다.

nätla> nälla, botten> bunn, vatten> vann

9) 어말관사의 모음

남부스웨덴 방언에는 어말관사의 모음이 그대로 유지되어 있다: munnen, byen, stationen, cyklen, åker(e)n.

반면에 북부지방 방언에는 모음 탈락 형이 쓰인다: mun, byn, station, cykeln, åkern.

10) 어간모음 변화

고대스웨덴어(fornsvenska)에서 현대스웨덴어로 발달해오는 과정에서 아래와 같은 변화가 여러 방언에서 반영되었다.

fisk> fesk

skip> skepp/skep

vika> veka/ vecka

liva> leva

dys> dös, tyst> töst

다만 스베아방언(Sveamål)에는 위와 같은 변화가 일어나지 않아서 fisk, middag, tyst, stycke, skrivit, mycket, vilja 등이 그대로 남아 있다.

11) t의 파찰음화

핀란드 방언에서는 파열음 t의 앞뒤로 다른 자음이 오면 t가 파찰음 [tç]로 소리 난다.

예: tjata> [tçɑ:ta], inte> [itçə]

북부스웨덴어 방언에서도 inte/ icke의 자음을 때로는 파찰음으로 발음한다.

4. 사회적 방언

이제까지는 특정 지역을 중심으로 고유의 방언들을 조사하고 그들의 변화 체계를 인접 지역어들과 비교하여 그 분포 상황을 파악해 보았다. 주로 특정 지역의 토박이 화자를 대상으로 언어변이를 파악하는 전통적인 방언 연구를 지리방언학이라고 한다. 이와는 대조적으로 언어 변화를 사회계층이나 발화 상황 등 사회적 요인을 고려하여 관찰하고 언어 변화의 원인을 언어의 내적 구조보다는 화자의 사회적 활동과 더 밀접하게 관련지어 분석하는 방법을 사회적 방언(sociolekt) 연구라고 한다. 그리하여 화자가 속한 사회계층, 성별, 연령, 인종, 말투 등이 언어 변화를 유도하는 주요 요인이 되기도 한다. 이 분야의 연구는 비교적 최근에 발전한 언어학의 한 분야이다. 구체적 사례로 린케뷔스벤스카의 경우를 살펴본다.

1) 린케뷔스웨덴어(Rinkebysvenska)

이 변종 스웨덴어는 스톡홀름시 북서쪽 교외에 자리 잡은 이민자들의 집단 거주 지역 린케뷔에서 청소년층에 형성된 일종의 변두리 스웨덴어(Förortssvenska)를 가리킨다. 1960년대에 개발된 이 아파트 단지에는 14,000명이 거주하는데 주민 중 65%가 이민자와 그 자녀들로 구성되어 있다. 아이들이 성장하면서 접촉하는 스웨덴어는 얼핏 보기에는 유창하나 정통 스웨덴어 'svensk svenska'와는 상당히 다른 형태의 언어를 사용한다.

근래에는 재래식 방언과는 성격이 다른 변종 스웨덴어에 대한 연구도 활발한데 대표적 사례가 린케뷔스웨덴어이다. 이 언어의 유형은 스웨덴어의 음운

변화 및 문법 체계(성, 수, 시제, 전치사) 규칙을 위반한 일종의 다인종 청소년어(multietniskt ungdomsspråk)라고 할 수 있다. 한마디로 문법 규칙을 단순화하는 이른바 크레올화(kreolisering) 현상으로 몇 가지 대표적 사례는 다음과 같다.[4]

① 발음상의 특징은 '짧고 충동적'이라고 서술되어 있는데 이것은 모음의 장단을 구별하지 않고 잇따르는 두 음절 사이의 모음의 지속 시간을 최소화한 결과라고 해석할 수 있다. 그 과정에서 악센트 2의 음조상 굴곡의 흐름이 무시되고 강세 악센트만 짧고 강하게(staccatoartat) 적용된 것 같다. 자음의 경우 혀끝 떨음소리 [r]를 혀끝이 잇몸을 한 번만 두드리는 탄설음 [ɾ]으로 낸다. 또한 sje-음을 후설 쪽의 마찰음[x]으로 내는데 이들은 표준 스웨덴어 발음과는 분명한 차이가 있다.

② 성별(genus)과 수에 따른 어미 선택의 오류 사례가 매우 흔하다.

· mitt framtid de handlar om > min framtid

· de skulle bli tråkig > tråkiga

· om de hade varit bara ett tiotal familjerna > familjer

③ 통사적 변이로 두드러진 것은 부사구나 종속절 다음에 오는 주절의 어순에서 도치 대신에 바른 어순을 쓰는 것이다. 조사 대상 고교생 20명 중에 19.6 퍼센트가 개인적 대화 중에 바른 어순을 사용했다.

예: Efter fotboll spel, jag gick hem. > Efter fotboll spel, gick jag hem.

④ 동사의 시제 규칙을 위반하는 사례가 자주 나타났다.

예: Jag har varit på bio igår.> Jag var på bio igår.

---

4 Ulla-Britt Kotsinas (1987: 264-278) 참조

2) 지역의 사회적 환경

Rinkeby 지역의 언어 환경은 매우 혼잡하다. 약 100여 개의 세계 언어가 이 지역에 공존하면서 서로 간에 차용이 빈번하다. 게다가 이민자 2세를 위한 30여 개의 모국어 교육이 정규학교에서 실시되고 있는 관계로 그들의 언어가 거리, 광장, 커피숍, 상점, 학교, 탁아소에서까지 자주 들린다. 거류 국가의 공식 언어인 스웨덴어의 문법 규칙을 정확히 배워서 구사하기가 어려우니 그보다 쉬운 다른 언어의 구성 방식을 뒤섞어 쓰는 언어 사용상의 편법, 링구아 프랑카(lingua franca)가 유행하게 된 것이다.

이와 같은 변이형들은 사회적, 인종적, 연령상의 경계를 구분하고 있기에 사회적 방언(social dialekt/ sociolekt) 또는 집단적 변이형(gruppvarietet)으로 분류되어야 한다고 주장하기도 한다. 이런 현상은 Rinkeby에 국한되어 있지 않고 인근 Tensta, Kistad 지역의 언어 상황도 비슷하다. 뿐만 아니라 이민자들이 많은 스톡홀름의 남부 지역 Huddinge 콤뮨의 Flemingsberg에까지 전파되어 있다. 게다가 외국 이주민의 배경이 없는 토박이 주민에게까지 전파되는 경향마저 있다. 그러므로 일정한 사회, 경제적 여건 아래서 형성된 스톡홀름 방언[5]의 구역 방언(dialekt / lokal varietet)으로 발전할 가능성이 있다. 이와 유사한 변화와 파급 현상이 말뫼말씨(malmöiska)와 예테보리 말씨(göteborgska) 등에서도 나타날 가능성이 있다. 이민자 집단에서 발생한 변종 스웨덴어로 rinkebysvenska, gårtensvenska, rosengårdsvenska 등이 있으며 그 밖에 예로부터 내려오는 스톡홀름 남쪽 지역의 스웨덴인 노동자 계층 사투리

---

5 스웨덴 학계에서는 표준어(rikssvenska)란 용어를 자주 쓰지 않고 수도권의 말씨도 스톡홀름 지역어라는 의미에서 stockholm dialekt '방언'이라고 한다.

(södersnacket)가 따로 있다. 이들이 함께 변두리 스웨덴어(förortssvenska)를 구성하며 사회적 방언 연구의 대상이 되어 있다.

제9장
스웨덴어 발달사

1. 스웨덴어의 기원

스웨덴 왕국이 위치한 북유럽의 스칸디나비아 반도와 그 주변 도서 지역에는 8개 어군이 분포되어 있다. 이들은 언어 계통상으로 보면 인도유럽어족의 게르만어군에서 갈라진 아이슬란드어, 페로즈어, 노르웨이어, 스웨덴어, 덴마크어와 다른 어족에 속하는 그린란드어, 핀란드어 등 크게 두 부류로 나뉜다.

1) 인도유럽어족: 아이슬란드어(Icelandic/ isländska), 페로즈어(Faroes/ färöiska),
노르웨이어(Norwegian/ norska), 덴마크어(Danish/ danska),
스웨덴어(Swedish/ svenska),

2) 우랄어족: 라프어(Lappish/ lapska), 핀란드어(Finnish/ finska)

3) 에스키모어족: 그린란드어(Greelandic/ grönländska)

이들 중에서 그린란드어는 언어 기원상(起源上) 캐나다와 알래스카에 분포된 에스키모어와 친근 관계에 있고, 스칸디나비아반도 북부 토속 원주민의 언어 라프어와 핀란드어는 헝가리어, 에스토니아어와 계통을 같이 한다. 한편 게르만어군의 북게르만어파(North Germanic)에 속하는 5개 스칸디나비아어들은 서게르만어파(West Germanic)에 속하는 영어, 독일어, 네덜란드어, 프리지아어(프리즈어)와 가까운 친족 관계에 있다. 이 책에서 북유럽어와 스칸디나비아어는 동의어로 쓰인다.

북유럽의 제 언어들을 언어 유형별(språktypologi)로 간단히 살펴보면

첫째로, 인도유럽어족의 언어들은 굴절어로서 하나의 형태에 여러 형태소가 응결되어 있어서 굴절을 통하여 문법적 관계를 표시한다: 아이슬란드어 단수 명사 bok(영 book)와 복수 명사 bækur(books)를 비교해 보면 복수 형성은 어미 -ur의 첨가와 어간모음 교체 (o->æ)로 이루어진다. 또 형태소 -in을 붙여 bokin이 되면 영어 the book, 스웨덴어 boken의 정관사 의미를 가지며 동시에 여성, 주격, 단수 정형을 표시한다.

둘째로, 우랄어족은 교착어에 속하는데 이 유형의 언어는 단어 끝에 접미사 형식의 문법 요소를 첨가하거나, 다른 형태소로 대치하여 어형 변화를 나타낸다. 그러므로 첨가된 요소들은 각각의 의미와 기능을 가지며 다시 분리시킬 수 있다. 핀란드어, 한국어가 이 부류에 속한다.

셋째로, 그린란드의 에스키모어는 포합어인데 한 개의 어근에 여러 개의 구문 요소들이 응집되어 있어 요소들 간의 자리바꿈이 전혀 불가능하다. 그러니 단어와 문장의 경계가 분명치 않아 한 개의 문장이 한 개의 긴 단어처럼 보인다.

예: sikursuarsiurpugut '우리는 빙원 사이로 항해를 한다.'

스칸디나비아어의 계통과 분기 관계를 그려본다.

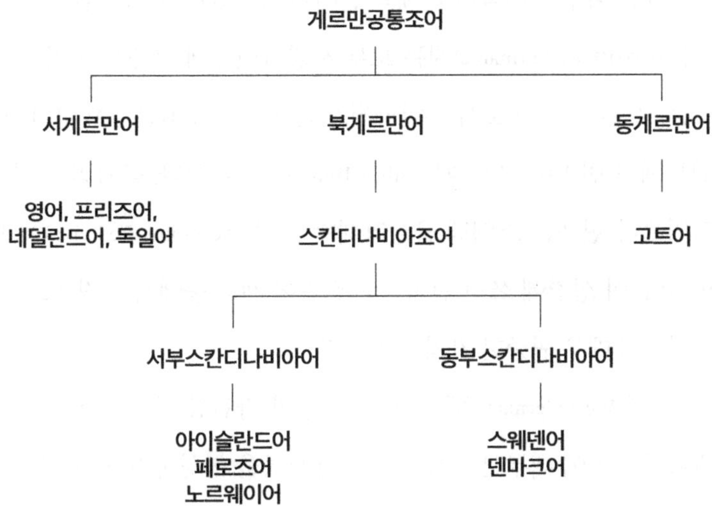

이제 본론으로 들어가 스칸디나비아어(Scandinavian languages/ Nordiska språk)의 기원과 분기 상황을 고찰해 본다.

스칸디나비아 반도의 남부와 서부 지역 일대에 인도유럽어를 사용하는 민족이 살기 시작한 것은 대략 기원전 2000년경으로 추정된다. 이 사실에 대한 최초의 기록은 기원 후 200-800년대의 루운(Run)비문에서 발견되었는데 24자의 옛 루운문자로 새겨진 비문의 언어 형태는 스칸디나비아조어(Proto-Scandinavian/북구조어 urnordiskan) 또는 북게르만어(North Germanic)로 판명되었다.

서기 원년경 게르만족은 스칸디나비아 반도와 북부 독일, 라인강의 서부와 남부, 폴란드의 비슬라강 일대에 살고 있었다. 그들의 언어 게르만 공통조어(Proto-Germanic 기원전 100년경)는 그 후 차츰 방언들로 분기되어 북게르만어, 동게르만어, 서게르만어로 나뉘었다. 언어의 분기는 곧 민족의 분기를 의미하는데 먼저 동게르만족은 서기 원년 이전에 북유럽으로부터 이동하여 옛 동독과 폴란드의 경계를 이루는 비슬라강 계곡 일대에 거주했던 것으로 알려져 있다. 그 후 동게르만어(East Germanic)계는 모두 사멸하였는데 그중에서 가장 중요한 분파로는 고트어(Gothic)로서 유일하게 남은 자료는 350년경 Wulfila가 그리스어 원문에서 번역한 은성경본(Silver Bible)이 남아있다. 불가리아 북부에서 발견되었으나 현재는 스웨덴 웁살라대학 도서관(Carolina Rediviva)에 보관 전시되어 있다. 이 성경에 쓰인 언어는 게르만어 계파 중에서 가장 오래된 고트어 문어체로서 매우 귀중한 가치를 지닌다.

서게르만어족(West Germanic)은 주로 엘베강과 라인강 사이에 살다가 게르만족의 대이동 시기에 대부분 합류되거나 새 부족을 형성하기도 하였다. 후기 민족대이동 시기에는 슬라브족과 반달족에 밀리어 북부 독일 평원에 자리 잡고서 그 후 수백 년간 새로운 언어권을 형성했으니 이것이 곧 서게르만어(West Germanic)이다. 이 언어군은 중세 초기에 고대영어, 고대프리즈어, 고대저지 프랑크어, 고대삭스어, 고대고지 독어와 같은 방언들로 분화되었다. 이들 방언 중에서 중세기 내내 스칸디나비아어에 가장 큰 영향을 준 것은 중세저지 독어였다.

한편 서기 100년경에 스칸디나비아 일대에서 사용되었던 단일 언어체계를 스칸디나비아 조어(북구 조어)라 부르는데 이 일파는 북게르만어파에 속한다. 특히 스칸디나비아 조어(祖語)는 다른 계파의 게르만어보다 더 오래된 고어 형태를 보존하여 모든 게르만어족 중에서 가장 오래된 언어로 간주되고 있다. 스칸디나비아 조어는 루운문자 기록을 통해서 주로 전해졌다.

2. 루운문자(Runalfabet)

북구공통조어 시대의 비문은 대략 기원 후 200년에서 650~700년대 사이에 기록된 것으로 24자체의 옛 루운문자로 쓰여졌다. 이 문자체의 명칭은 처음 여섯 자의 음을 따서 'futhark'라고 부른다. 800년경에 이르러 24자체는 16자체의 '새 루운문자'로 대체되었다.

루운문자의 발생 기원은 고전 문자인 라틴 알파벳을 기초로 하여 만들어진 것으로 전해지며 바위나 나무 조각에 새기기 편리하도록 고안된 것이다. 라틴 문자는 원래 그리스 문자를 로만족(Roman)이 빌려 쓰면서 약간의 변형된 모양으로 북부 이탈리아와 게르만족의 지역을 거쳐서 오늘날 유럽 전체에서 사용되고 있다. 다만 그리스 국가와 키릴 문자를 사용하는 슬라브어권은 제외된다.

옛 루운문자 (futhark 24자)

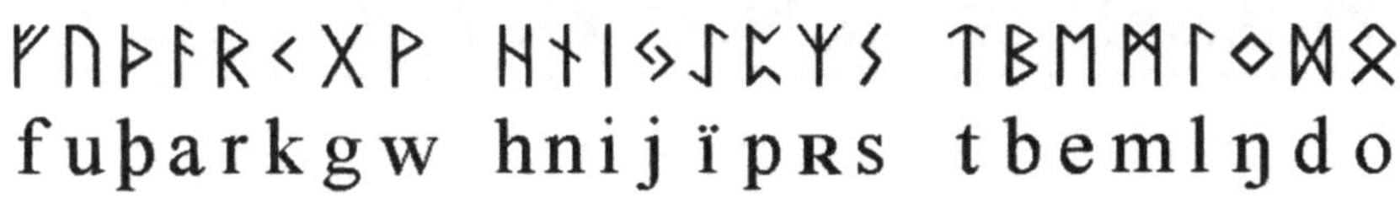

새 루운문자 16자. 위: 표준 루운문자. 아래: 스웨덴-노르웨이 루운문자.

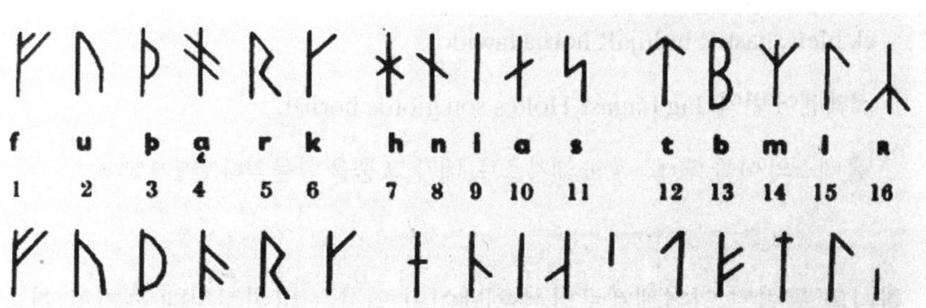

루운문자 기록 중에서 가장 유명한 것은 덴마크의 Jylland, Gallehus 마을에서 발견된 금으로 만든 뿔잔(Guldhornet)에 새겨진 내용으로 스칸디나비아 조어에 속하는 최고(最古)의 언어 형태(400-450년)로 알려져 있다(Bergman 1973: 20).

Gallehus의 뿔잔과 기록문 (Google 영상)

뿔잔 비문의 내용은 아래와 같다.

ek hlewagastiR holtijaR horna tawido

스웨덴어 번역: Jag Lägast, Holtes son gjorde hornet.

'홀테스의 아들 (홀테스 출신) 래가스트, 내가 그 뿔을 만들었다(만들게 했다).

하나의 독립된 언어체계로서 스웨덴어의 역사는 바이킹시대 초기로 거슬러 올라간다. 그 근거로 북구공통조어(urnordiskan)가 해체되면서 스웨덴의 주요 지방의 언어가 북유럽 다른 지역의 언어와 차별화되기 시작하여 그 징후가 더욱 뚜렷해지었기 때문이다. 기원후 1000년경부터 북유럽의 부족들이 왕조를 달리하면서 정치적 분할과 함께 언어에도 변화가 일어나기 시작한 것이다. 바이킹시대(800-1050년) 이후의 스웨덴어의 역사는 다음과 같이 구분 된다.

1) 고대 스웨덴어(Fornsvenska 800-1526년경) 시기
 루운 스웨덴어(Runsvenska 800-1225년경)
 전기 고대스웨덴어(Klassisk fornsvenska (1225-1375년경)
 후기 고대스웨덴어(Yngre fornsvenska (1375-1526년경)
2) 근대 스웨덴어(Nysvenska 1526-) 시기
 전기 근대스웨덴어(Äldre nysvenska 1526-1732년경)
 후기 근대스웨덴어(Yngre nysvenska 1800-)
3) 현대스웨덴어(Nusvenska 1900년대-) 시기

3. 루운 스웨덴어/ 고대스웨덴어

고대스웨덴어 시기는 루운 스웨덴어로부터 시작되는데 스웨덴 역사상 가장 오래된 기록은 루운문자로 쓰였다. 바이킹시대 초기(800년경)부터 라틴 문자가 유입되기 시작한 1225년경까지를 루운문자 시대라고 부른다. 루운문자 'runa/ runor'는 비밀을 뜻하며 우리를 악령들로부터 보호해주는 힘을 가진 것으로 인식되어 주로 무기나 묘비석에 새겨졌다. 중세시대 무렵까지 각종 통

신문에도 사용되었으며 몇몇 농촌 마을에는 1800년대까지 살아남아 있었다. 하지만 대부분이 파손되었는데 더 이상 돌에 새기지 않고 보존에 약한 나무나 가죽에 기록한 탓이었다. 스웨덴에는 1000년경과 1100년대 초기의 후기 루운문자 비문이 약 3,000개가 발견되었다. 그중 대다수가 우플란드(Uppland) 지방에서 나왔고 쇠데르만란드, 스몰란드 지방에서도 나왔다. 가장 많이 알려진 것으로는 Östergötland, Röks교구 마을의 Rökssten 비석문이다. 북부지방에서는 Medelpad, Jämtland에서 발견되었고, 중세 이후에는 Gotland 섬에서도 나왔다. 그 밖에도 노르웨이, 덴마크, 영국, 아이슬란드, 북해의 여러 섬, 그리고 프랑스와 독일, 오스트리아를 거쳐 러시아에까지 고대 게르만족이 살았던 지역에서 루운비문이 유물처럼 발견되었다. 괄목할 만한 사실은 이렇게 광대한 지역에서 발견된 비문 전체의 거의 4배에 해당하는 3.000개가 스웨덴 내에서 발견되었다는 점이다(박영배 1998).

덴마크의 Gallehus 뿔잔의 기록과 거의 같은 시기에 스베아족(Svear)의 옛 본거지, 우플란드의 중심부였던 Möjbro(Hagby)에서 발견된 비문에는 아래와 같은 기록이 있다.

> frawaradaraR anahahaislaginaR
>
> 영문번역: 'Frārāþer, slain at Hag'

분석에 의하면 위 기록은 'Frārāþer라는 사람이 Hag에서 살해되었다'라는 의미라고 한다.

Uppland의 Möjbro 비문

그러면 고대스웨덴어 시기의 몇 가지 특징적 언어 현상을 살펴본다.

1) 문자와 음성의 불일치

비문 중 대다수는 짧은 기록으로 그쳤는데 그중 일부는 당대의 문화적 편린을 엿볼 수 있어 중요한 의미를 지닌다. 가장 흔한 비문은 개인의 이름을 기록한 것으로 해독이 어려웠는데 그 이유는 한 개의 동일한 루운문자로서 유성과 무성 자음을 표기하였던 탓이다: p와 b, k와 g, f와 v, þ와 ð. 그뿐 아니라 모음과 변이모음(omljud), a와 ä, o와 ö, u와 y를 역시 한 글자로 표기하였다. 또한 자음의 장단이 현대스웨덴어와는 달리 글자 표기에 반영되지 않았다.

2) 이중모음의 단모음화

1000년대까지 중부 스웨덴 지역에서 이중모음이 보존되었다가 1100년대부터 단모음으로 기록되기 시작하였다. 이중모음의 단모음화는 덴마크에서 시작하여 바이킹시대에 북쪽으로 전파되었다: stein> sten, austr> öster. 하지만 아이슬란드어는 변화를 하지 않았다: stein, austr. (유의: '>'는 '~로 변화한 것'을 표시한다)

3) 어말 삽입모음 부재

루운스웨덴어에는 어미 -r 앞에서 이른바 삽입모음(inskottsvokal)이 발달하지 않은 점을 찾아볼 수 있다: ulfR 'ulv', tauþr 'död', likR 'ligger'.

이와 같은 현상은 서북구어(고대 노르웨이어, 고대 아이슬란드어)에도 마찬가지였다.

4) Grav accent/ akut accent 출현

명사와 동사에 두 가지 악센트 유형이 나타났으니 이음절어 악센트(grav)와 단음절어 악센트(akut)가 형성된 것도 이 시기였다(제3장 음운론 참조).

akut 악센트/ 'broder (단수 명사), 'ligger (현재형)

grav 악센트/ `bröder (복수 명사), `ligga (부정법)

5) 차용어가 된 고대스웨덴어

바이킹시대의 스웨덴어 실체가 다른 언어에서 차용어 형태로 나타났다는 사실이다. 고대러시아의 네스토르연대기(Nestorskrönikan 1113년경)에 기록된

Rurik(runsv. HrörikR), Igor(runsv. Ingvaar), Oleg(runsv. Hälgi), Olga(runsv. Hälga) 등은 스웨덴계 지배자와 그 자손들의 이름이다. 그들은 발트해 연안을 휩쓸고 9-10세기에 러시아 땅에 Rurik 왕조를 수립한 스웨덴계 바이킹족이었다.

루운문자는 전갈, 문서 전달, 각서, 법률조문 등 실용적 목적에도 사용되었겠지만 그러한 기록들은 교회의 기록 보존 대상에서 제외되어 사멸의 위기에 처했다. 그럼에도 불구하고 루운문자는 중세시대에 일반 대중의 문자로 이용되었으니 스코네(Skåne) 지방의 법률 기록문은 주민들이 라틴 문자보다 루운문자 기록을 선호했다는 사실을 입증하고 있다. 바이킹시대의 고대스웨덴어 상황에 대한 자세한 연구는 박영배(2000)가 있다.

4. 기독교의 전파와 라틴 문자

앞서 설명한 루운문자 시대의 언어적 실체와 사실에도 불구하고 진정한 의미의 스웨덴어에 관한 지식은 기독교와 함께 들어온 라틴 문자의 등장(1225)에서부터 시작되었다고 할 수 있다. 고대 토착민들의 뿌리 깊은 이교도(사교) 신앙과 서부의 Engand와 남서부의 Hamburg- Bremen에서 밀어닥친 기독교 사이의 투쟁은 스웨덴에서 상당히 오랜 기간 지속되었다. 우플란드 지방의 룬비문에 의하면 스웨덴의 중심 지역이었던 이곳은 1000년대에 대체로 기독교화가 진행되었다. 선교활동에 이어 교회가 들어서고 교구와 교구부락(socken)이 구획, 조직되었다. 사제들을 교육하고 성직에 임명하는 일이 주교(biskop) 임무였다. 대성당(domkyrka)에는 사목을 교육하는 학교가 설치되었고 교회의 임원들은 물론 교구의 서기들까지 읽기와 쓰기 능력을 갖추었다. 스웨덴에서 가장 오래된 필사본의 중의 하나를 Laurentius라는 부제(副祭)가 썼다는 사실은 교회사의 주요 대목이 된다. 하지만 당시에 그들이 읽은 것은 라틴어로 쓴 책이 전부였고 예배 준비에 필요했던 자료들이었다. 따라서 모국어로 쓰인 책은 별 용도가 없었고 그런 배경하에서 사가(Saga)나 시 형태로 전해지던 사교(邪教)의 전통도 사라졌다. 아울러 바이킹시대 1100-1200년대의 사회상과 생활 양식을 다룬 기록 문서도 기독교 문화에 압도되어 매우 불충분하였다.

스웨덴에서 최초로 라틴 문자가 쓰인 공식적인 사례는 울로프 셰트코눙(Olof Skötkonung 왕 993-1022) 시대의 동전에 새겨진 글자체였다. 스칸디나비아 전체로 보면 최초의 기록은 1135년에 덴마크 왕이 룬드의 대성당에 기증한 증서에 쓰인 서체였다. 라틴어 알파벳이 일종의 서사 체계로 발전해 나간 것은 시토 수도회의와 도미니크 수도회의 주도로 시작되었고 그 후 대성당과 수도원 학교에서 집중적으로 학습되었다. 라틴어와 함께 도입된 서사 체계는 교회의 언어로서 16세기 종교 개혁 시까지 그 위치가 유지되었고, 학술 언어로서는 18세기 후반까지 확고히 자리를 잡고 있었다. 실례로 Ludvig Holberg의 희극 "Erasmus Montanus"는 1720년대 덴마크의 대학 강의에서 라틴어의 역할을 생생히 보여주는 장면인데 스웨덴에서도 이와 비슷한 상황이 전개되었다. 그럼에도 불구하고 중세기 수도원에는 라틴어에 정통한 수도사, 수녀들이 수적으로 적었으므로 그들과 속인을 위해서 성인들의 생애에 관한 글과 설교문, 기도문이 스웨덴어로 번역되었다. 그 후 계몽주의 시대에 들어와서야 자국어가 비로소 학술, 저작 활동에서 제구실을 하게 되었다. 그 밖에 기사 제도의 도입과 함께 환락 잔치, 무도회, 시 낭송 등이 등장하였고 14세기 초에는 기사 소설, 서정시, 압운역사의 번역물이 등장하였다.

스웨덴에서 문자와 문예의 시대는 이웃 노르웨이나 아이슬란드보다 100년이나 늦어졌고 덴마크에도 뒤졌다. 첫 출발은 법률 분야에서 시작되었는데 법률 조문의 표기가 라틴 문자로 쓰인 것이다. 유명한 서부예타법(Västergötalagen)이 1220년대에 필사본으로 기록되었는데 이 사업은 Birger Jarl의 큰 형인 율사 Eskil이 완성하였다. 그는 고대 게르만족의 사법 관행을 모아 하나의 법전으로 엮어 놓았다. 동생 Birger Jarl은 1200년대 스웨덴 왕국의 기초를 닦은 큰 정치가였다. 1280년대에 완성된 필사본의 명칭은 Vår äldsta bok '우리 역사 최고(最古)의 서적'으로 예상과는 달리 라틴어의 번역본이 아닌 스웨덴어로 쓰인 법접이다.

이 법전에 쓰인 중세스웨덴어(대략 1375-1526)의 특징을 보면 간결하고 직설적인 문체로 농부들에게 익숙한 어휘와 문체를 활용한 점이다. 조금 뒤에 나온 종교 문헌과 비교하면 차용어를 별로 쓰지 않았고 교회와 관련된 부분에서만 차용어를 사용한 점이다. 문장 구성과 어순이 스칸디나비아어 형식이었다. 그 외로 지방 법률을 다룬 오래된 필사본으로 1350년의 망누스 에릭손의 지방법(Magnus Erikssons landslag)이 있다.

5. 근대스웨덴어

스웨덴어 역사에서 근대의 시작은 인쇄술의 보급으로 비롯되었는데 이 시기부터 문학을 전파하기에 유리한 환경이 조성되었다. 인쇄술은 독일인 Johannes Snell이 뤼벡에서 덴마크를 거쳐 스톡홀름에 와서 전파하였다. 출판된 첫 작품은 Dyalogus Creaturarum(1483) '동물들의 대화'로 라틴어로 쓰인 목판화 방식의 동물우화집이다. 이 책은 12년 후에 다시 스웨덴어판으로 나왔는데 책 이름은 Aff Dyäfwlsens frästilse '악마의 유혹'이었다. 그 후 일어난 종교 개혁은 인쇄술의 활용을 촉진하였고 루터의 제자로서 스웨덴의 종교 개혁을 주도한 울라우스 페트리(Olaus Petri 1493-1552)는 16세기에 가장 대표적인 작가였다. 근대의 시작은 신약전서가 스웨덴어로 처음 출간된 1526년을 기점으로 한다. 이 역사적 과업을 주도한 사람은 구스타브 바사왕의 재상 Laurentius Andreae와 Olaus Petri였다. 후자는 성서 전체를 완역한 '구스타브 바사 성경본'(1541)의 간행에도 참여하였다. 웁살라 대주교였던 그의 동생 Laurentius Petri는 그 사업 전체를 총괄하였다. '구스타브 바사 성경본'의 언어학적 중요성은 실로 엄청난 것이었다. 그것에 사용된 어휘나 철자법은 설교 뿐만 아니라 다른 문학 장르에도 모델이 되었다. 그 후 '구스타브 아돌프 2세본'(1618), '칼 12세본'(1703)이 간행되었으나 내용은 달라진 게 없고 철자만이 '1541년 본'에 비해 조금 바뀌었다. 마침내 1917년 교회용으로 '구스타브 5세본'이 근본적으로 다른 형태의 성서 번역본으로 나왔다.

종교 개혁 이후 수 세기가 지나면서 서사언어 체계에 점진적 변화가 일어났다. 18세기 중에 스웨덴어 문법과 사전이 처음으로 출판되었고 그 결과가 문어체 스웨덴어의 표준화에 크게 기여하였다. 그 이전에 표본이 될 만한 사례는 스웨덴 국법전서(Sveriges rikes lag 1734)와 스웨덴 아르구스(Then Swänska Argus 1732-34, 1754)의 간행이 있었는데, 후자는 Olof von Dalin이 발행한 교화적 주간지로서 계몽주의 시대 스웨덴 문학의 최초의 거목이라 할 만하다.

자국어로 쓰기와 말하기를 함양하려는 의식적인 노력은 그 후에도 계속 한림원의 활동에서 반영되었다. 구스타브 3세가 1786년에 설립한 스웨덴한림원(Svenska akademien)은 스웨덴어의 순수성, 활력, 숭고미를 제고하는 것을 사업의 중차대한 목표로 삼고 있다. 그리하여 한림원의 주요 사업 목표로 표준 문법과 대사전의 간행이 위촉되었다. 스웨덴어 표준문법은 1836년에 간행되었으나 대사전 집필은 1890년대까지 착수하지 못하다가 그 후 작업이 시작되었는데 내용은 표준화된 규범적 사전이라기보다는 오히려 기술언어학적인 통시적 사전이었다. 즉, 한림원의 스웨덴어 대사전 'Svenska akademiens ordbok'은 스웨덴어 어휘들의 역사를 16세기부터 오늘날까지 추적해 내려오고 있다. 1972년에 26권, 알파벳 S까지 끝냈고 후속 작업은 계속되어 2017년에 알파벳 V 'vret'까지 이르렀으며 2024년에 완료될 예정이다.

19세기에 들어와서 인민대중 교육과 문예활동의 증가에 힘입어 서사체 언어의 중요성이 제고 되었다. 이러한 추세에 부응하여 근대신문도 등장했으니 1830년에 스톡홀름에서 발행된 'Aftonbladet'가 첫 출발이 되었고 신문발행 또한 문어체 스웨덴어 발달에 심대한 영향을 끼쳤다. 구어체 역시 방언의 영향에서 비교적 자유로이 산업화 물결을 타고 인구가 급증한 도시에서 성장해 나갔다. 계발된 교양 있는 말씨는 차츰 서사체 언어의 표준으로 자리 잡게 되어서 그 결과 문어체와 구어체 사이의 간격이 좁혀졌으며 20세기에는 이러한 추세가 점차 강화되어 갔다. 어휘 부문에서는 외래적 요소들이 현저하게 늘어났는데 국제적 통신과 교류가 증대한 결과이다. 특히 2차 세계대전 이후 영국, 미국 영어가 스웨덴어에 미친 영향은 그 이전보다 훨씬 강화되었다.

6. 철자법의 변천

스웨덴어 문자 체계 중에서 가장 오래된 것은 루운문자(Runor)였다. 원래 북구공통조어(Common-Norse) 시기(650-1050)에 쓰였던 24개 옛 글자체가 후에 16개로 줄어들었다.

이 알파벳의 특징은 한 글자가 여러 개의 다른 소리를 대표했다는 점이다. 예를 들면 루운문자 ᚢ는 u, o, y와 ö까지 대표하였고 ᚴ는 k와 g를 대표하였다. 그러므로 루운문자는 음성 표시 문자와는 거리가 멀었다. 더욱 놀라운 것은 r음을 표시하는 글자가 ᚱ(r)와 ᛦ(R), 두 개나 되었다.

그다음 단계는 라틴 문자의 유입이었으니 라틴어를 표기하기 위해서였다. 이미 지적한 대로 스웨덴 역사에서 가장 오래된 기록 보전 자료는 13세기 초기의 서부예탈란드 지방법(Västergötalagen) 조문이다. 이 법전에 쓰인 글자 ä와 ö는 덴마크어에 아직 남아있는 œ와 ø이다. 루운문자의 'thorn'이라 부르는 글자체 þ는 푸사르크(futhark)에서 나온 것으로 스웨덴어 torn, 고대영어 þorn, 고대 스칸디나비아어와 현대 아이슬란드어에도 þorn과 동일한 모양으로 아직 남아 쓰인다.

한편 라틴어 필사본에는 비음(m, n)의 탈락을 표시하려고 모음 위에 장음 기호를 붙였다.

예: hanū (hanum), konūgs (konungs).

모음자 œ와 ø는 a+e와 o+e의 연결체이다. 인쇄술의 도입으로 모음자 a와 o 위에 e를 얹어 쓰는 관행이 생겼는데 스웨덴어에서는 a͏̊, o͏̊가 Aff Dyälfwlsens Frästilse(1495)에 처음으로 등장하였다. 그 후 인쇄 기사 Jörgen

Richolff가 그 글자들을 신약성서에 도입하였다(1526).

중세기 말에서 근대(1526-1700년대)에 이르기까지 이른바 '장식형' 철자법(decorative orthography)이 나타났으니 몇몇 자음들이 중자음으로 쓰인 사례를 가리킨다: hwss—>hus, aff—>av, haffwa—>hava. 또한 t 대신에 th가 쓰이기도 하였다: vth—>ut, wathn—>vatten. 독일어의 영향으로 k 대신에 ch가 쓰여졌다: jach(jag), macht(makt). 한편 och는 ch가 긴 k를 대신하던 중세의 철자관행에서 유일하게 남아있는 잔존형이다. 헷갈리기 쉬운 och '그리고'와 ock '또한'의 구별은 이미 구스타브 성경본(1541)에서 분명해졌다.

이러한 변화의 와중에서 괄목할 만한 현상은 인쇄술의 도입이 철자법을 규칙화하는 효과를 가져왔다는 사실이다. 특히 16세기 초부터 시작된 각종 성경본의 간행은 철자법과 굴곡 형태의 일관성과 일치성을 그 특징으로 삼을 만큼 성과가 뚜렷하였다. 그 효과로 17세기 말에서 18세기를 거치면서 철자법과 바른 언어 사용에 대한 관심이 집중 되었다.

18세기 초에는 장모음을 겹모음으로 표시해오던 관행도 사라졌다: steen—>sten, weet—>vet. 아울러 독일어에서 차용한 모든 명사들의 첫 글자를 대문자로 쓰던 관행도 사라졌다. 17세기에 들어와서 dh와 gh의 사용도 극히 불규칙적으로 되었으니 옛 마찰음의 발음이 이미 사라지는 단계에 있었던 것이다. Urban Hiärne는 마찰음 dh의 발음은 스코네 지방의 어느 곳에서만 들렸다고 선언하였다(1724). 이 마찰음이 스웨덴 남쪽의 끝부분에서 가장 오래 유지되었다는 주장이 유의미한 것은 덴마크어에 그런 마찰음이 그 무렵까지 유지되었기 때문이었다. 구스타브 바사 왕(재위 1523-1560)은 아마도 badh, brödh, slädhe, lagh, skoghar의 발음을 현대 덴마크어와 동일한 소리로 발음했을 것이다. 그러나 칼 12세(1682-1718)는 그렇게 하지 않았을 것이다. Dalin의 'The Swänska Argus'(1732-34)와 국민대법전 'the National Law Code'에서는 오직 d와 g만 사용되었다.

• 레오폴드의 철자법 개정

스웨덴 한림원이 철자법에도 상당한 관심을 갖게 되면서 '계몽주의 시대'의 저자 C.G. Leopold는 '스웨덴어 철자법에 관한 논문'(Afhandling om svenska stafsättet 1801)을 발표하였다. 그가 주창한 가장 중요한 개혁정책은 파격적이라 할 만큼 외국어 어휘들을 스웨덴어답게 바꾸는 일이었다. 그런 사례를 들면,

lieutenant(프) ⟶ löjtnant, ouvertur(프) ⟶ overtur, pièce(프) ⟶ pjes, jalousie(프)⟶jalusi [sjalusi], fabrique(프)⟶fabrik, captaine(프)⟶kapten, café(프) ⟶ kaffe.

이 단어들의 철자 표기는 그 이전까지는 모두 프랑스어 철자대로 쓰였던 것이다.

Leopold의 철자법 개정에 관한 제안은 그 후 권위 있는 지침으로 인정되었고 약간의 추가적 변화가 뒤따랐다. 1889년 스웨덴 한림원의 어휘 목록에서 상당수의 단어에 철자 e 대신에 ä가 도입되었다: där, jämn 등. 또한 qvinna, qvarn의 qv-를 포함하여 대안적 철자로 kv-가 허용되었으니 1900년에는 kvinna, kvarn으로 쓸 것을 의무화하였다.

스웨덴의 정서법학회(Rättstavningssällskapet)는 1880-1890년대에 Adolf Noreen의 주도 아래 보다 더 음성적 철자법을 강화하도록 노력하였다. 1906년에 이 학회의 회원 Fridtjuv Berg가 교육부 장관이 되면서 가장 최근의 철

자법 개혁을 단행하였는데 그때까지 f, fv, hv로 다양하게 표기해오던 v 소리는 금후 v자 하나로 통일하기로 확정하였다. 따라서 af→ av, hafva→ hava, hvem→ vem으로 정서법이 바뀌었다. 동사 어미 또한 1906년 이후 dt를 t로 간소화하여 blindt → blint, kastadt → kastat로 바뀌었다.

이처럼 강력한 철자법 개정의 여세를 타고 1940년대 초에는 stjärna의 경우처럼 발음에 반영되지 않는 철자를 과감하게 폐기하여 sjärna로 바꾸려는 시도가 있었으나 성공하지 못했다. 그 이유는 발음 위주의 철자법 개정이 어린이 교육에는 편리하겠으나 그 외로 심각한 역기능을 가져올 수 있기 때문이었다. 게다가 과도한 철자법 변경은 다른 스칸디나비아어의 구성원들로부터 자신을 고립시키는 위험을 수반할 수 있다. 다시 말해 어원을 무시한 발음 편의주의 철자법은 자매 언어인 덴마크어, 노르웨이어로부터 스웨덴어를 고립시키는 역효과를 불러올 수도 있다. 더구나 여러 가지 다른 음성 체계를 가진 지역적, 계층적 방언이 존재하는 한 순수한 음성적 철자법의 실현은 사실상 불가능한 일이다. 그러므로 일부 어원적 고려를 감안한 현행 스웨덴어 철자법 체계는 상당히 실용적이라고 할 만하다. 어원적 철자법은 다양한 스웨덴어 방언들에게는 하나의 공통분모가 되며, 이웃 나라 언어들의 해독을 용이하게 하기에 스칸디나비아 언어권의 단일성을 유지하는 데에도 긍정적인 구실을 한다.

7. 음운변화

북구조어(urnordiskan)의 특징의 하나로 풍부한 굴절어미(böjningsändelse)를 들 수 있다. 그들은 개별국가 언어, 스웨덴어, 덴마크어, 노르웨이어로 분기 발전하면서 상당 부분이 간소화되었다. 그 과정에서 여러 가지 음운 변화 현상이 일어났다.

1) 모음변이(i-움라우트)

루운문자 비문에 의하면 비강세 모음이 탈락한 것은 550~800년경으로 추정된다. 맨 먼저 a가 탈락하고 그다음에 i, u 순서로 소멸되었다. 이를 가리켜 어중음탈락(synkope)이라고 한다. Gallehus 뿔잔(Gallehushornet)에 쓰인 gastiR는 스웨덴어 gäst, 덴마크어 gœst, 노르웨이어 gjest로 각각 변화하였다. 그 변화 과정은 첫 단계로 i-움라우트(i-omljud)의 영향으로 후설모음 a가 전설모음 i에 가까운 ä로 바뀐 후, 두 번째 단계로 어말모음 i가 탈락하고, 마지막 세 번째로 -R가 탈락한 것이다. 그리하여 고대스웨덴어 gastiR가 현대스웨덴어 gäst로 변화하였다. I-움라우트 현상은 스칸디나비아 언어는 물론 게르만어군 전체의 변화에 심대한 영향을 끼친 요인이 되었다. I-움라우트는 아래 단어 쌍들의 상호 관계를 설명해준다.

bok: böcker, fot: fötter, tand: tänder, natt: nätter (단수 : 복수)

dom: döma, val: välja, (명사 : 동사)

god: göda, vass: vässa (형용사 : 동사)

lång: länge (형용사 : 부사)

어중음 탈락은 나아가 북구조어 후기에 일어난 강세 악센트의 변화에 결정적 역할을 한 것으로 보인다. 어미가 소실되는 대신에 어간음절이 강한 강세를 받으면서 마침내 음조악센트가 출현하여 단일음조악센트(akut accent)와 복합음조악센트(grav accent)가 생기게 되었다.

전기 고대스웨덴어 시기에 일어난 괄목할 만한 소리 변화에는 아래와 같은 것들이 있다.

(1) 순행 i-움라우트

앞 모음의 영향으로 뒷 모음이 그에 가까운 모음으로 변하였다:

hiarta ⟶ hiœrta, iamn ⟶ iœmn, biorn ⟶ biørn,

(2) 보조 모음(svarabhaktivokal)

어중음 탈락으로 인하여 한 단어가 자음 r로 끝나게 되었다: gästR, dagR, bökR, fäþr, brytr. 그 후에 어말 자음과 r 사이에 다소간 음가가 뚜렷한 보조 모음이 생겨나기도 했는데 산스크리트 문법 용어로 이것을 svarabhaktivokal이라고 부른다. 이 모음들은 고대스웨덴어 텍스트에 대개 e 또는 œ로 표기되었다: gœster, dagher, bøker, fœþer, bryter.

(3) 이중모음

11세기까지 스칸디나비아 조어, 일명 고대북구어(Old-Norse)의 이중모음이 중부 스웨덴에 보존되었던 것으로 판단되며 그 증거로는 루운문자로 쓰인 raisa stain '기념비를 세우다', austr '동쪽으로' 같은 기록문에서 볼 수 있다. 이중모음의 단모음화는 10세기에 덴마크에서 시작하여 북상한 것이다. 옛 이중모음들이 스웨덴의 변방 지역, 고틀란드, 옘틀란드, 북부 노를란드 지방 방언과 핀란드와 에스토니아의 스웨덴어 방언에까지 남아 있다는 사실은 흥미로운 현상이다.

(4) 장모음의 폐모음화

전기 고대스웨덴어 시기에 장모음 ā,ō,ū의 폐모음화가 일어나 bāter> båter, ātta> åtta 로 바뀌었다. 이 폐모음을 가리키는 새 글자는 a 위에 o를 얹혀서 1526년 신약전서에 처음으로 등장하였다. 동시에 å, ä, ö, 세 모음자의 배열순서도 알파벳의 맨 끝으로 정해졌다. 그 이전에는 bok, bonde, hus의 모음이 유럽의 다른 언어들과 비슷하게 발음되었으나 14세기 초부터 현대스웨덴어의 o[ɷː], u[ʉː]처럼 원순성이 강화된 모음으로 바뀌었다.

(5) 모음조절(vokalbalans)

이른바 모음조절 현상도 이 시기에 일어났으니 고대스웨덴어의 2음절어에서 어말음절의 모음은 어간음절의 장단에 따라서 결정되었다.

첫째로, 어간음절이 짧을 때(단모음+단자음) 어말음절은 a, i, u와 결합한다.

$$[\text{stăm}] + \begin{Bmatrix} \text{a} \\ \text{i} \\ \text{u} \end{Bmatrix}$$

예: tăla, Gŭdhi, gătur, the rĭdhu 'they rode'

둘째로, 어간음절이 길 때(장모음/장자음 +장자음/자음군) 어말음절은 ä, e, o와 결합한다.

$$[\text{st}\bar{\text{a}}\text{m}] + \left\{ \begin{array}{c} \text{ä} \\ \text{e} \\ \text{o} \end{array} \right\}$$

예: gārde, hūse ‘hus의 여격’, kȳrkior ‘kyrka의 단수, 속격, 여격’, the fōro ‘they travelled’

또 다른 동사의 어미변화는 근대 초기 1700년대 이후부터 동사 어미 -a가 덴마크어의 e와 확연히 구별된 것이다. (스)binda 와 (덴)binde를 분별해서 사용하기 시작하였다.

(6) 모음 이동 변화(Vokalskifte)와 [ʉː]의 발생

세계 여러 언어의 모음 중에서 보기 드문 독특한 음가를 가진 스웨덴어 [ʉː]의 음성 기술은 전설반폐 초원순 모음으로 토박이가 아니면 발음하기가 매우 까다롭다. 실제로 이 모음은 음운론적으로는 후설모음에 속하나 음성 자체는 전설모음에 속한다. 원순성도 [y,ø]보다 강하여 초원순이란 이름이 붙여졌다. 이런 소리가 나타나게 된 배경은 역사적으로 북구어의 모음의 이동 변화로 인하여 발생한 것이다.

아래 그림 설명과 같이 덴마크어(Dn)에서는 개모음 a가 전진하여 a æ e i 처럼 순차적으로 이동하였고, 노르웨이어(Nw)와 스웨덴어(Sw)에서는 a가 후진 원순화하여 a å o u y 의 순서로 변하였다. 마지막 단계로 u가 전진 원순화하여 y로 이동하는 과정에서 반폐초원순 모음 ʉ가 생성된 것으로 추정한다. 그 결과로 스웨덴어 후설모음 a, u의 장단모음 사이에 각기 현저한 이음적 차이를 가져왔다: gata[gɑːta]‘거리’와 gatt[gatː]‘해협’.

북구 3개국어 모음 변화 추이

	전설평순	전설 원순	후설원순
폐모음	i	y	u
반폐모음	e	ø/ö	o
반개모음	æ/ä	(œ)	å
개모음		<a>	
	Dn		Nw/Sw

(Haugen 1976:74 참조)

또 다른 대표적인 모음 변화의 예로 몇몇 지방 방언에 나타난 이중모음화를 들 수 있다.

고틀란드 방언의 stain (표준어 sten), augä (표준어 öga); 맬라르달렌 방언에 장모음 끝에 [ə]를 추가하여 gå [goːə], bo[buːə], du[dʉːə]로 발음하는 사례도 있다. 이들은 옛 고어형이 아직 남아서 쓰이는 잔존형이라 하겠다.

(7) 음장 변화(Kvantitet)

중세 후기에 skip의 발음은 모음 i와 자음 p를 모두 짧게 발음했는데 그 후 음절이 길어지는 장음절화 현상이 일어났다. 그 과정에서 저모음화가 발생하여 i가 e로 바뀌었다. 그래서 skepp와 skēp 두 가지 대안적 발음이 생겼다. 모음이 두 가지로 발음되는 현상은 지리적으로 분명히 나뉘어 맬라렌 호수를 포함하는 북부지역 방언에는 skepp로 짧게, 중부 이남 지역에는 skēp로 길게 정착되었다. 그 후 장자음은 철자법 표기에 겹자음으로 쓰도록 규정하였으나

(timme 북부/ time 남부), 중북부지방에서는 이 원칙에 어긋나는 철자법 사례도 예외적으로 인정되어 있다: dom, döma, domare의 m은 장음이라서 겹자음을 써야 마땅하지만 철자법 규칙에는 단일 자음으로 표기하도록 용인하고 있다. 즉, 규칙대로 표기한다면 이 단어들은 domm, dömma, dommare로 해야 한다.

2) 자음 변이

자음의 음가가 일정하지 않고 몇몇 모음 앞에서 변화하는 사례가 있다. g, k, sk의 발음은 전설모음 e, i, y, ä 앞에서 파열음의 특성이 약화되어 각각 마찰음 [j],[ç],[ʃ]로 소리 나는데 이들은 영어의 마찰음과 동일한 소리이다. 따라서 gäst의 첫소리는 [j], köpa, tjur의 첫소리는 [ç], sjön의 첫소리는 [ʃ]로 소리 난다. [ʃ]는 [ɧ]로도 표기된다. 이와 같은 전설모음 앞의 파열음 약화 현상은 덴마크어에는 일어나지 않았고 스웨덴어의 고틀란드 방언에도 발생하지 않았다. 예: (Da) Köbenhavn[kø-] '코펜하겐', kemi[ke-] '화학', kejser[kaj-] '황제'.

(1) j 앞에서 자음 d-, h-, l-의 탈락

djup, hjärta, ljud와 같은 단어에서 첫 자음 d-, h-, l-은 자음 j 앞에서 탈락하는데 이것은 근대스웨덴어 시기에 일어난 변화이다. 그러나 고틀란드와 핀란드 스웨덴어 방언에는 아직도 djup를 비롯한 단어에서 d 자음이 그대로 살아 있다. 이런 현상은 18세기 말까지 스톡홀름 지역에서도 유지되었으며 특히 교양 있는 말씨에서 그런 경향이 농후하였다.

그 밖에 hvar, hvem의 첫 자음 h-도 탈락했는데 17세기 말이나 18세기에 일어난 묵음화 현상이 1906년의 철자법에서 확정되었다.

(2) 어말음 R 소실

전기 고대스웨덴어 시기, 서부 예탈란드법전 시대에 게르만어 s의 유성음에서 발달한 루운문자 -R 음이 남부지방에서 대체로 -a 다음에서 소실되었다. 예: hästaR ⟶ hästa (복수) '말'. 하지만 문어체를 수용했던 중부 이북 방언들에서는 -R가 남아 있어 문어체의 토대가 되었다(제8장 p.311 참조).

(3) 어두 자음군 간소화

stjärna, stjälja의 어두자음군 stj-의 발음은 각각 독립된 s- t- j- 자음으로 1800년까지 식자층의 발음에서 사용되었다. 어두 위치에서 stj-, sj-, skj-, sk-, 4가지 자음군이 전설모음 앞에서 한 가지 발음 [ʃ]로 통일된 것은 대체로 최근의 일이다. stjärna, sju, sjö, skjorta, skön 등의 어두 자음군의 소리 [ʃ]는 치조음(alveolar)인데 fors, först, i morse에서 rs가 결합해서 나는 권설음 [ʂ]보다 훨씬 뒤쪽에서 나는 소리이다. 권설음 [ʂ]는 영어 sh-, 독어 sch- 음을 연상하게 한다. 그런데 스톡홀름 지역의 표준어 말씨나 연극 대사 언어에서는 [ʃ]와 [ʂ]를 동일한 마찰음으로 인식해서 사용하며 특히 여성들이 [ʂ]를 많이 쓰는 경향이 있어 이를 '여성의 sj-음'(fruntimmers-sj)이라고 부른다. [ʃ]와 [ʂ] 두 가지 중에서 어느 쪽을 사용해도 무방하지만 지나치게 입안의 뒤쪽에서 발음하면 전구개 마찰음 tj-[ç]로 발음하게 되니 주의해야 한다. 또한 치조경구개음 [ʃ] 'själv'와 전경구개음 [ç] 'chef'를 같은 마찰음으로 혼동해도 안 된다.

이와 비슷한 현상으로 스톡홀름 지역의 모음 발음에서 ä와 e의 혼용을 들 수 있다. 그런 예로 mäta ~ meta, näsa ~ nesa, räv ~ rev에서 전설반개모음과 전설반폐모음의 차이를 구별하지 못한 결과인데 이러한 오류가 한국어 발음

에도 나타난다: 게 ~ 개, 네 ~ 내.

그 원인은 e(에)와 ä(애)를 구별해주는 혀의 높낮이 간격의 차이가 작아서 그렇다.

(4) 루운문자 þ의 음가

영어 thing의 고대 철자 th에 해당하는 루운문자 þ는 t로 변천되어 1400년대에 ting, tre로 나타난다. 약강세 단어에서 þ는 처음에 ð로, 그다음 단계에서는 de, din, du, då의 d로 바뀌었다: þ ⟶ ð ⟶ d

(5) [r]와 [R] 소리

음소 /r/를 나타내는 소리에 두 가지 변종이 있는데, 혀끝 떨음소리 [r]와 목젖울림소리[R]이다. 둘 다 교양 있는 말씨에 속하는데 [r]음은 중부와 북부 스웨덴 지방에서, [R]음은 배테른 호수 끝을 경계로 남부 지역에서 쓰인다. [r]는 뒤따르는 치자음 d, l, n, s, t와 결합하여 각각 치조음을 이룬다.

예: hård[hoːɖ], karl[krɑːɭ], barn[bɑːɳ], fors[fɔʂː], port[pɔːʈ]

하지만 스웨덴 남부지방과 핀란드-스웨덴 방언지역에는 이런 동화작용이 일어나지 않아서 자음들이 단독으로 발음된다: hård[hɔrd], port[pɔrt]

특히 가수의 노랫말과 저명인사의 연설을 주의 깊게 들어보면 garde, marsch, marterd 등의 발음에서 권설음화가 일어나지 않는다.

철자와 발음은 일치하는 것이 바람직하다. 그렇다고 음성적 철자법이 가장 좋은 해결책은 아니다. 반대로 일정한 제한이 있더라도 발음은 재래의 철자법에 맞도록 조절하는 것이 좋은 방안이다. 강조해서 말할 때 jag의 -g와 och의

-k를 인지할 수 있도록 말이다. 그리고 flicker 대신에 flickor, körka 대신에 kyrkor, te, ve 대신에 till, vid가 더 바람직한 발음법이다(Bergman 1973:51).

8. 형태변화

스웨덴어는 수백 년의 역사를 거치면서 전기 고대스웨덴어(Klassisk fornsvensk tid) 시기에 매우 복잡했던 단어의 굴곡 체계가 점진적 변화 과정을 거쳐 간소화되었다. 현대스웨덴어 체계와 대충 비교해 볼 수 있도록 주요 품사별로 몇 가지 사례를 간결하게 제시한다.

1) 명사

고대스웨덴어 명사의 4격과 단수, 복수 체제가 현대스웨덴어에서는 영어처럼 2격 체제로 간소화되었다. 명사 fisk의 고대어 굴곡 체계는 아래와 같았다.

부정형명사

	단수	복수
주격(Nominativ)	fisker	fiskar
속격(Genitiv)	fisks	fiska
여격(Dativ)	fiski	fiskum
대격(Ackusativ)	fisk	fiska

이들 4가지 격 형태는 이미 16세기에 기본형과 속격만 남은 2가지 격체계

로 축소되었다.

	단수	복수
주격	fisk	fiskar
속격	fisks	fiskars

정형명사

전기 고대스웨덴어는 현대 아이슬란드어처럼 명사와 어말관사가 각각 따로 굴절 변화를 하였다. 한 가지 명사의 이중적 변화 체계 예를 들어본다.

	단수	복수
주격	fiskr-in	fiska-nir
속격	fisks-ins	fiska-nna
여격	fiski-num	fiskum-in
대격	fisk-in	fiska-na

이처럼 고대스웨덴어 명사는 성과 수에 따른 다양한 어미변화가 있었으나 현대스웨덴어에는 여성 명사 어미가 일부 복합어에 남아 있을 뿐이다:

gata/ gatunummer, kyrka/ kyrkogård, kvinna/ kvinnorörelse

고대 어미의 잔류형으로 komma i delo med '~와 사이가 틀어지다', så måtto

'이 정도로', till salu '판매용', å sido '한쪽으로', förvisso '확실히', i min ägo '내 소유로' 따위가 있다.

남성 명사의 경우를 보면 사격(주격, 호격 이외의 격) 어미 -e가 -a로 바뀌어 hjäre ⟶ hjärna, låge ⟶ låga, skugge ⟶ skugga가 되었다. 이들 -a 어미 명사는 여성 명사로 취급되어 새 복수 어미 -or를 택하니 복수형은 hjärnor, lågor, skuggor가 되었다.

다른 격 형태의 잔존형으로 dager '일광'이 있는데 남성 주격 어미 -er로 끝나는 명사로 오래 전에 어미 -er가 사라지면서 dag '낮'으로 대체되었다. 옛 속격형으로 till sängs '침대로', till handa '~의 수중에', till sjöss '바다로'가 있다. 옛 여격형에는 Gudi lov '다행히', gå man ur huse '전력으로', lagom '적절하게', stundom '때로는' 등이 있다.

2) 형용사

강변화 형용사의 옛 굴곡형은 아래와 같다.

	단수	복수
주격	en godher man	godhir mœn
속격	ens godhs mans	godhra manna
여격	enum godhum manni	godhum mannum
대격	en godhan man	godha mœn

위 8개의 굴곡형 중에서 단수형 god와 복수형 goda만이 오늘날 잔존해

있는데 공식어와 지방어에는 gode도 남아 있다. 시어(poesi) 중에서도 민요(folkvisor)에는 아주 오래된 남성, 대격, 단수형으로 långan tid '오랜 세월'(Gustaf Fröding 1860-1911)과 under grönan lind '녹색 보리수 아래서'가 남아있다.

3) 어말정관사 발생

북게르만어에 공통적으로 나타나는 형태상의 주요 변화 중의 한 가지는 정관사의 접미화 현상이다. 북구공통조어 시기의 지시사 *hinaz ⟶ hinn(inn)이 명사 뒤에서 자주 쓰이면서 연접(juncture)이 사라지고 일종의 접미사로 명사 끝에 첨가되니 이것을 어말정관사(bestämd slutartikel)이라고 부른 것이다. 예: 명사(주격) maðr-inn 'the man', 속격 manns-ins 'the man's'. 이런 변화는 북구공통조어 시기에는 드물었고 800년대 이후 나타난 것으로 추정되며 고대북구어 시기(1150-1350)에 완성된 것으로 알려져 있다(변광수 1990b).

4) 대명사

대명사의 굴곡 체계도 간소화되었으니 여기서는 인칭대명사 han과 hon의 최초의 굴곡 형태의 모습을 찾아본다.

	남성	여성	
주격	han	hon	(변화 과정)
속격	hans	hœnnar	(hœnna > hœnnas > hennes)
여격	hanum	hœnni	(henne)
대격	han	hana	(henne)

이들 격 형태 중에서 이미 15세기 중반에 여격이 사라지면서 대격이 목적격을 대표하였는데 목적격은 아직도 대중의 말씨에서 축소형으로 남아있다:

jag såg en (=남성, 대격 han), jag såg na (=여성, 대격 hana)

한편 속격 hœnnar는 hœnna와 hœnnas를 거쳐 hennes가 되었다.

다른 대명사에서는 반대로 여격이 대격으로 대체되고 심지어 주격이 그 대신에 들어선 경우도 있다. 고대 남성 의문대명사의 주격 hwā(나중에 hwō, hō), 속격 hwas, 여격 hwēm, 대격 hwan 중에서 오직 기본형 vem과 속격 vems만이 오늘날까지 남아 있다.

그리고 지시대명사의 남성복수형 þē, 속격 þēra, 여격 þēm, 대격 þā 중에서 오직 de, deras(소유격 어미 -s와 함께)와 dem이 남아 있다. 특히 주격 de은 목적격 dem의 압력으로 발음도 [dɔm]으로 소리 나는데 스톡홀름을 비롯한 북부지방의 구어체에서도 대체로 그렇다.

5) 수사

수사 역시 고대스웨덴어(fornsvenska 800-1526) 시기에 성과 수에 따라 굴곡변화를 하였다.

남성 주격 twēr (män) 두 남자

여성 주격 twār (kvinnor) 두 여성

중성 주격 tu (barn) 두 아이

그 외로 속격 twœggia, 여격 twēm, 대격 twā[비교: 고대 영어 twā/ 현대영어 two]가 있다. 이렇게 다양한 수사 형태가 오늘날에는 성과 격을 초월하여

två 하나로 단일화하였다.

de unga tu '젊은 부부', det är inte tu tal om '~에 대해서 양론이 있을 수 없다' 따위의 표현에서 고대 중성형의 자취를 추적해 볼 수 있다.

6) 동사

(1) 굴곡 체계의 변화

동사의 굴곡 체계 또한 유사한 방식으로 점진적인 단순화 과정을 밟아 왔다. 대표적 사례로 스웨덴어 동사 중에서 가장 흔히 쓰이는 10대 동사 중에 하나인 är를 살펴본다. 조동사 vara의 현재형 är는 고대스웨덴어에서 아래와 같은 굴곡 체계를 갖추고 있었다.

vara 동사

	현재	과거	현재	과거
(jag)	œm / œr	var	(vi) œrum	vārum
(du)	œst	vast	(I) œrin	vārin
(han)	œr	var	(de) œru	vāra

인칭과 수에 따라 6가지로 분화되었던 vara의 현재형들이 현대스웨덴어에는 är 한가지로 단일화되었으며 발음도 스톡홀름, 예테보리, 말뫼 같은 큰 도시에서 [e]로 통일되어 있다. 이러한 추세는 다른 동사들에도 적용되어 동사들의 인칭어미도 간소화되었다.

참고로 인칭과 수에 따른 동사의 옛 굴곡 체계를 3가지만 더 예시해 본다. vik-a '굽히다', lœs-a '모으다', kalla '부르다' 동사의 가정법은 제외하고 직설법 굴곡형만 소개한다(Bergman 1972: 55-56 인용).

현재형				
직설법 현재	단수	viker	lœs	kalla-a(r)
	복수 1인칭	vik-um	lœs-um	kall-um
	복수 2인칭	vik-in	lœs-in	kall-in
	복수 3인칭	vik-a	lœs-a	kall-a

과거형				
직설법 과거	단수 1, 3인칭	vēk	las	kallaþ-i
	단수 2인칭	vēk-t	las-t	kallaþ-i
	복수 1인칭	vik-um	lās-um	kallaþ-um
	복수 2인칭	vik-in	lās-in	kallaþ-in
	복수 3인칭	vik-u	lās-u	kallaþ-u

굴절 체계의 간소화는 중세 말에 이르러서 모든 주요 부문에서 완성되었는데 영어 및 다른 게르만어 계통에도 같은 현상이 일어났다. 중세 기간 내내 스웨덴어에 미친 강한 외세의 영향이 언어 변화에도 기여했던 것이다. 하지만 그 와중에서 수많은 차용어들이 스웨덴어 굴곡 체계에 쉽게 적응하지 못했다. 그 결과, 좀 더 현대적인 외래어와 고유어 사이에 대립이 일어나 오래된 굴곡 요소를 가진 단어들은 구식어 또는 지방색을 띈 단어로 인식하게 되었다. 이런 풍조가 수도 스톡홀름과 기타 도시들로 퍼져나가 구어체(口語体) 스웨덴어

에 급격히 확장되어 나갔다.

1541년에 간행된 구스타브 바사 성경본(Gustav Vasa Bible)은 새로운 변화의 물결에 맞서 서사언어체계 유지에 일정한 보수적인 영향력을 행사하였다.

고대의 굴곡 체계가 간소화되는 전반적인 흐름에도 불구하고 명사 굴곡 체계가 새로운 모습을 드러내는 사례도 있었다. 고대스웨덴어 시기에는 모음으로 끝나는 중성명사 bi, dike 등은 복수 어미가 없었다: ett bi / två bi; ett dike/ två dike. 그런데 오늘날은 복수 어미 -n이 붙어서 två bin, två diken으로 바뀌었다. 개신의 추세는 맬라렌 호수 계곡을 포함 하여 북쪽 지역으로 퍼져나가 새로운 규칙으로 정착하였음에도 불구하고 남부, 서부, 북부 스웨덴의 말씨에서는 오늘날까지도 이런 변화가 낯설다. 비록 학교 수업과 문법책에서 새 변화를 규정하고 가르치고 있어도 보수적 관행은 그대로 유지되어 있는 것이다.

18세기에 문법가들은 완료분사(supinum)와 과거분사(preteritum particip)의 관계를 규정해 놓았다.

a) huset har brunnit (supinum 완료분사)

b) huset är brunnet (preteritum particip 과거분사)

조동사 har+완료분사는 현재완료형을 만들고, 조동사 är+과거분사는 수동형을 만들지만 구어체에서는 의미상의 차이가 없다.

(2) 동사 범주의 변화 - 강변화에서 약변화 동사로

동사의 굴곡 체계가 강변화에서 약변화로, 또는 그와 반대로 바뀐 사례들이 있다.

옛 강변화 동사가 약변화 동사로: mala, rita, ganaga, hjälpa, läsa, blåsa,
→ malade, ritade, ganagade, hjälpte, läste, blåste

옛 약변화 동사가 강변화 동사로: hinna, knyta, snyta
→ hann, knöt, snöt

더불어서 17세기까지 지켜졌던 주어와 동사 간의 수의 일치 규칙이 현재는 사라졌다고 말 할 수 있다. 이와 같은 변화는 초기에는 중부와 북부지방의 구어체(talspråk)에서 시작되어 남부로 퍼져나갔다. 1930년대는 순수문학 작가들이 주도적으로 그러한 경향을 보였고 1966년에 대법원이 이를 채택하면서 서사체 언어권에서도 이를 관행으로 받아들였다. 차츰 구어체 언어도 이를 수용하게 되었다. 이어서 덴마크어와 노르웨이어도 같은 방향으로 개혁에 동참하였다.

총괄적으로 말하면 스웨덴어의 굴곡 체계는 이제 확고히 규정되었고 각급학교의 검인정 교과서에 나오는 모든 단어의 굴곡형과 철자법은 공시적인 문법 규정에 의거한 것이다. 그리하여 더 이상 지역에 따른 굴곡형이나 지방 사투리 발음이 퍼져나가지 못하도록 조치 하였다. 스웨덴한림원(Svenska akademien)이 1898년부터 편찬하기 시작한 스웨덴한림원 사전(Svenska akademiens ordbok)이 판을 거듭하면서 지속적인 언어 변화의 측면을 반영하고 있다. 1973년 10판에 이어 2017년 3월에 알파벳 'Vret'까지 이르렀다.

7) 어말관사의 모음 탈락

어말관사의 용법은 스웨덴의 북부와 남부지방에서 현저하게 달랐다. 표준어 사용 지역을 포함한 북부지방에는 구어체에서 어말관사의 모음이 상당한 정도로 사라진 반면에 남부지방에서는 그대로 유지되었다:

bagarn(북)/ bagaren(남), dörrn(북)/ dörren(남), paraplyt (북)/ paraplyet (남)

그런데 서사체 언어로는 본래의 -en, -et 어말관사 체계가 더 올바른 형으로 받아들여지고 있다. 한편 북부지방에서는 비강세음절 -el, -er, -or 로 끝나는 단어에서 모음이 빠진 축소형 어말관사가 서사체 언어에 퍼지게 되었다: bibeln, fågeln, fadern, modern, lektorn. 반면에 biblen, cyklen, fåglen, ängelen, fadren, vintren, lektoren 등은 서사언어체에서 고어형으로 전환되어 좀 혼란스러운 양상을 보이고 있다.

20세기에 들어온 수많은 영어 단어들은 대체로 스웨덴어 굴곡 체계에 적응되었으나 어떤 경우에는 영어의 복수 어미 -s를 어간의 일부로 오해하여 거기에 스웨덴어 복수 어미를 더 붙이어 en keps(단수) två kepsar(복수), en potatis(단수) två potatiser(복수), ett tips(단수) två tips(복수)로 만들었다.

8) 2인칭 대명사 Ni와 I

인칭대명사 ni는 17세기 초 크리스티나 여왕 시대에 구어체에 들어왔다. 그 후 오랜 기간 속된 말씨로 간주되어 오다가 18세기 문법학자 Abraham Sahlstedt가 2인칭 단수에 한해서 ni를 사용하고 복수에는 I를 권장했다. Ni는 2인칭 복수 I에서 나왔는데 선행 동사 어미 -n과 잘못된 결합으로 생긴 것이다: han I, gör(e)n I

현대스웨덴어에는 단수에 du, 복수에 ni로 정착되어 더 이상 혼란은 없다.

9. 단어 형성법

이 절에서는 단어 형성의 여러 방식을 역사적 측면에서 살펴본다. 새로운 단어를 충족시키는 방법은 이미 어휘 목록에 저장되어있는 단어를 기초로 해서 파생(avledning)과 합성(sammansättning)의 방식으로 이루어진다. 파생은 어근에 하나 이상의 의미를 가진 접사가 결합하여 새 단어를 만드는 조어법(ordbildning)이다. 반면에 합성은 두 개 이상의 어근이 결합하여 새로운 단어가 만들어지는 조어법이다. 이러한 방법으로 긴 단어들이 짧아지기도 하고 새 단어가 형성되기도 한다. 그 과정에서 기존의 단어들과 전혀 관계가 없는 단어들이 우발적으로 생겨나는 수도 있다. 의성어와 그 비슷한 것들이 이에 해당한다. 대체로 옛 단어들이 다른 의미를 갖게 되거나 기능을 달리하게 되면 새 단어가 출현한다. 예를 들면 galen의 현재 의미는 '미친'이지만 원래는 '마술에 걸린'이었다. galen은 동사 gala의 과거분사형으로 (과거 gol, 완료분사 galit) '까마귀가 노래하다'였다. 옛 의미로는 '주문을 읊조리다'라는 의미도 있었다.

단어의 품사 범주가 바뀐 예도 있으니 sår는 '상처'라는 뜻의 명사인데 이전에는 '아픈'이라는 형용사였다. 그런 예로 näsan är sår '코가 아프다'(Carl Michael Bellman 1740-1795)가 있다. djup '깊이', hole '구멍', lugn '고요'도 원래는 형용사였다가 요즘은 명사로 쓰인다. 옛 명사 fel '결점'도 현재는 부사로 쓰인다: gå fel '길을 잘못 들다'. 또한 '잘못된'이란 형용사로도 쓰인다. fel väg '잘못 든 길'.

1) 합성법(Sammansättning)

전기 고대스웨덴어 시기에 명사 구성에서 합성 방식은 여러 가지가 있었다. 합성의 첫 번째 구성요소들은 아래와 같았다.

- 어간: blōþvīte(고대 Sw.), blodvite(현대 Sw.) '가벼운 상처'.
- 단수 속격 -s-/ garsþliþ [garðs hlið] (고대 Sc.) '농장 출입문'
- 접사 -ɑ / natta-lœgher (고대 Sc.), nattläger (현대Sw.) '야영침대'
- 접사 -u / ladu-lās, ladulås (현대 Sw.) '곡간 자물쇠'
- 복수속격 -ɑ / laghɑ-brot , lagbrott(현대 Sw.) '위법'

이들 사례 중에서 두 가지 유형, 즉 blōþvīte와 garsþliþ처럼 어간에 다른 요소를 붙이거나 중간에 -s를 삽입한 것이 합성어 구성의 생산적 요소라고 할 수 있다. 그 밖에 옛 합성어의 잔존형 ladhulās, laghabrot, nāttalœgher 등이 남아 있지만 구성 방식은 비생산적 화석형에 불과하다. nattetid나 다른 합성어에 보이는 옛 단수 속격 어미 -a가 -e로 약화된 것은 발음 편의상 그렇게 된 것이다. 합성어를 만들 때 -s의 삽입 여부에 대해서는 일정한 규칙이 없는 것 같다. 아래 예들을 비교해 보자.

berg-land '산간 지방'/ bergs-bygd '산간 마을', år-tal '연수'/ års-barn '동갑내기', hunger-känsla '배고픔증'/ hungers-nöd '기근', värde-mätare '가치척도'/virkes-mätare '목재량 측정기'

예외 없는 한 가지 규칙은 이중합성어에서 첫 요소 자체가 합성어이면 첫 요소와 두 번째 요소 사이에 -s를 반드시 넣어야 한다:

ångbåts-resa / båt-resa, fotbolls-plan/ boll-plan, läroboks-förlag/ bok-förlag. 이런 경우에 두 번째 요소가 단일어냐 합성어냐 하는 문제는 상관이 없다.

일반적으로 합성어에는 첫 요소에 주강세가 오고 두 번째 요소에는 2차 강세(그라브 악센트)가 온다. 이른바 결집력이 좀 약한 준 복합어 tjugofém '25', Svarta hávet '흑해', Dagens Nýheter '스톡홀름시 중앙지' 등에는 주강세가 두 번째 요소에 온다. 이러한 합성어용 악센트는 지명에 많이 적용되어 있다: Södertälje, Västerås, Östersund. (강세 악센트)

접두사의 역할

동사와 접두사의 역할에서 분리, 비분리 관계를 살펴본다. 이 관계는 우선 서사체(skriftspråk)와 구어체(talspråk)를 구분하는 기준이 된다.

a) han omvänder hedningar '그는 이교도를 개종시킨다' (서사체: 비분리)

han vänder om vid målet '그는 골문 앞에서 방향을 바꾼다' (구어체: 분리)

b) han avbryter en talare '그는 연설자의 말을 중단시킨다' (추상적: 비분리)

han bryter av en käpp '그는 지팡이를 부러뜨린다' (구체적: 분리)

그 외로 b)에서는 동사가 추상적 의미를 나타내면 합성이 강하여 비분리로 쓰이지만 축자적 의미로 쓰이면 동사와 접사는 분리되어 쓰인다.

비분리복합어를 구성하는 접두사는 독어에서 온 것이 많다. 그중에서 가장 중요한 것은 중세시대 차용된 전철 be-이다. be-를 이용하여 오래된 고유어 단어에서 새로운 단어를 만들어 낸다. 먼저 자동사에서 타동사를 만든 예로 gråta > begråta가 있다.

man begråter en avliden '죽은 자를 애도한다' (타동사)

man gråter vid ett dödsfall '죽음 앞에 슬퍼한다' (자동사)

중세 저지독어(MLG)에서 온 접두사

bi- (독어 bei-): bifoga(독어 beifügen) '동봉하다'

för- förakta (독어 vorachten) '멸시하다'

und- undkomma (MLG unt-, 독어 ent-) '~을 피하다'

접두사 an- (독어 an), er- (독어 er), här- (독어 her-) 등은 근대스웨덴어 시기에 들어왔다.

anbringa (독어 anbringen) '적용하다', erinra '기억하다' (독어 erinnern)

2) 파생법(Avledning)

파생의 방식을 보면 갖가지 고대북구어(fornsvenska)의 파생접미사가 스웨덴어 고유어에 살아남아 있는 예를 볼 수 있다. 그 과정에서 음성 변화로 인하여 단어형이 단축되기도 하였다.

동사 어근 fara에서 유래한 북구공통조어 *farði에서 고대스웨덴어 fœrþ가 나왔고 거기서 스웨덴어 färd가 태어났다(별표 *는 특정 시대의 어형을 바탕으로 구성된 그 이전 시대의 어형인 재구형을 표시한다). 고트어 aleina(alina를 잘못 쓴 것으로 추측)는 옛 길이의 척도로 스웨덴어 aln에 해당한다. 전기 근대스웨덴어 형용사 -ug(-og) 따위는 북구공통조어 *-uga에서 유래한 것으로 tokug가 있으며 현대어로 tokig이다. 오늘날 이 어미는 avog, idog 등 몇 개의 단어에만 남아 있다.

간혹 어미가 -ig로 대치된 예도 있다.

파생접미사 -dom, -lek, -skap 등은 ungdom, kärlek, vänskap 같은 추상 명사를 만들어 냈고, 그 밖에도 -het라는 강한 경쟁력을 갖춘 어미를 배출하였다.

(1) 명사 접미사

- -het: 이 접미사는 저지독어 -het, 현대독어 -heit, -keit, 고트어 haidus, 고대영어 -hād, 현대영어 -hood(knighthood) 따위에서 유래했는데 오늘날 스웨덴어 frihet, fromhet, klarhet, skönhet, värdighet 와 같은 단어에서 유용한 어미로 쓰이고 있다. 이 접미사는 14세기말에 나타나기 시작하여 형용사에서 명사를 도출하는 데 애용되었다: god ⟶ godhet, hård ⟶ hårdhet.
- -ande, -ende: 동사에서 추상 명사를 만들어내는 데 가장 흔히 쓰이는 어미이다. drickande, ätande 등. 중세에 도입된 이 어미는 중세 저지독어의 부정법이나 동사 굴곡형 geven(t), geven(d)es, geven(d) '주다'의 형태로 있다가 현재분사 어미 -ende (Sw. givande)와 똑 같은 형태로 바뀐 것이다. 이 어미가 스웨덴어에 쓰이면서 이점과 단점을 함께 만들어 냈다.

Ärendet remitterades till styrelsen för yttrande. '안건은 의견 개진을 위해 이사회에 상정되었다'

till påstående '주장으로서',

i detta avseende '이와 관련하여'

위 예문에서 -ande/ -ende를 붙인 동명사 용법은 간결한 공식 문체로 인정되어 서사언어체에서 두루 쓰이며 긴 완곡어법 대신에 간단한 문장형식으로 사용된다. 반면에 한정 동사 대신에 -ande가 들어간 구문은 불필요하게 추상적이고 장중한 인상을 주어 서사체의 표현 기능을 훼손하는 경향이 있다.

[비교] De öppnar utställningen på kvällen. '저녁에 전시회가 열린다'

På kvällen sker öppnandet av utställningen. '야간 전시회 개최'

- -eri: bageri, föräderi의 어미는 라틴어에 기원을 두고 있다. 라틴어의 추상성 어미 -ia가 인칭지시 어미 -arius, -er(프)에 부가되어 새로운 파생어미 -erie(프)가 태어났다. 후자는 프랑스 차용어와 함께 독어에 들어와서 매우 생산적인 어미로 성장했다. 중세 저지독어 vorrœder '배반자'(현대Sw. förrädare)에서 vorrœderie '배반'(현대Sw. förräderi)가 나왔고 비슷한 양상으로 많은 단어들이 생성되었다. 어미 -eri는 중세시대(약 1400년대)에 저지독어 차용어들과 함께 스웨덴어에 유입되었다. 그 후 독어에서처럼 생산적 어미로 쓰였으나 여러 단어에서 다소 경멸적 의미를 곁들이는 영향을 끼쳤다: skriveri '글쓰기', tyskeri '독일 맛', snobberi '잘난 척 하기'
- -are: 대표적인 행위자 어미로 mölnare'제분업자'와 같이 주로 직업 표시명사에 쓰인다. 주로 독어 차용어에 많이 있다: borgare '시민계급' (독어 Bürger), riddare '기사' (독어 Ritter), skräddare '재봉사'(중세 저지독어 Schrāder; 독일인 성씨 Schröder).

-are 어미는 위에 든 독어의 다른 접미사 보다 훨씬 더 오래된 것으로 문헌 이전 시대에 라틴어로부터 차용된 후 모든 게르만어에서 발견되었다. 따라서 라틴어의 행위자 어미 -arius에서 그 기원을 찾게 된다.

로망스어, 라틴어 계통의 다음 어미를 가진 명사들은 모두 어미에 주강세가 온다.

• -age: massage, -an: veteran, -ant, -ent: emigrant, student, i: barbari,

• -ism: liberalism, -ist: cyklist, -tion: reaktion, -yr: frisyr, -ör: montör

(2) 형용사 접미사

독어계

• -aktig: 독어에서 온 형용사 접미사(어미)이다(중세 저지독어 MHG -achtig, 현대 독어 -haftig): livaktig '활동적인', pojkaktig '사내애 같은'. 그 밖에 게르만어계 접미사로는 아래와 같은 것들이 있다.

• -bar: 'ryktbar '유명한', uppenbar '명백한'

• -dan: hurdan, likadan, sådan

• -isk: grekisk, nitsk '열중한'

• -mässig(=독어 -mässig)´, affärsmässig '사업적',

• -mätig: (중세독어 metich), rättmättig '합법적'

• -abel: diskutabel, acceptabel

프랑스어계

• -al: central, neutral

• -ant: intressant, arrogant, elegant

• -ell: internationell, funktionell

• -iv: subjektiv, attraktiv, adoptiv

• -är: elementär, familjär, revolutionär

• -ös: nervös, skandalös, luxuös

(3) 동사 접미사

• -era: 이 어미는 라틴어, 프랑스어에서 독어(regieren, studieren)를 거쳐 스웨덴어로 들어왔다: regera, studera, liberalisera.

10. 외래어 유입의 역사적 배경

1) 고전어

스웨덴어 어휘 목록 전체에 지대한 영향을 끼친 요인은 외래어의 유입이라고 할 수 있다. 고유어가 민중의 토속적 생활과 상념을 표현한 것이라면 차용어는 물질문명과 문화의 변화를 반영한 결과물이라 할 수 있다.

9세기와 10세기에 베스트팔렌의 독일인과 앵글로색손의 선교사가 스웨덴에서 그리스도의 복음을 전파하고 울로프 쇠트코눙(Olof Skötkonung) 왕에게 세례 의식을 거행하면서(AD 1000년경) 스웨덴 사람들은 라틴 문자로 글쓰기를 배웠다: Lat. scribere> Sw. skriva.

학교(Lat. schola> Sw. skola)를 처음 세운 이들도 사제(Lat. presbyter> Sw. präst)였고 주교의 설교에서 부활절(påsk), 성심강림절(pingst)이라는 새로운 명절 이름도 익혀 나갔고 놀랍게도 스웨덴어로 써놓은 문장도 라틴어처럼 소리가 났다:

(Sw.) prästen skriver brev,

(Lat.) presbyter scribit breve.

그 후 학교와 대학, 교회를 통해서 2대 고전어, 라틴어와 그리스어가 보급

되었고 기독교 용어에서 시작하여 학술, 과학, 기술 분야로 확장되어 갔다. 최근의 화학 술어로 자주 등장하는 neptunium, plutonium은 라틴어 신의 이름 Neptūnes, plūtó에서 나왔다. helikopter는 비교적 최근에 나온 그리스어 차용어로서 프랑스어 hélicoptère를 통해서 들어왔다.

2) 저지독어

다음 차례로 중세 후기에 들어온 저지독어(lågtyska/ Low German)는 수천 개나 되어 차용어의 주종을 이루었다. 당시 북부 독일 일대를 지배하던 이 언어는 여러 상업 도시를 거점으로 한 막강한 한자동맹의 언어였을 뿐 아니라 자주 북유럽의 왕위를 차지했던 북부 독일 제후들의 언어였기 때문에 그 파급효과가 막강하였다. 당시에 노르웨이의 베르겐, 스웨덴의 칼마르와 스톡홀름, 덴마크의 코펜하겐은 독일 상인과 장인(匠人)들이 대거 정착했던 거점이었다. 이러한 배경하에서 저지독어가 행사한 북유럽의 지배층과 재계에 끼친 영향은 엄청난 것이었다. 심지어 고대스웨덴어 어휘 중 일부가 저지독어의 차용어로 대치되고 그것이 다시 현대스웨덴어로 약간 변형되기도 하였다.

예: (고대 Sw.) vindauga '창문' ⟶ (LG) fenster ⟶ (현대 Sw.) fönster

(고대 Sw.) vōna '희망' ⟶ (LG) hopen ⟶ (현대 Sw.) hoppas

이 사례는 한국어 고유어 '뫼'와 '가람'이 한자어 '산'과 '강'으로 각각 바뀐 것과 같은 경우이다. 저지독어의 생산적 조어법이었던 접두사와 접미사를 첨가하는 방식도 도입되었다.

접두사: an- (anbringa), be- (begråta), för- (förakta)

접미사: -heit (frihet), -ande (drickande), -eri (bageri), -are (riddare)

서양사에서 중세라고 하면 대체로 게르만 민족의 대이동이 시작된 기원 후 500년대부터 르네상스와 더불어 근세(1500-1800)가 시작되기까지 약 1,000년의 기간을 가리킨다. 중세 후기에 들어 온 차용어는 예는 아래와 같다.

fru, fröken, herre, äktenskap, släkt, furste, greve, riddare, adel, hövisk, jakt, jaga, fäkta, skomakare, län, skrädare.

이 어휘들은 비교적 상류층과 지배층의 생활과 관련된 명칭인 데 반하여 다음과 같은 새로운 차용어들도 속속 등장했다.

arbete, begynna, betala, berätta, frukost, frukta, förvara, måltid, sakta, skicka, skön, smaka.

이러한 저지독어의 추세는 16세기에 이르자 종교 개혁의 물결을 타고 루터 성경본의 언어인 중부, 남부 지역의 고지독어(högtyska/ High German) 영향으로 바뀌게 되었다. 일찌감치 루터교로 개혁을 단행한 북유럽에 새 언어의 지평을 열어 놓은 것이다. 성서 번역 과정에서 차용한 독어의 비중을 크게 참작하여 루터의 언어형식을 많이 본받은 것이다. 그런 정황 아래서 17세기까지만 해도 스웨덴 사람들은 독어와 스웨덴어를 자매어라는 이유로 별다른 의식 없이 기꺼이 받아들였던 것이다.

3) 프랑스어

프랑스어가 스웨덴어에 영향을 미치게 된 것은 17세기 후반부터였다. 나폴레옹 휘하의 샹 배나도뜨(Jean Bernadotte) 장군이 스웨덴 왕위 계승자로 영입되어 칼 요한 14세로 즉위하는 한편, 루이 14세의 화려한 궁정문화가 전 유럽에 퍼져나가면서 프랑스어는 매력이 넘치는 우아한 언어로 자리 잡게 되었다. 신교 개혁파의 위그노(Huguenots)를 비롯하여 많은 프랑스인이 스웨덴으로 이주하고 프랑스 상류사회에서 쓰는 고상한 품격의 언어가 유행하기 시작하였으니 이러한 풍조는 구스타브 3세(1771-1792) 시대에 절정을 이루었다. 18세기 문학에 등장한 프랑스 어휘로는 elegant '우아한', frivol '외설스러운', kokett '요염한' 따위가 먼저 들어오고 그 후에 친족 명칭 mamma, pappa, kusin과 hotell, tambur, salong, sekretär, supé 같은 생활 용어, flanell, kalsonger, paraply, parasoll 같은 생활 부품, 또 극장 무대 용어 kuplett, pjäs, scen, riddå, annons, roman, 군사 용어 manöver, patrull, salut, 마지막 단계로 assiett, hotell, tambur, salong, sekretär 등이 유행어로 쓰이게 되었다.

그런데 프랑스어와 고지독어가 스웨덴어에 끼친 영향의 폭은 차원이 달랐다. 독어의 영향은 좀 더 깊이가 있고 일상생활의 다방면에서 감지되었다. 반면에 프랑스어는 상당수가 스웨덴어 어휘에 영향을 주었지만 상류층, 즉 사회적으로 매우 고양된 계층에만 국한되었다.

4) 영-미 영어

영-미(engelsk-amerikansk)의 영어는 19세기 후반과 20세기의 산업혁명과 함께 일약 국제어로 부상되었으며 특히 2차 세계대전 이후의 파급 효과는 엄청나다고 할 수 있다. 영국과는 지리적으로 인접해 있고 다방면에 걸친 교류로 인해 영어는 새로운 힘을 가진 언어로 등장하였다. 그 여파로 스칸디나비아의 신세대들은 독어를 배격하는 한편 영어에 편향하는 자세로 변해갔다. 1930년대에 선원, 상인, 여행객들에게서 퍼진 영어의 영향은 이제 군사, 과학, 문학은 물론 대중문화 용어에 이르기까지 광범위하게 확산되어 갔다. 뿐만 아니라 영어는 정보 매체의 수단으로서 한계를 넘어서 사람들의 사고 방식과 어법에까지 급속도로 스며들고 있다. 분야별로 차용어 예를 들어본다.

의식주: biff, lunch, juice, sodavatten, blazer, jeans, jumper, overall.

교통 수단: lokomotiv, lok, räls(영 rail+복수 s), truck, tunnel, jeep, cykel.

노동 · 기업: bojkott, lockout, strejk, dumping, export, import, jobb, koncern.

종교 · 문화: baptist, godtemplare, metodist, vegetarian, boyscout.

정치 · 신문: budget, kommitté, konservativ, intervju, ledare.

스포츠: sport, boxning, fight, grogy, knockout, professionell, ring, utklassning, bandy, fotboll, golf, handikapp, match.

음악 · 댄스: twostep, jazz, rock-and-roll, twist, blues, boogie-woogie, swing.

5) 덴마크어, 노르웨이어

스웨덴어는 뿌리를 함께 나눈 이웃 덴마크어와 노르웨이어에서 많은 어휘를 차용하였다. 이 두 언어의 영향은 오래전부터 있었지만 19세기 중에 유독 강하게 작용하였다. 덴-노 어휘들은 구어체보다 주로 문어체에서 들어왔다. 잘 알려진 어례: kannstöpare '비전문 정치해설자'로부터 ensartad, försändelse, gräll, hänsyn, levebröd, lyhhörd, nedärvd, rundhänt, samfärdsel, självövervinnelse, spydig, säregen, tillnärmelsevis.

노르웨이어 차용어로는 samröre '불순한 협력', huldra '숲속 여성 요괴', slalom '회전 활강'이 있다. 어족이 다른 핀란드어로는 känga(핀어 kenkä), pjäxa(핀어 pieksu), pojke(핀어 poika)가 있다.

11. 노르웨이 이중언어, 덴마크어, 스웨덴어의 상호 소통 관계

여기서 화제를 바꾸어 스칸디나비아 3개국 언어, 덴마크어, 노르웨이어, 스웨덴어의 삼각 관계를 상호이해도를 중심으로 간단히 살펴본다. 스웨덴은 근대스웨덴어 시기(1550-)로부터 16~17세기를 거쳐 유럽의 강국으로 부상하면서 민족의 자존심을 고양하는 한편, 학자들은 자국어 개발에 힘을 썼다. 학교에서도 라틴어 세력은 상대적으로 약화되었으니 덴마크의 상황도 마찬가지였다. 반면에 노르웨이는 장기간에 걸쳐 덴마크(1380-1814)와 스웨덴(1815-1905)의 지배와 간섭을 받아오면서 통일된 자국어를 발전시키지 못하는 사이에 양립하는 2개 국어가 출현하였다. 그 하나는 문어체 노르웨이어(Bokmål)인데 공식 덴마크어 체계에 구어체 노르웨이어를 가미하여 만든 문화어로서 수도 오슬로를 중심으로 한 상류 사회와 관공서어체로서 공식 언어의 지위를 확보하였다. 다른 하나는 신노르웨이어(Nynorsk)인데 고대 노르웨이어에 뿌리를 둔 지방 방언들을 잘 정리하여 서사언어체계로서 기틀을 확립한 것이다. 이것은 언어학자 Ivar Aasen[오센](1813-96)의 노력의 결실로서 1864년에 그의 문법책이 공표되면서 새 국어로서 지위를 확보하게 되었다. 신노르웨이어는 노르웨이 중부 및 서부 해안 지방에 확산되어 있다. 이 두 가지 언어체계는 표준어와 방언의 관계가 아니고 양쪽이 모두 동등한 노르웨이 국어로서 학교 교육과 방송 언어에서 똑같은 지위를 확보하고 있다.

오늘날 북유럽 3개 국어의 상호이해도를 검토해 보면 노르웨이와 스웨덴은 지리상으로 남북으로 길게 인접해 있어서, 비록 문어체 노르웨이어가 덴마크어의 어휘를 그대로 유지하고 있어도 음운상으로는 스웨덴어에 더 가까워졌다. 그러므로 3개국 화자들이 대화할 때 각자 자국어로 말하면 의사소통은 가능하나 상호이해도는 다르다. 노르웨이인은 덴마크어와 스웨덴어를 비교적 쉽게 이해하나 스웨덴인과 덴마크인은 서로 이해하기가 쉽지 않다. 덴마크어와 스웨덴어 사이에는 어휘, 음운 측면에서 직접적인 관계가 없으니 이해와 소통이 어려울 수밖에 없다. 덴마크어 발음이 특이해서 이해가 잘 안 된다는 설명은 원인의 일부에 불과하다. 아래 3각 관계 도표가 이 사정을 잘 설명해 준다.

스칸디나비아 3개국어 상호 관계

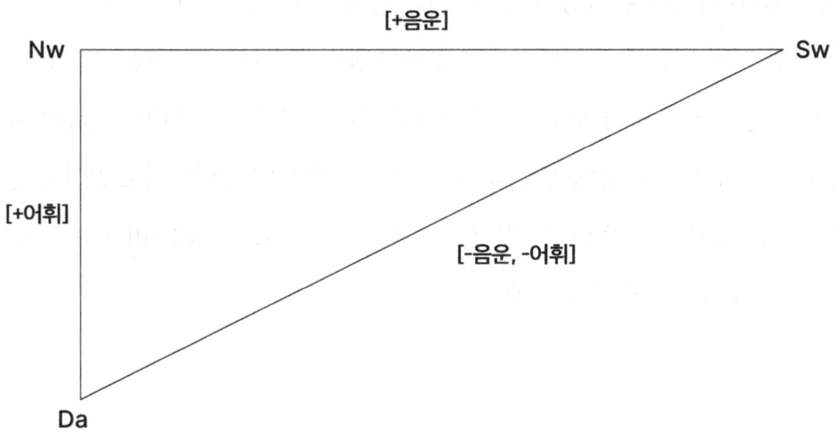

(Haugen 1987:161/ 변광수 1990 참조)

이들 3개 국어는 각 언어마다 모두 철자와 발음 사이에 차이가 있는데 차이의 정도는 노르웨이어가 제일 적고 덴마크어가 가장 심하다. 그 이유는 덴마크어의 발음이 많이 달라졌음에도 불구하고 철자는 보수성을 그대로 유지하고 있어서 그렇다. 따라서 무대 위의 덴마크 배우의 대사를 듣기보다는 덴마크어 신문을 읽는 편이 훨씬 더 이해가 빠르다. 발음의 변화 가운데 특히 주목할 것으로 다음 두 가지를 지적할 수 있다.

첫째, r-음의 모음화: en lærer → en läa.

둘째, 모음+g의 이중모음화: steg → staj, egen → ajen, røg → råj가 있다.

흥미로운 것은 의전상의 언어에는 이중모음화가 일어나지 않고 철자대로 발음한다는 점이다. 곧 ajen 대신에 'egen'으로 발음하며 구어체의 blaj, skraj 대신에 'bleg, skreg'로 소리낸다. 철자와 발음 간에 이렇게 격차가 심해도 덴마크인들은 철자법을 발음과 일치하도록 개정하려 하지 않는데 이런 자세는 스칸디나비아어의 통일성을 추구하려는 입장에서 보면 오히려 긍정적인 자세로 간주할 수 있다. 스웨덴어에도 철자식 발음이 강화되는 경향을 볼 수 있는데 이는 의전상 언어에서 방언적 색채를 버리고 표준어를 쓰려는 자세와 결부되어 있다. 특히 대화체에서 jag, med 같은 강세가 없는 형식어도 연설문 낭독에서는 철자대로 발음하여 끝 자음 g와 d가 들리도록 하며, till, vid도 'te, ve'로 소리 나지 않게 똑바로 발음한다.

참고문헌
Litteratur

Allwood J.S., Andersson L.-G. (1986). Kompendium nr 1 i serien GULING. Institutution för lingvistik, Göteborgs universitet.

Allwood, J., Nivre, J. Ahlsén E. (1991). "On the Semantics and Pragmatics of Linguistic Feedback". Gothenburg papers in Theoretical Linguistics 64. Institution för lingvistik, Göteborgs universitet.

Bergman, Gösta (1972). Kortfattad svensk språkhistoria. 3:e uppl. Stockholm: Prisma.

Bergman, Gösta (1973). A Short History of the Swedish Language. Translated and adapted by Francis P. Magoun Jr. and Helge Kökeritz. 2nd rev. ed. The Swedish Institute for Cultural Relations with Foreign Countries.

Bolander, Maria (2012). Funktionell svensk grammatik. Liber.

Chomsky, Noam (1965). Aspects of the Theory of Syntax. The M.I.T. Press.

Comrie, Benard (ed.). The World's Major Languages. London & Sydney: Crooom Helm.

Crystal, David (1980). A First Dictionary of Linguistics and Phonetics. University Press, Cambridge.

Dahllöf, Mats (2009). Språklig betydelse: en introduktion till semantik och pragmatik. Institution för lingvistik och filologi, Uppsala universitet 2012.

Danielsson, Anita & Siljeholm, Ulla (1996). Språket & Människan: Lärobok för gymnasieskolan. Natur och Kultur.

Elert, Claes-Christian (1965). Phonologic Studies of Quantity in Swedish. Uppsala.

Elert, Claes-Christian (1970a). Allmän och svensk fonetik. 4 uppl. Stockholm: Almqvist & Wiksell.

Elert, Claes-Christian (1970b). Ljud och ord i svenskan. Stockholm: Almqvist & Wiksell.

Elert, Claes-Christian (1972). "Tonality in Swedish: Rules and a list of minimal pairs" in Firchow et al. (eds.), 151-173

Elert, Claes-Christian (1997). Allmän och svensk fonetik. 7 uppl. Stockholm: Norstedt.

Eliasson, Stig (1970) Studies in Swedish Phonology. Unpublished doctoral dissertation. Harvard University, Massachusetts.

Engstrand, Olle (2004). Fonetikens grunder. Lund: Studentlitteratur.

Garlén, Claes (1984). Svenskans fonologi - i kontrativ och typologisk belysning. Meddelanden från inst. för nordiska språk vid Stockholms universitet. MINS 15.

Grice, H.P. (1975). 'Logic and Conversation'. In Cole & Morgan (eds.) Syntax and Semantics, Vol.3 Speech Acts. New York; Academic Press.

Hammarberg, Björn & Svensson, Bengt (1975). Svenska som främmande språk. Stockholm; Sveriges Radios Förlag.

Haugen, Einar (1976). The Scandinavian Languages. London; Faber & Faber Ltd.

Haugen, Einar (1982). Scandinavian Language Structures: a comparative historical survey. Tübingen; Max Niemeyer.

Haugen, Einar (1987). 'Danish, Norwegian and Swedish'. In: Bernad Comrie (ed.) 'The World's Major Languages' pp. 157-179.

Hedelin, Per (1997). Norstedts svenska uttalslexikon. Stockholm: Norstedt.

Hellquist, Elof. 1939(1980). Svensk etymologisk ordbok. 3:e uppl. I-II. Lund; Liber-Läromedel.

Holms, Philip & Hichliffe, Ian. (1994). Swedish: a comprehensiv grammar. London & New York; Routledge.

Hultman, Tor G. (2003). Svenska Akademiens språklära. Svenska Akademien.

Illustrerad svensk ordbok. (1977). 3:e, rev. uppl. Stockholm: Natur och Kultur.

Jörgensen, Nils & Svensson, Jan. (1986). Nusvensk grammatik. Malmö ; Gleerups.

Kiefer, Ferenc (1970). Swedish Morphology. Stockholm: Skriptor.

Koefoed, H.A. (1962). Teach yourself Danish. The English Universities Press Ltd.

Kotsinas, Ulla-Britt (1987). Rinkebysvenska - en dialekt? I Per Linell et al. Svenskans beskrivning 16. Förhandlingar vid sammankomst för att dryfta frågor rörande svenskans beskrivning. Vol.1. Linköping. (s. 264-278)

Lee, Hong-Bae (1970). A Study of Korean Syntax; Performatives, Complementation, Negation and Causation. Pan Korea Book Corporation.

Linell, Per (1978). Människans språk. Lund: Liber Läromedel.

Lundström, Eva/ af Trampe, Peter. (1977). Elementär fonetik : en kurs i artikulatorisk fonetik. Stockholm; Akademilitteratur.

Lyons, John (1969). Introduction to Theoretical Linguistics. Cambridge Univ. Press.

Malmberg, Bertil (1970). Uttals undervisning : teori och metodik, 2 uppl. Stockholm: Almqvist & Wiksell.

Malmberg, Bertil (1971). Svensk fonetik. Gleerups.

Molde, Bertil (redaktör) (1977). Illustrerad svensk ordbok. 3:e rev. uppl. Stockholm: Natur och Kultur.

Norstedts PLUS-ordbok (1997). Språkdata och Norstedts Förlag AB.

Platzack, Christer (1982). Modern grammatisk teori. Stockholm: LiberFörlag.

Pyun, Kwang-soo (1987). Korean-Swedish Interlanguage Phonology. Doctoral dissertation. University of Stockholm. 한신문화사.

Riad, Tomas (2014). The phonology of Swedish. Oxford university press.

Richards J.C. Platt J. Platt H. (1992). Longman dictionary of language teaching and applied linguistics. Longman. England.

Sigurd, Bengt (1965). Phonotatic structures in Swedish. Lund: UNISKOL.

Sigurd, Bengt (1967). Språkstruktur. Stockholm: Wahlström & Wikstrand.

Sjögren, Peter A. (1978). Termer i allmän språkvetenskap: ett systematiskt lexikon. Akademilitteratur.

Sjöström, Sören (2006). Språkets struktur, betydelse och användning. Nordstedts Akademiska Förlag.

Svensk ordbok (1986). Stockholm : Språkdata och Esselte Studium AB.

Svenska Akademiens grammatik, se Teleman Ulf (1999).

Svenska Akademiens ordlista över svenska språket (1986). 11 uppl. Stockholm: Nordstedt Förlag.

Söderbergh, Ragnhild (1971). Svensk ordbildning. Stockholm: Norstsedt & Söner.

Teleman, Ulf (1969). Böjningssuffixens form i nusvenskan. Arkiv för nordisk filologi.

Teleman U. Helberg S. och Andersson E. (1999). Svenska Akademiens grammatik. Stockholm: Svenska Akademien.

af Trampe, Peter / Viberg, Åke (1972). Allmän språkteori och grammatik. 4:e uppl. Lund: Gleerups.
Wessén, Elias (1975). De nordiska språken. Stockholm: AWE/GEBERS.
https://skwikipedia.org/wiki/Svenska#Svensk fonologi(ljudlära)
강범모 (2010). 언어: 풀어쓴 언어학 개론. 3판 한국문화사.
국제음성기구(IPA) http://www.langsci.ucl.ac.uk/ipal
권재일 (2015). '정순기 선생의 조선어 기능문법'. 한글새소식 2015: 509호.
김영은 (2012). 한국어 운율 교육 방안 연구. 석사논문. 한국외국어대 교육대학원.
김방한 (1992). 언어학의 이해. 민음사.
김상열, 변광수 (2009). 스웨덴어-한국어 사전. 한국외국어대 출판부.
김진우 (2017). 언어: 이론과 그 응용. 제3판, 한국문화사.
김현권 (1991). 언어학 개론. 서울:형성출판사.
문양수 외 (1997). 현대언어학. 서울: 한신문화사.
박보경 편저 (2004). Dansk-koreank ordbog '정 · 한사전'. 명지출판사.
박수영 역 (2004). 언어학의 사상사. R.H. Robins (저). 역락.
박영배 (1998). '루운문자의 기원과 고대영어 비문 해석'. 어문학논총 제17집. 국민대학교.
박영배 (2000). '바이킹족과 스칸디나비아어'. 어문학논총 19호 pp. 189-220. 국민대학교.
박현숙 (2019). '통사적 시각에서 본 스웨덴어 어순'. 스칸디나비아 연구 24호, pp. 67-92.
변광수 (1983). '스웨덴어의 모음에 관한 고찰'. 언어와 언어학 9집 pp. 31-51. 한국외국어대학교 언어연구소.
변광수 (1985). '북구어의 기원과 현황'. 역사언어학. 김방한 선생 회갑기념논문집. 전예원. pp. 447-466.
변광수 (1990a). '북구어의 구조적 특징'. 신익성 교수 정년 퇴임 기념논문집. pp. 231-262.
변광수 (1990b). '스웨덴어 관사에 관한 고찰 - 발생과 기능을 중심으로 -'. 언어와 언어학 제16집 pp. 83-103. 한국외국어대학교 언어연구소.
변광수 (1991) '대조언어학 이론의 흐름'. 김방한 편 언어학 연구사. pp. 670-690. 서울대학교 출판부.
변광수 (1994). '북구어의 분기와 동질성'. 게르만어문학 5집, pp. 3-26. 한국외국어학교 게르만어문학 연구회.
변광수 (2003). '스웨덴어', 세계주요언어(편저), pp. 239-272. 도서출판 역락.
변광수 (2005/2022). 종합 스웨덴어, 문법, 강독, 작문. 한국외국어대학교 지식출판콘텐츠원.
변광수, 김상열, 최선경 (2004). 한국어-스웨덴어 사전. 한국외국어대학교 출판부.

양동휘 (1974). 영어음성학. 서울: 범한서적.

영어학 사전 (1990). 편집주간. 조성식. 신아사.

오주영, 박종갑 (1996). 언어학 개론. 경성대학교 출판부.

윤은경 (2020). '스웨덴인 한국어 고급 학습자의 중간언어에 대한 연구'. 언어와 언어학 제90집 pp. 77-106. 한국외국어대학교 언어연구소.

이호영 (1996). 국어음성학. 태학사.

조문환 (2004). 이탈리아어학 입문. 한국외국어대학교 출판부.

허웅 (1963). 언어학개론. 정음사.

허웅 (1970). 국어음운학. 정음사.

허웅 (1981). 언어학 -그 대상과 방법-. 샘문화사.

홍승우(1991). 독어학개론. 청록출판사.

찾아보기

ㄱ

ㄴ

ㄷ

ㄹ

ㅁ

ㅂ

ㅇ

ㅎ

A-Z

스웨덴어학 개론

초판 1쇄 발행 2022년 12월 9일
초판 2쇄 발행 2023년 3월 31일

지은이 변광수
발행인 고윤성 **Director, University Knowledge Press**
편집장 신선호 **Executive Knowledge Contents Creator**
도서편집 장혜정 **Contents Creator**
노재은 **Contents Creator**
디자인 김대욱 **Designer**
인사행정 이근영 **Managing Creator**
재무관리 정예찬 **Managing Creator**
김문규 **Managing Creator**
사전·앱북 변다은 **Contents Creator**
캐릭터 정정은 **Contents Creator**
발행처 한국외국어대학교 지식출판콘텐츠원
02450 서울특별시 동대문구 이문로 107
전화 02)2173-2494~7
FAX 02)2173-3363
홈페이지 http://press.hufs.ac.kr
전자우편 press@hufs.ac.kr
출판등록 제6-6호(1969. 4. 30)
인쇄·제본 (주)트윈벨미디어 02)2088-1810

ISBN 979-11-5901-914-2 [93750] 정가 29,000원

* 잘못된 책은 교환하여 드립니다.

HU:NE 은 한국외국어대학교출판부의 어학도서, 사회과학도서, 지역학 도서 Sub Brand이다. 한국외대의 영문명인 HUFS, 현명한 국제전문가 양성(International+Intelligent)의 의미를 담고 있으며, 휴인(携引)의 뜻인 '이끌다, 끌고 나가다'라는 의미처럼 출판계를 이끄는 리더로서, 혁신의 이미지를 담고 있다.